Yoram Kaniuk

Und das Meer teilte sich

Der Kommandant der Exodus

Yoram Kaniuk

Und das Meer teilte sich

Der Kommandant der Exodus

Aus dem Hebräischen
von Markus Lemke

List

Prolog

Der Staat Israel entstand nicht am 15. Mai 1948, als man ihn im Tel-Aviv-Museum offiziell ausrief. Er wurde bereits ein knappes Jahr zuvor geboren, am 18. Juli 1947, als ein verwundetes, schwer angeschlagenes amerikanisches Schiff namens President Warfield, umbenannt in Exodus, in den Hafen von Haifa einlief, während aus seinen Lautsprechern die Klänge der *HaTikwa* drangen.

Der Staat Israel entstand, noch bevor er einen Namen hatte, als die Tore Palästinas den Juden verschlossen waren und die Engländer Krieg führten gegen die Überlebenden der Shoah. Der Staat Israel entstand, als seine Küsten gegen jene verteidigt wurden, für die er bestimmt war, abgeriegelt durch 45 Kriegsschiffe vom Typ C, modernste Kriegsschiffe, die die Briten noch bei Kriegsende fertiggestellt und nicht mehr eingesetzt hatten, eine riesige Flotte auch für heutige Begriffe: Kreuzer, Zerstörer, Minenräumboote, Patrouillenboote, modernste gepanzerte Schnellboote vom Typ Sindbad und dazu ein Geschwader der Royal Air Force, Dutzende von Maschinen stark, die in Palästina, auf Zypern, in Ägypten und auf Malta stationiert waren. Der Staat Israel entstand, als man versuchte, seine Tore zu schließen – mit Hilfe Zehntausender von Soldaten, Tausender von Polizisten und Agenten des britischen Geheimdienstes in den Häfen Europas und durch Internierungslager auf Zypern und im südlich von Haifa gelegenen Athlit.

Israel wurde an dem Tag geboren, an dem die Soldaten Seiner Majestät über die Menschen an Bord jenes Schiffes herfielen, das noch kurz zuvor auf dem Potomac River im Osten der Vereinigten Staaten gelegen hatte (wo es nach einem langen Leben als Vergnügungsdampfer verkauft und ausgeschlachtet werden sollte). An dem Tag, an dem britische Soldaten Hunderte von Gasgranaten auf die 4515 Menschen abfeuerten, die an Bord der Exodus gefangen waren, Menschen, die zwei Jahre zuvor an einem anderen Ort dem Tod durch ein anderes Gas entgangen waren.

Die Gleichung, nach der die Exodus einen ähnlichen Stellenwert gehabt habe wie die Boston Tea Party, wurde von Bartley Crame aufgemacht, einem bekannten Rechtsanwalt und Mitglied der anglo-amerikanischen Kommission zur Lösung des Palästinaproblems, in dem Moment, als das Schiff unter aufmerksamer Beobachtung durch die Mitglieder der UNSCOP-Delegation langsam in den Hafen von Haifa geschleppt wurde. Das Zusammentreffen der Exodus mit der UNSCOP-Delegation, die nach Haifa gerufen worden war, als das Eintreffen des Schiffes bekannt wurde, die Besonnenheit der Schiffsführung und vor allem das Leid der Menschen an Bord, ihre Frustration nach dem Angriff auf hoher See, vor der Küste Palästinas, und ihre Verzweiflung angesichts der bevorstehenden qualvollen Reise auf Deportationsschiffen zurück nach Deutschland, wo man sie in das bei Hamburg gelegene Pöppendorf pferchen würde, das schon den Nazis als Lager gedient hatte – so wurde aus all dem der Staat der Juden geboren, noch bevor er tatsächlich entstand.

Die Menschen, die sich auf dem alten Seelenverkäufer drängten wie die Ölsardinen, hatten nichts, wo sie hätten hingehen können. So hatten sie sich aufgemacht nach Palästina. Die meisten Überlebenden wünschten sich, in einem eigenen Staat zu leben, einem eigenen Zuhause. Doch auch wenn sie dies nicht gewollt hätten, wäre ihnen kaum eine andere Wahl geblieben, da die Möglichkeiten, sich in den Vereinigten Staaten, in Großbritannien, Australien, Lateinamerika oder Belgien niederzulassen, begrenzt waren. In den Jahren 1945–1948 nahmen all diese Länder zusammen lediglich 25 000 jüdische Überlebende der Shoah auf.

Mit der Überführung der Exodus aus Europa kam es zu einem einmaligen historischen Zusammentreffen, bei dem das Eretz Israel der neuen Hebräer, das seine ganz eigene Mentalität entwickelt hatte, dem jüdischen Leid begegnete. Seit 1933 war der Anteil der Neueinwanderer unter der jüdischen Bevölkerung Palästinas, denen nach Hitlers Machtergreifung die Einreise gestattet wurde, stetig gewachsen, bis die Briten im Jahre 1939 die Zuwanderung fast gänzlich stoppten und im Verlauf der folgenden fünf Jahre lediglich 75 000 Juden einreisen ließen. Die legale Einwanderung war somit dem Großteil der emigrationswilligen Juden versperrt, weshalb als einziger Weg die illegale Einreise, die Ha'apala blieb. Zwischen 1934 und 1948 kamen auf diese Weise weit mehr als hunderttausend Juden ins Land, von denen etliche gleich bei der Landung von den Briten aufgegriffen wurden. Die Dalin, das erste Schiff, das der *Mossad leAlija Beth* nach dem Ende des Krieges im August 1945 einsetzte, brachte fünfunddreißig Einwanderer an den Strand von Caesarea. Die beiden »Pans« – die Pan York und die Pan Crescent –, jene Schiffe, die Yossi Harel 1948 nach Israel führte und die im wesentlichen die Phase der illegalen Einschleusung abschlossen (nach ihnen sollten noch sechs weitere, deutlich kleinere Schiffe eintreffen), brachten allein 15 236 Menschen ins Land.

Ende der dreißiger, Anfang der vierziger Jahre landeten so Unzählige an den Stränden Palästinas, doch diejenigen, die hinter dieser illegalen Einwanderung standen und sie organisierten, waren nicht zahlreich, auch wenn man sie später zu einem Mythos erhob und mit Gedichten bedachte, ja sogar versuchte, ihnen eine Krone aufzusetzen. Die meisten Versuche, Palästina zu erreichen, mißlangen jedoch. Die Briten internierten die Flüchtlinge in Lagern, zunächst in Athlit und dann auf Zypern, doch auf Zypern befanden sich die Menschen bereits auf halbem Weg nach Eretz Israel, hatten mit anderen Worten Europa für immer hinter sich gelassen. Die landwirtschaftlichen Siedlungen steuerten das ihrige dazu bei, die Flüchtlinge aufzufangen. Auch die Aktionen der *Haganah* waren hilfreich. Doch all dies, samt den Terroraktionen jüdischer Untergrundorganisationen, so heldenhaft sie auch sein mochten, war doch nichts mehr als ein Ärgernis für eine stolze Armee, die sich in der Lage gezeigt hatte, bedrohliche Aufstände in zahlreichen Ländern niederzuschlagen, eine Armee, die Dünkirchen überlebt hatte. Die Soldaten einer Nation, die mit Heldenmut dem Blitzkrieg getrotzt hatte, konnte dies reizen und irritieren. Die Briten scheiterten an ihrer eigenen Ohnmacht gegenüber den Abertausenden, die unaufhörlich eintrafen, die Schiff um Schiff bestiegen, die sich, um an die Küste zu gelangen, in Europa über Gebirgspfade schleppten, verschneite Höhen und Wälder durchquerten, unter unmenschlichen Bedingungen in Durchgangslagern ausharrten, zitternd vor Kälte, hungernd – und dennoch immer weiter zogen. Ein nicht enden wollender Strom.

Viele außergewöhnliche Menschen waren an der Rettungsaktion beteiligt, die ich in diesem Buch beschreiben will: Dutzende von Mitarbeitern des *Mossad leAlija Beth* sowie etwa siebzig, achtzig Angehörige der *Palmach*, die auf den Schiffen und in den Lagern tätig waren. Ich beschloß jedoch, die Geschichte aus der Perspektive eines einzigen Mannes zu erzählen, eines jungen Burschen namens Yossi Harel, der Mitte der vierziger Jahre das Kommando über die vier größten Schiffe in der Geschichte der *Ha'-*

apala hatte. Ich wollte seine moralische Verantwortung schildern (über deren Ausmaß allein er urteilen konnte) und seinen Wagemut, der an Draufgängertum grenzte. Wollte beschreiben, wie er diese Schiffe befehligte, mit Zehntausenden von Menschen, die alles verloren hatten, die dicht gedrängt im Bauch der Seelenverkäufer hausten, während er nur über wenige Rettungsboote ohne Schwimmwesten verfügte – und bei all dem gerade einmal siebenundzwanzig Jahre alt war.

Wie ich ihn kennengelernt habe? Das ist eine lange Geschichte: Jahre nachdem Yossi Juden geholfen hatte, nach Palästina zu gelangen, und Jahre, nachdem er bei einigen der geheimsten Affären des Staates Israel mitgewirkt hatte – Affären, gegen die James Bonds Abenteuer wie reinste Kinderspiele wirken –, haben er und ein Freund ein großes Freibad in Tel Aviv eröffnet. Das war ihre Art der Ablenkung von den vielen weltweiten Unternehmen die sie gründeten und die sie im Laufe der Zeit zu reichen Männern machten. Ursprünglich nur für ihre Freunde gedacht, stand dieses Salzwasser-Freibad am Strand von Tel Aviv, für das Wasser weit draußen auf dem Meer angesaugt wird, schon bald in dem Ruf, das beste von ganz Tel Aviv zu sein. Und in diesem Bad, das ihm heute nicht mehr gehört, habe ich Yossi zum ersten Mal getroffen. Zunächst konnte ich nicht glauben, daß er der Mann sein sollte, von dem ich schon so viel gehört hatte und von dem ich bis heute nur Bruchteile dessen weiß, was er in seinem Leben getan hat. Denn Yossi selbst spricht nicht gern darüber. Warum? Nun, weil genau das die Art ist, wie er handelt: Auch heute noch sagt er zu mir, er führe nach Haifa, dabei fährt er nach Jerusalem. Er vertraut niemandem; der Feind könnte ja mithören. Wir haben uns zwar damals bei unserer ersten Begegnung unterhalten, Freunde sind wir aber erst später geworden. Ich habe mich schon immer für die Menschen interessiert, denen er geholfen hat nach Palästina zu kommen, und wußte, er war einer der wenigen, die sich mit Zuneigung an diese Menschen erinnerten.

Ein Freund und ich entschlossen uns, eine Geschichte über Yossi zu machen, und er traf sich über Monate hinweg immer wieder mit uns. Zwar erzählte er uns auch viel, aber es klang, als würde er eine Schallplatte laufen lassen: trocken und so, als sei er nicht mit dem Herzen dabei. Ich beschloß, das Projekt aufzugeben. Er schien mir zu unbeteiligt, erzählte zu farblos, in kurzen Sätzen, abgehackt. Dann aber rief mich sein Sohn an und sagte, er wisse, daß wir lange Zeit von Yossi nichts wirklich Interessantes zu hören bekommen hatten, obwohl wir über ihn schreiben wollten. Er meinte, sein Vater werde bald achtzig Jahre alt und vielleicht könne er Yossi überzeugen, besser mitzuarbeiten, da dieser es mir als einzigem zuzutrauen schien. Zunächst blieb es bei dieser Willenserklärung. Yossi ist kein gesprächiger Mann. Doch eines Tages erfuhr ich durch einen Besuch bei seiner Schwester Dinge über seine Kindheit und vor allem seine Mutter, die er selbst seinen Kindern nicht anvertraut hatte – und als ich ihn damit konfrontierte, öffnete er sich, ich denke zum ersten Mal im Leben, einem anderen Menschen. Dieser Mann, der sein ganzes Leben lang nur vorgefertigte Darstellungen seiner eigenen Geschichte von sich gegeben hatte, vertraute sich mir an und konnte sich so endlich mit der Erinnerung an seine Mutter aussöhnen. Allerdings blieb es weiterhin ein Kampf um jedes Wort. Wir redeten tagelang miteinander. Trotzdem versuchte er, manche Ereignisse ganz auszulassen, versuchte, mich von der einen oder anderen Fährte abzubringen, obwohl er wußte und eigentlich wohl auch wollte, daß ich dieses Buch schrieb: Er führte Krieg mit sich selbst. Es war wie in einer der Geschichten, die er mir erzählte. Von einem Besuch in der Hauptstadt eines kommunistischen

Landes, wo er es trotz hohen Fiebers abgelehnt hatte, vor Ort hergestelltes Aspirin zu kaufen.

Nach und nach kamen die Dinge ans Tageslicht. Gefühle, Bilder – er vertraute sie mir an mit der Bitte, sie zu fiktionalisieren, denn er wollte nicht, daß es seine Stimme war, die erzählte. Das sei er seinen Freunden schuldig, die ihre Geheimnisse mit ins Grab genommen hätten. Die Zärtlichkeit, die er den Flüchtlingen gegenüber empfand, berührte mich sehr. Dieses Mitgefühl für Menschen, die damals von einigen Israelis SOAPS genannt wurden, weil sie sie verachteten. Hier jedoch war ein Mann, der nie von Kants moralischem Imperativ gehört hatte, der aber aus dem Schicksal Jerusalems, dieser verbarrikadierten Stadt, aus seinen eigenen Abenteuern und seinem starken Verantwortungsgefühl für sich selbst die Lebensregeln entwickelte, die keine Universität vermitteln kann.

Es waren vor allem die Erlebnisse auf den großen Auswandererschiffen, die Yossi Harel geprägt haben. Als er hörte, wie die hungrigen, vom Schicksal geschlagenen Menschen die *HaTikwa* anstimmten, dachte er bei sich, daß so die Opfer der Inquisition gesungen haben mußten. Der Anblick dieser Entwurzelten, die die wenige, ihnen verbliebene Habe an die Brust gedrückt hielten, sich an ihre Taschen und Bündel klammerten, machte ihm deutlich, daß er ebenso auf Erfolg angewiesen war wie die Briten, die ihren Sieg mit ganzer Härte verfolgten. Großbritannien hatte zwar den Krieg gewonnen, schien aber im nachfolgenden Frieden eine Niederlage zu erleiden. Nach dem Weltkrieg herrschte auf der britischen Insel eine bedrohliche Lebensmittelknappheit. In den großen Städten – vor allem in London – stand die Bevölkerung für Nahrungsmittel und Kleidung an, die es auf Marken gab. Die Briten hatten nicht einmal genug Geld, ihr mehrere Tausend Mann starkes Truppenkontingent aus Griechenland abzuziehen. In Haifa jedoch fanden die Soldaten der Armee seiner königlichen

Majestät, nachdem sie sich der Kontrolle über die Exodus bemächtigt und die Immigranten von Bord gebracht hatten, Konservenbüchsen mit koscherem Fleisch, die der *JOINT* aus Amerika geschickt hatte. Die Männer empörten sich: In Großbritannien herrschte bitterer Mangel, und jetzt sehe sich einer diese halsstarrigen Juden an, die es mal wieder gut getroffen hatten. Sie nahmen den Flüchtlingen die Büchsen mit koscherem Fleisch ab und schickten sie an ihre Familien nach England. Gleichzeitig aber gab die britische Regierung Unsummen aus, um Zehntausende von Soldaten in Palästina zu halten, die eine Invasion von Überlebenden verhindern sollten, an deren Rettung man sich zwei Jahre zuvor selbst beteiligt hatte.

Um die Schiffe außerhalb der Territorialgewässer, weit vor der Küste Palästinas, aufbringen zu können, fischten die Briten von ganz tief unten aus dem Faß des Zynismus eine Bestimmung aus den Tagen des Sklavenhandels im 17. Jahrhundert heraus, die diese Vorgehensweise sanktionierte. Das Geheimnis von Yossis Stärke hingegen lag in dem Verständnis, das er für jenen Diasporajuden empfand, den zu verabscheuen er in seiner Jugend gelernt hatte. Dieser junge Eretz-Israeli, dessen Schule der Kampf gegen arabische Banden in Chanita und in den Bergen Jerusalems gewesen war, lernte mit der Zeit, die erschöpften Frauen auf dem Schiff zu verstehen, ja sogar zu lieben – jene blaßgesichtigen und verängstigten Menschen, zornig und von Alpträumen verfolgt, die ihre Kleider in drei und vier Schichten übereinander trugen.

Er war weder herrisch noch überheblich, sondern wollte ihnen ein Begleiter sein, eine Art Verkehrspolizist. Er empfand Ehrfurcht vor ihrem Elend, ihrer jahrelangen Wanderschaft, und gleichzeitig verneigte er sich vor ihrem Heldentum, das wenige außer ihnen damals verstanden. Yossi würde niemals vergessen, wie bei stärkstem Sturm, als die Wellen die Decks überspülten und sich zu halber

Masthöhe auftürmten, die Frauen und Mädchen zu gegebener Zeit zitternd an Deck kamen, sich auszogen und mit kaltem Meerwasser wuschen, um sich so ihre Würde als Menschen zu bewahren. Er verstand die Schmach und die Schande, die Kraft und die Wut, die sie trieb. Er begriff, wie stark dieser Überlebenstrieb inmitten des großen Verrats sein mußte, da ihnen alle Türen der Welt verschlossen waren, und er spürte, daß er diese Menschen stützen und ihnen Halt geben mußte. Seinen Worten zufolge waren sie brennende Kerzen, blaue Kerzen – ein wertvolles Unterpfand, das in seine Hände gegeben worden war.

Im Grunde genommen entwickelte sich damals ein Gefühl von Partnerschaft. Denn wenn man daran beteiligt ist, Hunderttausende von Menschen aus den Durchgangslagern im Nachkriegsdeutschland zu holen und mit ihnen auf die britische Blockadewand zuzuhalten, muß man eine eindeutige Antwort parat haben. Entweder alles oder nichts. Was nichts mit trockenen akademischen Diskussionen über die historische Gerechtigkeit als Spielart menschlicher und politischer Ungerechtigkeit zu tun hat. Sondern mit dem Erleben ungeheurer Begegnungen und Situationen, wie Yossi Harel sie mir schon aus seiner frühen Zeit als Kommandant erzählte.

Wie jene Geschichte von einem jungen Mädchen auf einem der Schiffe, die Yossi Harel damals befehligte, jene Geschichte von einem Mädchen, verängstigt wie eine Straßenkatze, von gerade einmal sechzehn Jahren, das ganz aus dunklen Augen zu bestehen schien, die von einem zarten, matten Schleier überzogen waren, ein Mädchen, das die Deutschen zur Lagerprostituierten gemacht hatten mit einer Tätowierung auf dem Busen: FELDHURE A. 13652. So kam es, daß dieses junge Mädchen von der Brücke der Knesset Israel ein Lied sang, das ihr Yossi Harel, der Kommandant des Schiffs, beigebracht hatte. Als die Briten das Schiff stürmten, blickte ihnen dieses verlorene und mutige

Mädchen, das auf der Brücke saß, eine alte Gitarre in der Hand, in die Augen und sang mit Trauer und ruhiger Verachtung in der Stimme ein Lied des Dichters Nathan Alterman: »Ruhe, sanftes Tal, wunderbares Land.« Ihr furchtbarer Zorn, die Wildheit, ihr Mut, auf der Brücke zu sitzen und zu singen, während ringsum ein heftiger, brutaler Angriff tobte, ein Lied zu singen, das wie ein Wiegenlied klang, während die Briten ein Schiff stürmten, das auseinanderzubrechen drohte. – Dieses Mädchen überwand die Briten mit einem Lied, dessen Worte sie ebensowenig verstand, wie sie das dort beschriebene Land kannte. Ein Land, das schon bald zum Staat Israel werden sollte.

1. Kapitel

Als in Europa die Judenverfolgungen begannen, war Yossi Harel Zeuge der blutigen Unruhen der dreißiger Jahre in Jerusalem und Galiläa. Zu dem Zeitpunkt ging es in Palästina darum, die politischen Voraussetzungen für einen jüdischen Staat zu schaffen.

Yossi, der Kommandant der Exodus und dreier weiterer Schiffe, wurde 1919 in Jerusalem geboren. Die ersten Mitglieder der Familie Hamburger – so der Familienname, bevor Yossi sich umbenannte – waren im neunzehnten Jahrhundert nach Eretz Israel eingewandert. Bereits Yossis Vater, Moshe Hamburger, kam in der Altstadt von Jerusalem zur Welt. Wegen der Zurückgezogenheit seiner Frau, die an einer für ihn rätselhaften Krankheit litt, mußte der Vater die Familie allein versorgen. Gleichzeitig kümmerte er sich hingebungsvoll um seine Frau, die sich von der Außenwelt abgekapselt hatte. Sein kleiner Krämerladen in Sichron Ya'akov verwandelte sich gegen Abend in einen Schachklub; dort ging er seiner großen Leidenschaft nach. Die landwirtschaftlichen Erzeugnisse – Gemüse, Obst und Oliven –, die er in seinem Laden verkaufte, wurden von den Fellachen aus Kalandiya und den Juden aus der Region um Moza geliefert, eingelegt in Büchsen und Fässern, die aus den umliegenden Dörfern oder aber mit Karawanen aus Damaskus und Bagdad kamen.

Yossis Mutter, Batya Hamburger, geborene Reichmann, stammte genau wie ihr Mann in fünfter Generation aus einer alteingesessenen Jerusalemer Familie. Sie war eine schöne, vornehme und zerbrechliche Frau. Für die Krankheit, an der sie litt, gab es damals noch keine Erklärung. Offenbar war ihre Haut zu dünn, um sie vor dem Leben schützen zu können. Sie wußte nicht, wo sie selbst aufhörte und wo die Welt um sie herum begann. Sie war verwirrt, von sich selbst und ihrer Umgebung abgeschnitten. Weil ihr klare Grenzen fehlten, beschämte sie ihren Sohn, ohne es zu wollen, stellte ihn vor seinen Freunden bloß, obwohl sie nicht einmal genau wußte, wer er war. Er liebte sie, wie jeder Sohn seine Mutter liebt, kannte sie aber nicht wirklich. Ihr Leid schmerzte ihn, ihre Fremdartigkeit verletzte und enttäuschte ihn, und dennoch sollte er es sein, der sie zweimal vor dem Selbstmord rettete. Daß sie sich von ihm, ihrem eigenen Sohn, abkapselte, führte bei Yossi zu einer unterdrückten Wut und ließ ihn vor jeglicher Offenheit zurückschrecken, nötigte ihn, die eigenen Gefühle wann immer möglich zu verbergen und zu verheimlichen – und ein Leben lang ein Gefühl der Schmach empfinden. Die Krankheit an sich war ihm peinlich, weckte Argwohn und ein Gefühl der Bedrohung. Er fürchtete sich vor sich selbst; fühlte sich als Fremder in seinem Elternhaus, weil er anders war als seine Altersgenossen, nach deren Nähe er sich so sehr sehnte. Und so gewöhnte er sich daran, sich gleichzeitig zugehörig und fremd zu fühlen. Er wollte die Schuld von sich weisen, die er angesichts ihres Leids empfand, wollte nicht ihr Sohn und zugleich Belastungszeuge – oder Entlastungszeuge – ihrer Andersartigkeit sein. Er konnte nicht zu ihr vordringen, konnte ihr Terrain, das ihm stets verschlossen blieb, niemals betreten.

Unverständnis war wie ein Verrat – eine Konstellation, die ihm viel Kummer und Leid bescherte, zugleich wurde sie später zur Quelle jenes tiefempfundenen Mitgefühls, aus dem heraus er die Not der »Waisenhäuser« verstand, die er auf den Schiffen nach Palästina transportierte. Als seine Mutter erkrankte, war er ein kleiner Junge, zornig und verletzt. Vielleicht liebte er sie ja, wie er in seinem Leben nie wieder lieben sollte. Als sie in die Tiefe springen wollte, stellte er sich ihr in den Weg – im Alter von gerade mal acht Jahren. Da spürte er, daß sie ihn im Stich ließ, daß ihre Krankheit nicht nur sie selbst betraf, sondern auch gegen ihn gerichtet war. Dieser »Verrat«, der eine verbotene, schmerzvolle Liebe in ihren vielfältigen Verästelungen barg, brachte den Mann hervor, der später genauer zu beschreiben sein wird.

Von frühester Jugend an versuchte Yossi, Entscheidungen, Wissen und Gefühle zu einem Charakter zu vereinen, der ihm eine Zugehörigkeit vermittelte, damit er der sein konnte, der er sein wollte. Instinktiv erkannte er, wie er sich gegen unerklärliches Leid zu verteidigen hatte, und beschloß daher, seine Mutter, die er so sehr liebte, als tot zu betrachten. Um zu überleben, um nicht auch noch den Vater zu verlieren, der ihm wie eine Mutter war, nahm der Sohn von seiner Mutter Abschied, als sie noch lebte.

Nachdem Yossi seine Ausbildung an der Techackamoni-Schule abgeschlossen hatte, begann er zu arbeiten und seine Familie zu unterstützen, was vor allem der Zustand seiner Mutter erforderlich machte. Er arbeitete in den »Kastell«-Steinbrüchen und verlegte unterirdische Telefonleitungen für die Jerusalemer Post. Früh schon meldete er sich gemeinsam mit seinen Freunden aus der Pfadfinderlegion zur *Haganah* und blieb in diesem Umfeld – in der einen oder anderen Form – bis zum Alter von vierzig Jahren tätig. Die Pfadfinderlegion aus Jerusalem schloß sich mit sozialistischen »Zirkeln« aus Tel Aviv zusammen, und so entstand im Kibbuz Ramat Rachel die Bewegung *HaMachanot HaOlim*, die zweite genuin-hebräische Jugendbewegung nach *HaNo'ar HaOved*, die sich ausschließlich aus den bereits im Lande geborenen Jugendlichen rekrutierte.

Während seine engsten Freunde das Gymnasium besuchten, war Yossi gezwungen, neben der Arbeit die Abschlußprüfungen am »London Matriculation« für externe Schüler abzulegen. Als er achtzehn und längst ein aktives Mitglied der *Haganah* war, zogen sein Vater, seine Schwester und sein Zwillingsbruder nach Sdom, um bei den Pottaschewerken am Toten Meer eine Kantine zu betreiben, die Teil einer öffentlichen, von der Arbeiterbewegung initiierten Einrichtung sein sollte. Sein Vater brachte Führungsqualitäten mit und war zudem körperlich robust genug, um die bleierne Hitze am tiefsten und wohl einem der heißesten Punkte der Erde zu ertragen. Yossi blieb allein zurück, den Platz der Familie nahm sein Freundeskreis ein, Kameraden aus der Bewegung und der *Haganah*. Seine Mutter unterstützte er weiterhin, ohne sie jemals wiederzusehen.

Die intensivste Erinnerung, die ihm nach der Trennung von seiner Mutter blieb, war mit den blutigen Unruhen des Jahres 1929 verbunden – ein Erlebnis, das ihn nachhaltig prägen sollte und maßgebend war für seine Aktionen in der *Haganah*, bei der Gründung der Chanita und später während seiner Einsätze auf den Schiffen. Gerade zehn Jahre alt, war er mit der Pfadfinderlegion beim Arbeitseinsatz im Kibbuz Kirjat Anavim, unweit von Jerusalem. Nach nur zwei Tagen, am Schabbat im Morgengrauen, wurde den Jungen mitgeteilt, daß das Lager aufgelöst und sie nach Jerusalem zurückgebracht würden. Sie wurden auf einen Lastwagen gehoben und in Begleitung eines gepanzerten Fahrzeugs nach Hause gefahren. Unterwegs passierten sie das Kastell, und schließlich erreichten sie auf der kurvenreichen Straße mit ihren sieben Serpentinen, die auch »die sieben Schwestern« genannt wurden, die landwirtschaftliche Siedlung Moza.

Die kleine jüdische Ansiedlung, die inmitten eines großen, ausschließlich von Arabern bewohnten Gebietes lag, war in der Nacht angegriffen und zerstört worden. Die Häuser, an denen die Wagenkolonne in Sichtweite vorüberfuhr, brannten noch immer. Bei dem Anblick, der sich ihm bot, fühlte sich Yossi an ein Schlachthaus erinnert. Die Angreifer hatten sieben Menschen massakriert, unter ihnen, bis auf den jüngsten Sohn Mordechai, der einmal der dritte Generalstabschef der israelischen Armee werden sollte, die gesamte Familie Makleff. Blutgetränkte Wolldecken verhüllten abgetrennte Gliedmaßen. Als Yossi mit seinen Kameraden in Jerusalem eintraf, schloß er sich Gruppen von Juden an, die aus allen Teilen der Stadt, mit Knüppeln bewaffnet, zusammenströmten. Vor dem Edison-Kino im Viertel Sichron Yaakov bildete sich ein großer Menschenauflauf. Die aufgebrachte Menge, darunter etliche Georgier, antike Schwerter schwenkend, die sie in ihren Häusern aufbewahrt hatten, forderte Rache. Nach und nach trafen auch Meldungen von Pogromen in Hebron und Safed ein. Seit jeher war es Yossis Gewohnheit, Fakten sorgsam zu prüfen, die Lage einzuschätzen und sich dann eine Vorgehensweise zurechtzulegen. Und damals, in jenen Stunden, fand dieser Junge sein Credo für das ganze Leben. Mit dem abgrundtiefen Ernst, der dem sehr jungen Menschen vorbehalten ist, gelobte er sich, daß Juden, nur weil sie Juden waren, in diesem Land nicht abgeschlachtet werden dürften und er, ein Junge von zehn Jahren, dafür zu kämpfen habe, daß sich derartige Ereignisse nicht wiederholten. Die Szenerie von Moza, die aufgeschlitzten, mit Laken bedeckten Leichen und die qualmenden Häuser würde er ein Leben lang in Erinnerung behalten.

Die Beziehung zwischen Yossi und seinen Freunden war sehr eng. Einander waren sie so etwas wie eine Familie. Sie waren frühreife, doch romantisch veranlagte Kinder, die sich dank der in der Schule und in der Jugendbewegung aufgesogenen Ideologie mit bedingungsloser Ernsthaftigkeit darin übten, Helden zu sein, einer Ernsthaftigkeit, die zuweilen überzogen, fanatisch, klischeehaft wirkte. Sie hielten aneinander fest, als eine verschworene Gemeinschaft der kleinen Viertel in und um Jerusalem, der am stärksten jüdisch geprägten Stadt in der zionistischen Landschaft. Sie bereiteten sich darauf vor, Kämpfer zu sein, gaben sich mit an Besessenheit grenzender Intensität ideologischen Debatten hin – und spielten zur selben Zeit jüdische Musketiere. Sie wohnten in einer kleinen, von Staub und verblichener Pracht erfüllten Stadt, die früher einmal groß und glanzvoll gewesen war, jetzt aber nur noch aus Armut, zersprengten Stadtvierteln und Steinen – Unmengen von Steinen – bestand. Abgesehen von der Altstadt und einigen älteren Vierteln war die versengte und der Sonne schutzlos ausgelieferte Landschaft zumeist von Steinen übersät und mit ausladenden Olivenbäumen bepflanzt. Im Unterschied zu den Dünen Tel Avivs bildeten hier die endlose Eintönigkeit der Felsen und die Wüsteninseln, die wie verlorene Herden im Schatten großer, prächtiger, jedoch vereinzelter und weit auseinanderstehender Bauwerke lagerten, Teile einer Einheit. Stein, Fels und Baum prägten die Jungen und halfen ihnen, Wurzeln zu entwickeln in dieser Landschaft, die mythische Züge trug. Wenn sie auf den Ölberg stiegen, um für den Kampf zu üben und sich vorzubereiten, sahen sie sich als biblische Helden. Sie blickten sich um: An der Stelle, an der sie standen, hörte das besiedelte Land des Westens auf und die Wüste begann. Ihr gesamtes Leben würden sie, körperlich und seelisch, an der Grenze zur Wüste, zum Nichts leben, an der Grenze zum Geheimnisvollen, Bedrohlichen. Sie hingen ihren Träumen nach, wollten die Welt erobern. Sie kamen aus dieser Pracht, die sie auf dem Ölberg vor Augen hatten und deren Grenze Jerusalem war, und spürten, daß sie lernen mußten, sie zu verstehen.

Mit vierzehn beschloß Yossi, allein nach Massada zu ziehen. Die Juden hatten die Geschichte des heldenhaften Kampfes und der kollektiven Selbsttötung, die mit diesem Ort verbunden war, zweitausend Jahre lang unterschlagen. Sie tauchte nur in einem einzigen Werk auf, *Über den jüdischen Krieg* von Joseph ben Mathitjahu, der niemand anderer war als Iosephus Flavius, jenes Genie, das man für einen Verräter hielt, jener Mann, der die Feste Jodfat befehligt und kapituliert hatte, um das Leben seiner Männer zu retten, und sich dann den Römern anschloß. Den Auseinandersetzungen mit den Arabern hatte es zu Beginn, im Jahre 1920, trotz aller Grausamkeit an einer fanatisch-nationalistischen Dimension gemangelt, und so wurde die Geschichte Massadas zu neuem Leben erweckt, denn ein Krieg bedarf nun einmal eines Mythos – eines düsteren, bedrohlichen Mythos, aufpeitschend in seiner grauendurchtränkten Simplizität. Der Glanz des Todes stellte offenbar eine Art geistiges Bedürfnis dar. Heldentum und Selbstaufopferung waren nicht bloß existentielle, sondern sittliche Werte. Das Volk brauchte Helden, und die wiederum brauchten eine Vergangenheit, an die sie sich klammern, Vorbilder, zu denen sie aufschauen konnten – die Helden der Bibel und des Aufstandes gegen die Römer. Der Armut und Verzweiflung setzte die Erziehung jener Tage ideelle Hüllen entgegen, und Massada erschien den Jungen als eine heroische Leistung, als Bestandteil des Landes, in dem sie als Kinder von Eltern, die noch aus den osteuropäischen Ghettos stammten, geboren waren. Um ihre Träume in die Tat umzusetzen, brauchten die jungen Helden ein Motto, so bedrohlich und düster es auch im nachhinein wirken mag: die Heiligung des heroischen Todes, jener kollektiven Selbsttötung, die die Juden aus der Erinnerung hatten löschen wollen, indem sie das Ereignis aus allen ihren Büchern tilgten.

Yossi machte sich allein auf den Weg durch die Wüste. Ein Marsch von drei Tagen. Wer in jenen Tagen ganz auf sich gestellt allein die Wüste durchquerte, begab sich, angesichts wilder Tiere und aufständischer Araber, in erhebliche Gefahr. Yossi wollte sich auf die Probe stellen. Ein Gefühl, das man damals zuweilen als »nationale Mission« bezeichnete, ergriff ihn, als er den steilen Schlangenpfad erklomm, der nach Massada hinaufführt. Schließlich stand er auf dem Bergplateau, vor sich das Tote Meer, neben sich jenen Hügel, in dem Jahre später der Palast des Herodes freigelegt werden sollte. Er fühlte sich den Aufständischen nahe und war stolz, die innere Stärke gefunden zu haben, diesen Ort aus eigener Kraft zu erreichen, den Schlangen, Beduinen und der sengenden Sonne entgangen zu sein und zu wissen, daß er trotz der Gefahren keine Angst gehabt hatte. Er wollte noch weiter gehen, sich zusätzlicher Gefahr aussetzen. Wie seine Mutter war er gezwungen, mit dem Feuer zu spielen, um herauszufinden, wann man sich verbrannte. Er wollte die Steine verstehen und die Stille der Einöde, wollte wie ein Tier eins werden mit der Wüste.

Yossi und seine Freunde hatten in Wahrheit zweitausend Jahre jüdischen Lebens im Exil für sich ausradiert, so als hätten die Jahrhunderte jüdischer Existenz vor dem Aufkommen des Zionismus im gedanklichen Universum dieser eretz-israelischen Jungen niemals existiert. Der Schriftsteller Moshe Shamir schuf für dieses Gefühl eine kollektive Metapher, als er seinen Bruder Elik als »aus dem Meer geboren« beschrieb. Für Yossi waren das Meer und die Wüste von jeher eine Einheit. Da er keine Mutter mehr hatte, gebar er sich selbst neu aus der Wüste, den Tonscherben, folgte einem inneren Drang, der ihn zukünftig antreiben sollte, seine Fähigkeiten im Kampf gegen die Wellen auf die Probe zu stellen. Er und seine enthusiastischen, mönchisch lebenden Kameraden wollten, bewegt vom Geist der Epoche, nur eines sein – stark und gerecht.

Am Ende der dreitägigen Wanderung war Yossi erschöpft und glücklich. Er hatte die Wüste durchquert und war zu dem Ort hinaufgestiegen, der Rachsucht, das Nichts, Abenteuer und Fanatismus in sich vereinte. Auf dieser und anderen Wanderungen, die er zumeist allein unternahm, lehrte er sich selbst, sich den Gegebenheiten der Natur anzupassen. Hier legte er den Grundstein für sein Einzelgängertum, das ihm im späteren Leben immer wieder von Nutzen sein sollte: wissen, daß es keine Absicherung gibt; in jedem Augenblick in der Lage sein, ganz allein die Entscheidung darüber zu fällen, was richtig und was falsch ist; aufrecht stehen und doch begreifen, daß im Falle der jäh aufkommenden Wüstenwinde auch ein Zusammenkauern heldenhaft sein kann. Verstehen, daß man allein auf der Welt ist. Sich immer wieder in Erinnerung rufen, daß Schreie ungehört verhallen können. Er und seine Kameraden begründeten den Typus des israelischen Kämpfers, aber Yossi, der atheistische neue Hebräer aus der Pfadfinderlegion und Jugendbewegung, war zugleich auch Sohn des religiösen Jerusalem, des nicht zionistischen, ja in Teilen anti-zionistischen Jerusalem, das in Zion lebte, als befände es sich noch im Exil. Er verbrachte seine Kindheit in einem kleinen und recht armseligen Krämerladen, der gegen Abend zum Schachklub wurde, hatte einen Großvater, der in vierter Generation in Jerusalem lebte und eine Synagoge gebaut hatte, stammte aus einem traditionellen, altmodischen Jerusalemer Elternhaus. Zwar wuchs er in einer von Pioniergeist geprägten Umgebung auf, mit Sonnenuntergängen voller Pathos, doch die Lieder und Gedichte, die bei den Zusammenkünften der Jugendbewegung auf den Rasenflächen der Kibbuzim deklamiert wurden, hatte er auch schon in den Synagogen und auf dem uralten Friedhof des Ölbergs gehört, wo sich die privilegierten Bürger der Stadt so nah wie möglich am Tempelberg begraben ließen, um als erste das Eintreffen des Messias zu erleben.

In dieser Phase seiner Jugend lasen alle *Die vierzig Tage des Musa Dagh*, Franz Werfels Werk über den Aufstand der Armenier in den Bergen Anatoliens. Darin lagen ein unbestimmter Schmerz und eine Ahnung von Heldentum, Hingabe und Einsamkeit, etwas, das die Herzen dieser eretz-israelischen Jungen einnahm. Das Buch wurde zur Pflichtlektüre, und etwas von der Magie der Worte blieb auch an ihnen haften.

Jahre später, an Bord der Knesset Israel, zwischen immer neuen Versuchen, die Briten abzuschütteln, und der Aufnahme von mit Kohlen gefüllten Blechkisten, Dieseltreibstoff und – für den Fall, daß es zu Kämpfen kommen sollte – mit Nägeln gespickten Prügeln, stand Yossi in einer Vollmondnacht auf dem fast menschenleeren Deck. Das mit Tausenden von Flüchtlingen beladene Schiff zog in gespenstischer Stille auf Höhe von Iskenderun langsam die türkische Küste entlang. Und was diesen jungen Mann an Deck des Seelenverkäufers, der jeden Augenblick zu sinken drohte, beschäftigte, war die zwanghafte Suche nach dem Berg Musa Dagh, mit Fernglas und Karten und dem Vertrauen auf die eigene Intuition und die Erinnerungen aus der Kindheit. Es war Winter. Auf dem Schiff drängten sich gut viertausend Menschen, doch Yossi klammerte sich an den Berg wie ein frommer Jude an die Quader der Klagemauer. Die anderen fragten ihn, was er suche, und er antwortete: Den Berg! Den Berg! Sie verstanden nicht: Welchen Berg? Hier ging es doch um das nackte Überleben. Um Erfolg oder Niederlage. Doch Yossi gab nicht auf: An Bord des Schiffes entstand vor seinem inneren Auge das Bild jenes Berges, auf dem sich die Überlebenden des Völkermordes an den Armeniern verschanzt und gekämpft hatten. Schließlich entdeckte er ihn, weit in der Ferne, schneebedeckt. Ein einzelner, erstarrter Fels der Stille. In dieser fernen, in tiefblauen Himmel gehüllten Kälte lag alles, das Yossi erhaben schien, und er erinnerte sich an seinen Marsch nach Massada. Er dachte an die Einsamkeit des kargen Bergplateaus. Und daran, wie er einige Jahre zuvor zu dessen Füßen gestanden, die ausgedorrte Landschaft betrachtet und dabei mit jeder Faser seines Körpers die Trauer der auf Massada Belagerten gespürt hatte, die im Verlauf von neun Monaten zusehen mußten, wie die Römer ganz allmählich die Rampen errichteten, die ihr Ende bedeuten würden. Ihre Blicke verfolgten das nahende Urteil, doch fliehen konnten sie schon nicht mehr, und so nahmen sie sich das Leben, gaben es hin im Angesicht des blendenden Glanzes, den das Tote Meer zu Füßen des Berges verbreitete. Musa Dagh – ein Fels erstarrten, entrückten Zorns, fremd und erhaben. Yossi salutierte dem Leid der Armenier, dem wie immer auch gearteten menschlichen Schmerz, der ihn seit seiner Kindheit quälte. Es war einer der bewegendsten Augenblicke seines Lebens.

Und so stand er, aufgewühlt und fröstelnd, auf dem verlassenen Deck und erinnerte sich in aller Klarheit daran, wie er mit seinem älteren Freund, Zwi Safektor, zusammengesessen und wieder und wieder in dem Buch gelesen hatte; wie er, als der Bürgerkrieg in Spanien ausbrach, gespürt hatte, daß der wirkliche Krieg dort, auf spanischem Boden, ausgetragen wurde, und wie auch er sich, in einem Anfall ideologieverbrämter Abenteuerlust, als Freiwilliger gemeldet hatte, um in diesen gerechten Krieg zu ziehen. Damals war er jung und suchte Gerechtigkeit, wollte gegen den erwachenden Faschismus kämpfen. Obwohl er fast nichts über die Einzelheiten der spanischen Tragödie wußte, hätte es ihn beinahe nach Marseille verschlagen, wo er sich den internationalen Brigaden anschließen wollte, doch unerwartet wurde er zu einer wichtigen Aktion der *Haganah* beordert. Und so blieb ihm auf immer das Gefühl, etwas versäumt zu haben.

Nun stand er an Deck eines Schiffes, das jeden Augenblick zu sinken und Tausende von Menschen mit sich in die Tiefe zu nehmen drohte. Und war Musa Dagh.

2. Kapitel

Einige Monate, nachdem die Exodus im Hafen von Haifa aufgebracht worden war, tobte auf dem Weg nach Jerusalem der Kampf um das Kastell, jenes auf den Trümmern einer römischen Festung errichtete arabische Dorf. Yossi, dessen Widerstand gegen die Briten und Beitrag zur Rettung der Juden nicht minder wog als etliche Kastells, wollte unbedingt mit diesem entscheidenden Kampf in Verbindung gebracht werden, an dem er nicht teilhaben konnte. Auf dem Kastell erging damals der berühmte Befehl: »Die Rekruten zurückziehen, die Kommandeure decken den Rückzug.« Woraufhin dreiundzwanzig Befehlshaber, die besten Kämpfer der *Palmach*-Brigade »Harel« – jener Einheit, die vor allem bei den Versuchen, die arabische Blokkade zu durchbrechen, einen hohen Blutzoll im Unabhängigkeitskrieg entrichten sollte –, den Rückzug der einfachen Soldaten deckten und sämtlich getötet wurden, alle dreiundzwanzig bis auf den letzten Mann. Für Yossi war der Kampf um das Kastell der andere Aspekt der Exodus. Dort begegnete mir Yossi Harel zum ersten Mal. Auch wenn ich damals nicht wußte, daß es sich um ihn handelte.

Nach dem Kampf, den Yossi später zu einem Teil seiner eigenen, ohnehin überreichen Biographie zu machen versuchte, war ich allein zurückgeblieben. Ich war einer jener Rekruten, deren Rückzug die dreiundzwanzig Kommandeure deckten und mit dem Tod bezahlten. Ich hockte auf einem Rasenstück im Kibbuz Kirjat Anavim und wußte nicht, daß ich im nächsten Moment von Yossi Harel hören würde, dem Mann, dessen Geschichte ich jetzt niederschreibe und der durch mich ein Teil jener grausamen Schlacht wird.

Eine mir fremde Frau, hochgewachsen, in kurzen Hosen, schön und sonnengebräunt, rief mich beim Namen und lud mich ein, sie auf ihr Zimmer zu begleiten, wobei ihr Blick abwesend und ihr Gesicht ausdruckslos blieb. Das Zimmer war sauber und wirkte ein wenig asketisch, wie in den Kibbuzim jener Tage üblich. An einer der Wände hing eine Reproduktion von Käthe Kollwitz. Außerdem gab es dort einen aus Orangenkisten gezimmerten Schrank und ein Bücherregal, das aus Ziegeln und einfachen Brettern gemacht war. Ein leichter Duft von Jasmin erfüllte den Raum.

Die Frau ließ mich Platz nehmen und reichte mir dann eine Aufnahme der »Kleinen Fuge« von Johann Sebastian Bach, eine alte Bakelitplatte mit wulstigem Rand, der wie eine winzige Hutkrempe wirkte. Es war eine Schallplatte der Deutschen Grammophon, wie es sie im Haus meiner Eltern in Tel Aviv gab. Die Frau sagte, sie überreiche mir die Platte im Namen ihres Mannes.

Angesichts meines Erstaunens fügte sie hinzu: »Ich werde es Ihnen nur ein einziges Mal erzählen. Als mein Mann ins Land kam – wie genau, ist unklar –, war diese Platte sein einziger Besitz. Auf der Flucht durch die Wälder hatte er sie in Lumpen gehüllt, damit sie nicht zerbrach. Mein Mann war Geiger, Österreicher aus Graz. Sie beide hätten sich verstanden! Er kam an Bord der Knesset Israel, wurde nach Zypern deportiert, von wo ihm die Flucht gelang. Das erste, was er tat, als er zurückkam – wie, ist ebenfalls unklar –, war nach Tel Aviv ins Museum zu fahren, um ein Kammerkonzert zu hören, bei dem Oedoen Partoš, ein Jugendfreund meines Mannes, mitwirkte. Partoš stellte ihn

Ihrem Vater vor, der diese Konzertreihe ja organisiert hatte, und Ihr Vater fragte meinen Mann, wohin er beabsichtige zu fahren. Mein Mann antwortete, nach Jerusalem. Das ist unmöglich, sagte Ihr Vater, die Stadt wird belagert. Worauf mein Mann meinte, das gehe schon in Ordnung. Und Ihr Vater sagte noch, ich habe dort irgendwo einen Sohn, ich weiß nicht, wie es ihm geht, manchmal senden wir ihm Grüße übers Radio. Zweimal schon haben wir die ›Kleine Fuge‹ von Bach für ihn im Radio spielen lassen.«

»Mein Mann«, fuhr die Frau fort, »erinnerte sich daran, daß der Kommandant der Knesset Israel, dessen Name Amnon war, mit ihm über den Kibbuz Kirjat Anavim bei Jerusalem gesprochen und ihm von dem Massaker erzählt hatte, das er in seiner Jugend in der nahe gelegenen Siedlung Moza mit angesehen hatte. Der Kommandant hatte ihm nahegelegt, er solle versuchen, in den Kibbuz zu gelangen. Amnon, so erzählte mein Mann, war ein starker Mann, entschlossen und selbstsicher. Im allgemeinen Durcheinander, das bei einem Sturm entstand, als man die Kinder, die sich aus dem Bauch des Schiffes an Deck geschlichen hatten, wieder einfangen mußte, damit sie nicht über Bord gespült wurden, bemerkte Amnon, daß mein Mann, der Deckwache hatte und die Warteschlange vor den Latrinen beaufsichtigte, diese Platte mit sich herumtrug. Er rief ihn zu sich in die Kajüte, denn es rührte ihn, daß mein Mann auf all diesen verfluchten Wegen eine Schallplatte mitgeschleppt hatte. Sie sprachen darüber. Amnon verstand nicht besonders viel von Musik, aber wie sehr mein Mann an dieser Aufnahme hing, begriff er sehr wohl. Er sagte ihm, so etwas sei wie die eigene Mutter oder der Vater. Wertvoll. Selten. Dann gab er meinem Mann eine Clementine, die dort an Bord Gold wert waren. Mit der, wie mein Mann es nannte, ›Ungeschliffenheit des Sabres‹ erzählte Amnon ihm strahlend von den Sonnenaufgängen in Jerusalem, die einem Feuerwerk über der Stadt glichen.

Und von dem bunten Zirkus auf ihren Straßen. Dieser junge Mann, der in einer fast aussichtslosen Situation für das Leben Tausender Menschen verantwortlich war, fand Zeit, mit leuchtenden Augen über Sonnenaufgänge zu sprechen, und mein Mann sagte später, wenn diese Augen aufgeschlagen wurden, konnte man sogar an Bord des trostlosen Seelenverkäufers den Sonnenaufgang über Jerusalem sehen.

Mein Mann verließ das Museum und gelangte auf Schleichwegen nach Jerusalem, vierzehn Stunden benötigte er für die Strecke von Tel Aviv hierher. Er hielt sich tatsächlich an das, was Amnon ihm gesagt hatte. In den Straßen hielten Fuhrwerke mit Wassertanks, vor denen Frauen und Männer um Wasser anstanden. Granaten schlugen in der Nähe ein, und zwei Frauen wurden verletzt. Mein Mann erzählte, er habe auf den Morgen gewartet. Es war recht kühl, und zwischen zwei Granaten sah er den Sonnenaufgang, der eine Offenbarung war für jemanden wie ihn, für jemanden, der von dort kam, wo Sonnenaufgang und Sonnenuntergang bloße Worte waren auf dem Weg zur Zwangsarbeit, zur Bestrafung ohne Schuhe und im Schnee. Dann marschierte er nach Kirjat Anavim, Amnons Ratschlag befolgend, der die Schmach der Flüchtlinge, am Leben geblieben zu sein, während dies anderen nicht vergönnt gewesen war, zu begreifen schien. Mein Mann sagte, wir rochen und sahen wahrhaftig aus wie ein großer Haufen Dreck. Denn wir waren ja Dreck. Was sonst konnte ein Mensch sein, der in Bergen-Belsen gewesen und lebend davongekommen war? Und dann kam mein Mann hierher, in den Kibbuz, und erklärte im Generalsekretariat, jemand namens Amnon habe ihm geraten, nach Kirjat Anavim zu gehen. Im Generalsekretariat kannte man den Namen. Obwohl die halbe *Palmach* hier saß und es nicht genug zu essen gab, erlaubten sie ihm zu bleiben. An dem Tag war ich zum Dienst im Speisesaal eingeteilt. Er kam herein, setzte sich und war schrecklich höflich. Ich merkte, daß er zitterte, und seine Traurigkeit schnürte mir den Magen zusammen. Ich zeigte ihm, wie man das trockene Brot mit den Kräutern zusammen ißt. Er aß vorsichtig, langsam, obwohl er der hungrigste Mensch war, den ich je gesehen habe. Aber er aß kultiviert und gelassen, als käme er soeben von einem üppigen Mahl in einem teuren Restaurant.

Mir gefiel, daß er das Kompott nicht essen wollte, das wir aus Früchten gekocht hatten, die vor Wassermangel an den Bäumen abgestorben waren. Er erzählte, Amnon habe ihm gesagt, daß man in Eretz Israel nur frische Früchte äße. Ich antwortete ihm, die gäbe es jetzt nun mal nicht, da Krieg sei, und meinte zu ihm, er äße, als habe er erst gestern beim Baron Rothschild getafelt, worauf er erwiderte, ich habe vor dem Schloß des Barons Würstchen verkauft, aber wir hatten eine Abmachung, ich und der Baron, er verkauft keine Würstchen, und ich verleihe kein Geld, und deshalb esse ich, wie ich esse. Das war eine sonderbare Art von Humor. Aber ich stamme ursprünglich auch aus Deutschland, weshalb wir sofort eine gemeinsame Sprache fanden. Der Mann war auf bezaubernde Weise eigen. Er ruhte in sich selbst, so wie er mir erklärte, daß Amnon in sich selbst ruhte.

Zwei Tage später heirateten wir. Ohne Rabbiner, ohne alles, ein paar Freunde hier auf dem Rasen, und das war's. Am nächsten Tag wurde er einberufen, um einen Konvoi zu begleiten. Er war niemals Soldat gewesen, in Bergen-Belsen hatte er Schießen nicht gelernt. Offenbar verwirrte es ihn, als man aus dem Dorf Colonja, auf der anderen Seite von Moza, auf ihn schoß. Er wurde getroffen und war sofort tot. Da er keinerlei Papiere bei sich hatte, ist er hier provisorisch begraben, bis man genau weiß, wer er war. Unsere Hochzeit war eine Kibbuzhochzeit auf der Wiese, mitten im Krieg, und der Kuß alles, was man wissen mußte. Er hatte nicht mal Gelegenheit, mir seinen richtigen Familiennamen zu sagen und ob er noch Verwandte hatte. Auf dem Schiff benutzte er einen gefälschten Paß mit dem Foto eines Achtzigjährigen, den die *Haganah* ihm irrtümlich ausgestellt hatte, und Jerusalem war abgeschnitten, belagert.«

Als ich Material für dieses Buch zusammenzutragen begann und im Archiv der *Haganah*, das nach Elijahu Golomb benannt ist, die Protokolle durchging, begriff ich zum ersten Mal, daß Amnon der Deckname Yossi Harels gewesen war. So daß nun auch von meiner Seite das Kastell mit Yossi verbunden ist.

Und es gab noch eine weitere Verbindung. Nach dem Unabhängigkeitskrieg arbeitete ich fast ein Jahr lang als Matrose auf der Pan York, die weiterhin all jene ins Land brachte, die Yossi und seine Kameraden nicht hatten mitnehmen können. Eines Nachts, nach einem schweren Sturm vor Kreta, ging ich mit meinen Freunden Kabaroush und Steve und einem spanischen Maschinisten, dessen Namen ich vergessen habe, zum Heck. Dort ließen wir uns nieder. Es war eine schöne Nacht, wie man sie nur auf dem Meer erlebt. Klar, weit und geheimnisvoll. Es war Vollmond. Unter Deck drängten sich die Flüchtlinge im Bauch des Schiffes. Diejenigen, die Wachdienst an den Latrinen hatten, probten für den Auftritt des Chors. Andere machten die Aborte sauber. Von unserem Platz aus wirkte dies alles wie ein Pantomimenspiel. Die Spanier, die auf unserem Schiff arbeiteten und früher auf seiten der Republikaner gewesen waren, tranken Wein und erzählten von jener furchtbaren ersten Überfahrt, bei der Amnon alias Yossi das Kommando über 7500 Flüchtlinge an Bord der Pan York hatte und in seinem Kielwasser die Pan Crescent mit ebenso vielen Juden kreuzte. Als das Schiff von der britischen Flotte aufgebracht wurde, verweigerte Yossi die Kapitulation, bis er die ausdrückliche Zusicherung des britischen Admirals bekäme, die spanischen Exilanten nicht auszuliefern, was für sie das sichere Todesurteil bedeutet hätte.

Die Spanier sagten: »Es war eine unglaubliche Szene. Beide Schiffe zusammen hatten Zigtausende von Juden an Bord, die unter Deck zusammengepfercht waren und jetzt an Deck drängten. Schließlich waren sie in Lebensgefahr. Und die britischen Schlachtschiffe amüsierten sich mit unseren beiden Schiffen, vollführten ein infernalisches Ballett mitten auf hoher See, benutzten uns als Spielzeug. Um die Flüchtlinge zu retten, mußte Yossi kapitulieren, aber er ergab sich erst, nachdem er sichergestellt hatte, daß uns, den Spaniern, nichts geschehen würde.« Steve, der danach noch jahrelang auf israelischen Schiffen arbeitete, erzählte, daß erst, nachdem der letzte Flüchtling und der letzte spanische Matrose in Zypern von Bord gegangen waren, auch Yossi das Schiff verlassen hatte. Der britische Admiral, behängt mit Orden und umgeben von einem Gefolge von Kommandeuren und Offizieren, fragte ihn, wer der Kapitän des Schiffes sei. Yossi antwortete: »Ich.« Sie waren entsetzt. Vor ihnen stand ein junger Mann, unbeugsam und ohne Uniform. Und in dieser Situation konnte Yossi nicht umhin zu sagen: »Diese illegalen Einwanderer mit ihrem verschreckten Blick, sie werden euch besiegen. Die armseligen Gestalten, die diesem Wrack entstiegen sind, sie sind stärker als all eure Kanonen.«

3. Kapitel

Yitzchak Sadeh, jener legendäre Revolutionär, der mehr als jeder andere den Aufbau der hebräischen Streitkräfte in Israel vorantrieb, war Yossis erster geistiger und militärischer Ziehvater. Sir Yeshayah Berlin, Sadehs Cousin, nannte ihn einen »jüdischen Garibaldi« und schrieb, er sei »der mutigste, fröhlichste, faszinierendste und inspirierendste Mensch, den ich jemals kennengelernt habe ... ein Sonderfall des Lebens, brillant in Zeiten des Krieges und der Revolution und gelangweilt im ruhigen Alltag, der in geordneten Bahnen und ohne Turbulenzen dahinzieht.«

Sadeh war sechsundvierzig, als er beim Ausbruch der Unruhen des Jahres 1936 nach Jerusalem kam. Im September des Vorjahres waren in Deutschland die Nürnberger Gesetze erlassen worden, und es galt, »die Juden aus dem deutschen Alltagsleben zu tilgen«. Ein deutsches Ärztefachblatt schrieb: »Der Vergleich der Juden mit Tuberkuloseerregern trifft: Die Juden stellen eine chronische Infektion dar.« In Palästina war die fünfte Einwanderungswelle auf ihrem Höhepunkt angelangt. Die Araber waren über den Flüchtlingsstrom nicht gerade erfreut, der sich aus Deutschland kommend in ihre Heimat ergoß. »Wenn ihnen dort das Haus abbrennt, warum springen sie dann in unseren Hof?« fragten sie und begannen, was sie den »großen Aufstand« nannten – das erste Kapitel in einem sechzig Jahre währenden Krieg zwischen Arabern und Juden, der noch immer andauert.

Yitzchak Sadeh kam nach Jerusalem, um Kampfeinheiten eines neuen Typs aufzubauen. In der verschworenen Gemeinschaft der Freunde um Yossi fand er Kämpfer, wie er sie suchte.

Einer von ihnen, Abdu (Israel Ben-Yehuda), der nur unwesentlich älter war als Yossi, ein charmanter Draufgänger mit starker Persönlichkeit und mitreißendem Humor, bekam eines Tages die Meldung, man erwarte einen neuen Kommandanten namens Yitzchak Landauberg, ebenjenen Yitzchak Sadeh, der Überraschungsbesuche abzustatten pflegte. Abdu, der leicht aufbrauste, sagte zu Yossi, man solle diesem Landauberg mitteilen, wenn er es wage, ohne Vorankündigung während seiner Wache aufzutauchen, bekäme er eine Kugel in den Kopf.

Am nächsten Tag rief Yitzchak Sadeh an und sagte, da er gehört habe, ihm drohe eine Kugel in den Kopf, wolle er im voraus bekanntgeben, daß er sich nun auf den Weg mache. Abdu antwortete ihm am Feldtelefon, er werde einen seiner Leute schicken, um ihn herzubegleiten, da das gesamte Gelände vermint sei. Den Kameraden sagte er: »Was für Minen?! Soll er ein bißchen zappeln.« Zwi Safektor machte sich auf den Weg, als plötzlich das Gebiet, in dem sich Sadeh befand, unter Beschuß geriet und er dort bleiben mußte, um bei der Verteidigung zu helfen. Zwi kam allein zurück und berichtete, er habe den neuen Kommandanten angetroffen, er sei ein schwerfälliger Typ, der allein herfinden würde.

Die ganze Nacht lauschten sie den Kampfgeräuschen und schliefen gegen Morgen erschöpft ein, bis der Wachhabende sie mit einem Mal aufweckte und sagte, ein sonderbarer Priester schleiche sich in der Nähe herum. Damals kursierten Gerüchte über Priester und Mönche aus den umliegenden Kirchen und Klöstern, die den Arabern halfen und für diese nicht nur spionierten, sondern sie auch mit Lebensmitteln versorgten. Abdu beeilte sich, Zwi und Yossi zu rufen, um dem Verdächtigen entgegenzugehen, bereit, für einen Moment die Spielregeln außer acht zu lassen, was er ohnehin von Zeit zu Zeit genoß.

Bei den Grabsteinen stießen sie mit entsicherter Waffe auf den Priester. Zwi sagte: »Das soll ein Priester sein?! Das ist doch dieser Lunsberg!« – »Landauberg«, berichtigte Sadeh lächelnd. Abdu kam herbei und begann, Yossi eine Strafpredigt zu halten, weil er sich unangemeldet in der Gegend herumtreibe. Sadeh hörte höflich zu und gab zurück: »Bist du der Abdu, der mir eine Kugel in den Kopf jagen will?« Dann erzählte er, er sei sehr früh aufgestanden und habe die Gegend erkundet.

Inzwischen hatten sie den Unterstand erreicht, Sadeh betrat die »Pillbox«, den Bunker, spähte durch die Schießscharten und demonstrierte den jungen Männern, wieviele tote Winkel es von diesem Haus gab und welchen Vorteil der Feind daraus ziehen könnte. Danach hielt er einen langen Vortrag über seine eigene Taktik. Die Männer begegneten ihm mit Mißtrauen, konnten sich seinem Zauber jedoch nicht entziehen. Niemand hatte je so mit ihnen gesprochen. Damit begann die Geschichte jener Einheit, die der romantisch veranlagte Sadeh *Noddedet* – die Landstreicherin – nannte und die genaugenommen die Vorläuferin der mobilen Eliteeinheiten der künftigen israelischen Armee war.

In den Nächten nahm Sadeh seine Schützlinge mit, um – wie er es nannte – in den arabischen Dörfern die Lichter auszuknipsen. Er sagte, es könne nicht angehen, daß die Juden gezwungen seien, sich in ihren abgedunkelten Häusern zu verstecken, während die Araber bei Licht dasäßen und auf sie schössen. Er lehrte sie, den Angreifern aufzulauern, die »Pillboxes«, die Unterstände und Schützengräben, zu verlassen.

Yossi, der wegen seines jugendlichen Alters und seines guten Aussehens »der Freudenknabe der Landstreicherin« genannt wurde, der nachdenkliche Zwi Safektor, Vatergestalt und Intellektueller der Gruppe, Abdu, der kühne und ungestüme Kämpfer, sowie der stille und besonnene Yitzchak Heker – sie alle waren Sadehs Soldaten. Seine Aufgabe war es, eine intelligente, wagemutige und festgefügte Einheit aufzubauen, die die Bewachung der landwirtschaftlichen Siedlungen im Umkreis von Jerusalem übernehmen sollte. Sadehs Motto war: Besser, ihr geht zu ihnen, als daß sie zu euch kommen. Unsere Schlagkraft ist gering. Die Nacht verleiht uns Stärke. Der Araber kennt das Land. Sein Spürsinn ist besser als der unsere. Er versteht es, auszuweichen, sich zu verstecken. Er ist ein exzellenter Kämpfer. Unsere Stärke liegt im Überraschungsmoment, in der Fähigkeit, uns anzuschleichen und den Vorteil der Nacht zu nutzen.

In seinen Augen waren diese eretz-israelischen Jungen Wunderkinder der jüdischen Geschichte, eine Reinkarnation der biblischen Helden ohne den Buckel des Exils. Er selbst aber wirkte schwerfällig und unbeholfen. Zudem sah er nicht gut. Aus einem Kilometer Entfernung konnten sie ihn durch die Gegend stapfen hören. Zuweilen erinnerte er an einen Dichter, den es irrtümlich zu ihnen verschlagen hatte. Aber er war ihr Kommandant, im wahrsten Sinne des Wortes. Wenn du klein bist, schärfte er ihnen ein, sei gewandt, aufgeweckt, fintenreich und vor allem wagemutig.

Sadeh pflegte unbekleidet zu schlafen, am Morgen für sich allein Gymnastik zu treiben und sich danach mit kaltem Wasser zu waschen. Er war in der Lage, stundenlang über Taktik und die Bereitschaft zum Wagnis zu sprechen, wobei er Verse und philosophische Gedanken in seine Ausführungen einfließen ließ, die auf persönlichen Erfahrungen als Kämpfer in der russischen Revolution und anschließend in Palästina beruhten. Und er wußte wie ein Stein zu schweigen; konnte freundlich und offen, aber auch verschlossen und wortkarg sein. Unter seinem Befehl machte sich die *Noddedet* jene Strategie zu eigen, die darauf beruhte, daß ein Schuß, der überraschend in offenem Gelände abgegeben wird, einen weitaus größeren Abschreckungseffekt hat, als ihm real zukommt. Und sie folgten der Philosophie: Wenn es regnet, steht nicht nur man selbst, sondern auch der Feind im Regen. Eine kleine Nation, behauptete Sadeh, in einem kleinen Land wie dem unseren, bekommt keine zweite Chance. Ein solches Volk hat nichts, wohin es sich aus den – wie Alterman es umschrieben hat – »Schützengräben seines Lebens« zurückziehen könnte. Sadeh lehrte Yossi und seine Kameraden den Glauben, daß sie tatsächlich dem Volk dienten und das genug des Lohnes sei. Einen Verteidigungsetat gab es nicht. Denn es gab ja noch keinen Staat, der sie finanziell hätte unterstützen können.

Abdu, Zwi Safektor und Yossi hatten vom Mord an Juden in der Altstadt erfahren, vom Mord an einem jüdischen Wächter in der Nähe von Givat Shaul, von dem Versuch, ein Kinderhaus im Bik'a-Viertel in Brand zu stecken und von drei Juden, die auf dem Edison-Platz in Jerusalem ermordet worden waren. Erfüllt vom Wunsch nach Rache beschafften sie sich Waffen und marschierten heimlich zum Jaffator, um den Mitgliedern einer arabischen Bande aufzulauern, die sie dort vermuteten. Doch in der Altstadt wimmelte es von britischen Soldaten, so daß die drei den Rückzug antreten und ihren ursprünglichen Plan ändern mußten. Sie fuhren nach Abu-Gosh und warfen einige Handgranaten in ein Kaffeehaus, in dem eine Gruppe von Arabern saß. Die Granaten lösten Panik aus, töteten jedoch niemanden. Danach feuerten sie wahllos auf einige Schnitter, die auf dem Feld bei Colonja arbeiteten, jenem Dorf, aus dem die für das Massaker in der Siedlung Moza verantwortlichen Mörder gekommen waren. Abdu, Zwi Safektor und Yossi wurden zwar verurteilt, doch da die *Ha-*

ganah auf sie angewiesen war, kehrten sie unter den Befehl Yitzchak Sadehs zurück, der sicher mehr als nur ein Auge zudrückte, als er von ihrer Tat erfuhr. Denn angesichts des Mißerfolgs und möglicherweise auch der Reue über ihre Aktion hatten sie gelernt, daß blinde Wut und Rachsucht die Achillesferse eines wirklich guten Kämpfers sind.

Yossi liebte Sadeh, der, obgleich noch relativ jung, »der Alte« genannt wurde, und fühlte sich ihm besonders nah. Denn er war ein Einzelgänger, der alles gab und doch zu keiner wirklichen Beziehung imstande war, ein nicht in allen Belangen disziplinierter Soldat, mutig, wenn auch auf eine andere Weise als Yossi, und einfühlsam. Ein Abenteurer, der Verantwortung kannte. Yossi verehrte in Sadeh den Heerführer *par excellence*, der ein Bild in seiner Gesamtheit erfaßt, eine perfekte Strategie entwickelt und danach die Ausführung der Pläne seinen Befehlshabern überläßt. Sadeh war wohl der größte jüdische Heerführer unserer Tage, doch nichts an seiner Vorgehensweise und seinem Handeln war vorhersehbar. Für Yossi, der sich zu dem Zeitpunkt bereits von seiner Familie und seiner persönlichen Vergangenheit gelöst hatte, war Sadeh so etwas wie ein säkularer Rabbiner, den seine Schüler brauchten wie einen, der aus einer anderen Welt kam und sie in eine Wirklichkeit führte, die sie bisher bloß aus romantisch verklärten Träumen kannten.

Im Juli 1937 wurde der Bericht der britischen Peel-Kommission zu den Ursachen des arabischen Aufstandes veröffentlicht, der als Folge der massiven Zuwanderung von Juden aus Deutschland, Österreich, Tschechoslowakei und Polen begonnen hatte. Die Araber hofften, das faschistische Regime in Italien und die Machtübernahme der Nazis in Deutschland könnten sie zusätzlich stärken, wenn man sich gegen Engländer wie Juden gleichermaßen zusammentat. Die Peel-Kommission untersuchte die explosive Lage im Land und legte schließlich einen Plan vor, nach dem Palästina in drei Staatengebilde zu teilen sei, ein arabisches, ein jüdisches sowie ein britisches Mandatsgebiet.

Die Art der Aufteilung allerdings blieb auch nach der Vorlage von drei Plänen durch die Woodhead-Kommission im November 1938 unentschieden. Wenig später traf ein neuer Hochkommissar ein, Sir Harold MacMichael, ein der jüdischen Seite feindlich gesonnener Kolonialbeamter. Im Unterschied zu seinem Vorgänger, Sir Arthur Wauchope, der das Land für eine zwar begrenzte, jedoch nicht geringe Zahl jüdischer Flüchtlinge geöffnet hatte, vertrat MacMichael unbeirrbar die strikte, pro-arabische Position. Die neue Mandatsregierung von Palästina tat alles, um Westgaliläa vom jüdischen Herrschaftsbereich abzutrennen und den Arabern zuzuschlagen. Für die Führung des *Yischuw* war Galiläa von zentraler Bedeutung; fruchtbar, großflächig und offen stellte es einen idealen Sperrgürtel gegen Syrien und den Libanon dar. Es war die Zeit massiver Angriffe Hunderter aufgehetzter Araber, von denen ein Teil gut ausgebildet und bestens bewaffnet aus den umliegenden arabischen Ländern kam. Sie kämpften mit Todesverachtung, und ihre enorme Zahl und ihr Können machten es sehr schwierig, darauf eine passende Antwort zu finden. Die *Noddedet* war bereits aufgelöst, und an ihrer Stelle hatte Sadeh die sogenannten »Feldkompanien« gegründet, deren Kämpfer als tollkühn galten. 1938 rief Sadeh Yossi zu sich und teilte ihm mit, man plane in Galiläa die Gründung einer großen Siedlung namens Chanita, und seine Aufgabe sei es, als leitender Waffeninstrukteur zu fungieren.

Das Land war zu einem großen Friedhof geworden. Zwei Jahre dauerten die blutigen Zusammenstöße bereits an. Neueinwanderer zogen, kaum daß sie eingetroffen waren, in den Kampf und wurden unter Grabplatten mit der Aufschrift »Unbekannt« begraben. Erste Anzeichen von Resignation machten sich bemerkbar. Die Menschen verlangten nach Vergeltung. Wollten gegen einen Feind zurückschlagen, der auf einmal stark war und perfekt gedrillt. Dies waren keine brandschatzenden Banden mehr, sondern eine regelrechte Armee.

In dieser Situation kam der Plan auf, Chanita zu gründen, jenen Ort in der eretz-israelischen Variante des Wilden Westens, der inmitten eines dichtbesiedelten arabischen Gebiets lag, dessen Bevölkerung feindselig, bestens bewaffnet und von irakischen und syrischen Ausbildern geschult war. Für die Führung des *Yischuw* stellte Chanita die natürliche geographische Grenze von Eretz Israel dar.

Als die geplante Gründung von Chanita verlautete, waren Erleichterung und Begeisterung unter der Bevölkerung zu spüren. Tausende wollten daran teilnehmen. Nur einige Hundert erhielten die Erlaubnis. Kleine Mädchen, die in jenem Jahr zur Welt kamen, wurden »Chanita« genannt. Die Araber und ihre Führer reagierten entsprechend. Sie wußten wohl, daß ein Keil ins Herz der arabischen Enklave getrieben werden sollte und konzentrierten deshalb ihre gesamte Kampfkraft auf jene fünfzehn Quadratkilometer, die sich zwischen Nahariya, dem äußersten Punkt des teilweise von Juden besiedelten Gebietes, und Chanita erstreckten.

Zur gleichen Zeit nahmen die alarmierenden Töne aus Europa an Schärfe zu. Die Juden waren bereits geächtet. Die Zeitungen waren voll von Greuelgeschichten aus Europa, wo ein beträchtlicher Teil der jüdischen Bevölkerung in Palästina noch Familie hatte. Die Gründung von Chanita nahm demnach auch einen moralischen Stellenwert ein. Mehr als zwei Monate lang wurde diese größte Militär- und Siedlungsaktion, die die Juden bis dato in Palästina durchgeführt hatten, geplant. Karten und Waffen wurden ebenso bereitgestellt wie Generatoren und vorgefertigte Häuser. Die Mauer wurde errichtet, zerlegt und in Kisten verstaut, um möglichst schnell wieder zusammengesetzt werden zu können, wenn es soweit war. In der Nacht, in der das Land in Besitz genommen wurde, reihten sich auf der felsigen Anhöhe etwa siebzig Lastwagen aneinander. Hunderte von Menschen hatten sich zusätzlich durch die Wadis angeschlichen und in aller Eile den Turm und die Mauer aufgebaut.

In jener ersten Nacht in Chanita wurde plötzlich gegen Mitternacht aus Hunderten von Waffen konzentriert und wohlkalkuliert das Feuer eröffnet. Die Angreifer versuchten, die entstehende Siedlung zu erstürmen. Chanita wurde in dieser ersten Nacht fast dem Erdboden gleichgemacht. Yossi ging in Stellung und streute präzises Feuer in verschiedene Richtungen, um den Eindruck entstehen zu lassen, daß von mehreren Positionen aus geschossen wurde. Ya'akov Berger, ein Jugendfreund Yossis, der neben ihm stand, wurde am Bein getroffen und erlag als erster in Chanita seinen Verletzungen. Nach heutigen Maßstäben läßt sich nur schwer ermessen, wie es dazu kommen konnte, denn immerhin gab es ein Krankenhaus in Haifa. Ärzte waren vorhanden, und tatsächlich brachten Menschen unter Lebensgefahr die Verwundeten ins provisorische Lazarett nach Nahariya (wobei einige ihrerseits verwundet wurden) und von dort weiter nach Haifa. Trotzdem starben Berger und zehn weitere Verwundete an durch Infektionen hervorgerufenen Blutvergiftungen. Von den in Chanita Verwundeten konnte nicht einer von seinen Verletzungen genesen.

In den zwei Monaten, die Yossi in Chanita zubrachte, setzten die Araber ihre Angriffe ununterbrochen fort, die sie als Teil einer Entscheidungsschlacht gegen die jüdische Zuwanderung und als Antwort auf die erstarkte jüdische Kampfkraft verstanden. Chanita wurde durch die sich immer enger zusammenziehende Belagerung zusehends von der Außenwelt abgeschnitten. Es gab niemanden, der im Notfall hätte zur Hilfe kommen können. Die Versorgung mit Lebensmitteln bereitete immense Probleme. Die Briten versuchten, den Nachschub an Waffen zu unterbinden, und was dennoch nach Chanita gelangte, mußte versteckt werden.

Eines Tages machte sich ein Wagen mit drei jungen Männern auf den Weg von Chanita nach Nahariya. Als wenig später Schüsse zu hören waren, liefen Yossi und ein paar andere zum Pritschenwagen und eilten dem ersten Wagen auf der behelfsmäßig angelegten Piste hinterher. Von weitem sah Yossi, daß der Wagen umgestürzt war. Er fuhr näher heran und wurde von einer Gewehrsalve empfangen. Zusammen mit seinen Begleitern sprang er zur Rechten in einen Graben, robbte sich, in den Graben geduckt, an die Unfallstelle heran und mußte feststellen, daß alle drei jungen Männer tot waren. Auch er und seine Begleiter wurden beschossen. Während er das Feuer erwiderte, vernahm Yossi einen Schrei: »Helft mir! Hilfe!« Einer derjenigen, die einen Moment zuvor noch neben ihm im dahinjagenden Pritschenwagen gesessen hatten, war getroffen worden. Durch den Kugelhagel kroch Yossi zu ihm, fand ihn blutüberströmt und schleifte ihn auf die geschützte Seite des Fahrdamms.

Das geschah zu Pessach 1938. Riesige Teppiche aus Anemonen bedeckten die Felder. Noch heute, sechzig Jahre später, steigt Yossi, wenn der Frühling kommt und mit ihm die Blüte der Anemonen, der Geruch von Blut in die Nase.

4. Kapitel

In einer Schabbatnacht kam ein Wagen ohne Begleitung nach Chanita. Darin saß ein älterer Mann, der eine britische Militärmütze und einen Anzug trug, dem man sein Alter ansah. Der Mann war mit einem Gewehr bewaffnet, und in seinem Gürtel steckte eine Pistole. Er ging ein wenig gebeugt, seine Erscheinung erinnerte an einen in Armut lebenden Priester. Die hellblauen Augen, die Hagerkeit und sein Auftreten verliehen ihm eine geheimnisvolle Aura. In der Hand hielt er eine Bibel, außerdem hatte er ein Schreiben von Chaim Weizmann und einen Brief von Ben-Gurion bei sich, die ihn als »Capitan Orde Charles Wingate, einen guten Freund« auswies und die Bitte enthielt, sich um ihn zu kümmern und mit ihm zusammenzuarbeiten.

Als man den Mann in den Speisesaal bat, weigerte er sich zu essen, was ihm vorgesetzt wurde, und bat statt dessen um frische Zwiebeln. Bislang hatten die Leute von der *Haganah* nur britische Offiziere kennengelernt, die ordentlich und gestriegelt auftraten und ihnen voller Hochmut und Arroganz begegneten. Und nun saß mit einem Mal ein nachlässig gekleideter britischer Offizier vor ihnen, kaute rohe Zwiebeln und ließ jegliche Manieren vermissen. Sein Gesicht war mager und blaß, sein Blick stechend. Die Augen lagen tief in den Höhlen und hatten den Glanz geschliffenen Stahls. Bedächtig aß er seine Zwiebeln. Yossi nahm an, der Mann würde nach der anstrengenden Fahrt bestimmt ruhen wollen. Doch statt dessen übernahm Wingate das Kommando und befahl mehr, als daß er bat, ihn auf einen Erkundungsgang zu begleiten. Sie marschierten mehrere Stunden lang, bis zur Erschöpfung, und als sie zurückkehrten, versammelte Wingate alle in einer der Hütten. Stühle gab es keine, so saßen sie auf dem nackten Fußboden. Wingate begann, einen Vortrag über seine Pläne zu halten, und veranschaulichte sie, indem er Streichhölzer zwischen die Dielenbretter steckte.

Am nächsten Morgen gingen sie mit ihm auf eine weitere Patrouille und waren verblüfft von der Art und Weise, wie Wingate Karten zu lesen vermochte. Er las sie, so Yossi, wie ein begnadeter Musiker die Partitur einer Symphonie. Eine solche Intensität waren sie nicht gewöhnt und stellten deshalb keine Fragen. Yossi, der aus einem kleinen Jerusalemer Viertel stammte, spürte, daß in diesem von weltmännischer Aura umgebenen Mann, der auf unzählige Abenteuer zurückblicken konnte, eine magnetische Kraft schlummerte, eine vornehme, verhaltene, reine Macht. Unnachgiebige Naivität und charismatische Ausstrahlung. Bald darauf waren sie bereits fieberhaft unter seinem Kommando tätig, Nacht für Nacht. Sie stießen bis zur Grenze vor, kehrten zurück, drangen zum ersten Mal in der Geschichte des jüdisch-arabischen Konflikts bis tief auf libanesisches Gebiet vor, näherten sich den arabischen Dörfern, von denen aus nachts geschossen wurde, wobei Wingate sie mit seinem Feldstecher kopfschüttelnd verfolgte. Yossi beobachtete diesen wilden, aber wachsamen Leoparden, lernte von ihm, wie man sich gegen den Wind an ein Dorf anschlich, damit die Hunde keine Witterung aufnahmen und anschlugen, und wie man sich in einem Gebiet zurechtfand, in dem man nie zuvor gewesen war. Auf ihre Frage, wie und woher er all diese Tricks und Kriegslisten kannte, antwortete er schlicht: »Es steht alles in der Bibel geschrieben. Die Örtlichkeiten, die Taktiken – all das findet sich in der Bibel. Dort heißt es: ›Aus List und Tücke mache dir einen Krieg.‹«

Wingate, Sproß einer begüterten schottischen Familie, war es, der die Kommandostrategie der britischen Armee entwickelt und zur Anwendung gebracht hatte: Kleine, mobil operierende und gut ausgebildete Einheiten führten schnelle nächtliche Überfälle durch und machten sich so den Überraschungseffekt zunutze. In seiner Jugend war er mit dem Fahrrad durch die Alpen gefahren, um den Zug von Hannibals Armee nachzuvollziehen, den er verehrte. Er vertraute auf das Urteilsvermögen der biblischen Helden, machte sie sich zu Lehrern, indem er sie mit der Landschaft verband, die ihm aus der Heiligen Schrift vertraut war. Er wandte sich an Weizmann und schlug sich selbst als Befehlshaber einer jüdischen Armee vor, da er an die Rückführung der Hebräer in ihre historische Heimat glaubte. So gelangte er nach Chanita.

Wingates besondere emotionale Zuwendung zu Yossi und die tiefe Verbundenheit zwischen den beiden Männern lag in Yossis Mut begründet, der wesentlicher Bestandteil seiner Persönlichkeit war. Als bei einer der Erkundungen mit Wingate, in einem arabischen Dorf tief auf libanesischem Territorium, ihre Gruppe angegriffen wurde, liquidierte Yossi eine ganze Einheit mit Handgranaten. Wingate nannte ihn fortan »The Bomber« und schlug ihn für eine Auszeichnung vor, die er aber nie offiziell bekam. Der Brite liebte schweigsame, unkonventionelle Helden. Er schätzte Yossis Einfühlungsvermögen, der das Geheimnis der Zurückhaltung kannte und den richtigen Zeitpunkt abzupassen wußte, um Gefühle zu äußern. Außerdem bewunderte er den draufgängerischen Wagemut Yossis, der sich selbst unbeirrbar zu Verantwortungsbewußtsein, Anstand und Zielstrebigkeit anhielt. Als sie erfuhren, daß Chaim Storman, der furchtlose Kämpfer, den Wingate so liebte und verehrte, am Jordan getötet worden war, forderte Wingate Yossi auf, ihn zum Kibbuz Ein Charod zu begleiten.

Auf dem Friedhof, vor sich die Berge von Gilboa, an einem der schönsten Orte in ganz Eretz Israel, sah Yossi, wie Wingate bei der stillen, diskreten Beerdigung Storman salutierte und einen jener grauen Basaltsteine auf dessen Grab legte, die künftig noch viele von Mitgliedern seiner Familie bedecken würden.

Aus der Jesreelebene stieg angenehmer Blütenduft auf, und Vogelgezwitscher erfüllte die Luft. Am Abend versammelten sich alle im Haus von Atara, Chaims Witwe. Sie war eine geduldige, beherrschte Frau und zählte zu den Gründern der *HaShomer*-Organisation, die in Yossis Jugend einen legendären Ruf genossen hatte. Jetzt war sie gerade mit ihrem Sohn Moshe beschäftigt, Yossis geliebtem Zögling in Chanita, der später im Unabhängigkeitskrieg getötet werden sollte. Nachdem sie ihren Mann und ihren Sohn verloren hatte, sollte sie schließlich auch noch zwei ihrer Enkel verlieren. Ihr ganzes Leben würde sie in ihrem Kibbuz verbringen und sich dort um die Frauen und Kinder kümmern.

In ihrem Haus fühlte sich Yossi aufgenommen, hatte endlich die Gewißheit, dazuzugehören, zu Hause zu sein. Ein Zuhause, wie er es selbst nie gehabt hatte, unter Menschen, die sich der schweren, schlammigen Erde des Tals verbunden fühlten. In ihrer Gegenwart spürte Yossi, wie die *Noddedet*, Yitzchak Sadeh und Chanita – wie alles in dieser Landschaft wurzelte, in dieser Frau, diesem bescheidenen Haus. Sie war die mittellose, erhabene Königin eines Stammes von stolzen Habenichtsen, die ihre vier Männer in einem Krieg, wenngleich zu verschiedenen Zeiten und in unterschiedlichen Schlachten, verlor. In jenem Moment aber, in dem Yossi neben Wingate, diesem geheimnisvollen, besessenen und genialen Schelm, der für ihn eine Art Ziehvater war, in ihrem Haus saß, entstand ein rätselhaftes

Band zwischen ihm und Atara. In ihrer ruhigen, liebevollen Stärke symbolisierte sie die Mutter, die er nie wirklich gehabt hatte, und vermittelte ihm, daß es Augenblicke gibt, in denen alles eins wird: Wer man ist, wer man war und wer man künftig sein würde. Ihr Name wurde Atara übrigens durch Rachel verliehen, jene Dichterin, deren Hymnus Jahre später die Feldhure der SS zusammen mit dem Gedicht Altermans auf dem Deck der Knesset Israel singen sollte, mit einem polemischen, kämpferischen Unterton, den dieses feierliche, nostalgische, aber auch traurige Lied nicht im mindesten vorgesehen hatte.

Wingate, puritanisch erzogen und mönchisch in seinem Auftreten, zitierte gerne Benjamin Disraeli, dessen Werke der Suche nach den eigenen jüdischen Wurzeln Ausdruck verliehen. So etwa in seinem Buch *Tancred oder Der Neue Kreuzzug*: »Die Weinberge Israels existieren nicht länger, aber das ewige Gesetz verpflichtet die Kinder Israels noch immer, die Weinlese zu feiern. Eine Rasse, die daran festhält, die Lese zu feiern, bei der keine Trauben zu pflücken sind, wird ihre Weinberge zurückgewinnen.«

Später schlug Wingate dem britischen Befehlshaber für Nordpalästina, General Montgomery, die Aufstellung sogenannter *Special Night Squads* vor, deren Kämpfer sich aus den bisherigen Feldkompanien rekrutieren sollten. Diese kleinen, mobilen Einheiten würden entlang der Grenze patrouillieren, gegen Waffenschmuggel vorgehen und die eminent wichtige, vom Irak bis nach Haifa führende Pipeline schützen, die die Araber systematisch zu zerstören begonnen hatten, wodurch sie den britischen Kriegsanstrengungen erheblichen Schaden zufügten. Aber es bedurfte der Überzeugung, um diesen Vorschlag durchzusetzen.

Eines Tages hieß es, daß sich etwa sieben Kilometer von der Grenze entfernt eine arabische Bande zusammenrottete und im Begriff war, die Pipeline anzugreifen. Wingate schlug Yossi vor: »Wir werden sie auf halbem Wege in

Empfang nehmen.« Die Nacht brach an, und sie marschierten einer hinter dem anderen los, an der Spitze, ganz auf seine Sinne vertrauend, der halbblinde Wingate. Laut Plan sollte er, sobald sie auf die heranrückende Bande stießen, einen Stock schwenken, an dem eine kleine Laterne mit roter Birne befestigt war. Dann würden die beiden Züge hinter ihm seitlich des Weges in Deckung gehen, er selbst die Schußlinie frei machen und die arabische Bande in die Falle gehen. Die Aktion wurde ein voller Erfolg und überzeugte die Briten, die Aufstellung der *Night Squads* offiziell zu bewilligen.

Bei einer anderen Aktion stürmten sie ein Dorf und durchkämmten es. Freischärler, die geflohen und auf einer nahen Anhöhe in Stellung gegangen waren, eröffneten das Feuer. Yossi und seine Kameraden schossen zurück. Überrascht von ihrer Feuerstärke begannen die Araber, sich in Richtung Kishonfluß zurückzuziehen, gerieten jedoch durch die zweite Abteilung, die ihnen dort bereits den Fluchtweg versperrte, unter Beschuß. Gleichwohl angeschlagen, gelang es ihnen, nach Westen durchzubrechen, wo sie schließlich auf die dritte, von Wingate dort postierte Abteilung stießen und im Kreuzfeuer schwere Verluste erlitten. Waffen und wertvolle Dokumente wurden erbeutet, die bewiesen, daß einige der arabischen Staaten hinter den Aktionen der Freischärler standen, diese ausrüsteten und sogar befehligten.

Zwischen Yossi und Wingate entwickelte sich eine besondere Nähe. Eine tiefe Verbundenheit. Der hochaufgeschossene und sehnige Yossi mit seinen hellen Augen und der aufrechten Haltung erschien Wingate wie eine Art preußischer Jude, bereit, sich für eine Sache zu begeistern und mit List, aber auch mit Bedacht dafür zu kämpfen.

Die Einsätze folgten immer dichter aufeinander und nahmen kontinuierlich an Brutalität zu. Die Araber beschwerten sich bei den Briten über Wingates Grausamkeit und seine unbarmherzigen Strafmaßnahmen. Sogar die Angehörigen der Feldkompanien, die das Erbe der *Noddedet* angetreten hatten und für die Yossi nun tätig war, klagten, bei den Überfällen auf die Zeltlager der Beduinen gehe Wingate regelmäßig mit übertriebener Brutalität vor und mache gnadenlos von seiner Waffe Gebrauch. Wingate glaubte an die Strafe als Mittel der Abschreckung, beabsichtigte, so die Freischärler in ihren Dörfern zu halten. Wiederholt erschoß er kaltblütig arabische Gefangene, die er in einer Reihe Aufstellung nehmen ließ. Niemand fand dies schön; niemand fand dies unschön. Waffen und Krieg können nun einmal nicht unbefleckt sein. Wingate versuchte nicht, sich zu rechtfertigen. Bei einem Gefecht mit arabischen Freischärlern, die die Pipeline in Brand gesetzt hatten, geriet eine ganze Bande in Gefangenschaft. Das Öl schoß in einer riesigen Fontäne empor und entzündete sich. Wingate packte einen der Männer und tauchte seinen Kopf ins Öl. Als Yossi es ihm nachtun wollte, hielt Wingate ihn mit einem verhaltenen Lächeln zurück: »Laß es, das ist es nicht wert. Am Ende werde ich verschwinden, aber du wirst mit ihnen hier im Land zurückbleiben.«

Angesichts der Klagen der Araber und der inzwischen geänderten Haltung der Briten, die eine verstärkte jüdische Zuwanderung befürchteten, begann das britische Oberkommando, Wingate das Leben schwerzumachen. Seine übermäßigen Sympathien für die Juden und die Art und Weise, in der er die Bibel als jüdische Besitzurkunde handhabte, waren nicht länger mit der nun eingeschlagenen politischen Richtung in Einklang zu bringen. Man beschloß, ihn nach Ägypten zurückzuversetzen. Am Vorabend seiner Abreise fuhr er, mit zwei Flaschen Whiskey im Gepäck, nach Haifa und traf sich mit dem Geheimdienstchef der *Haganah*, dem er den Inhalt des »Weißbuchs« anvertraute, das noch im selben Jahr veröffentlicht werden sollte. Seine Abschiedsrede vor den Kommandeuren der *Haganah* hielt Wingate auf hebräisch. Die Versetzung nach Ägypten machte ihm schwer zu schaffen. Er war ein begnadeter Heerführer, tief gläubig und visionär. Noch in Chanita hatte er Yossi erzählt, in naher Zukunft werde man mit Hilfe von Flugzeugen, die senkrecht starteten, Soldaten bis tief in feindliches Territorium fliegen. Zu einer Zeit, da die modernsten Flugzeuge, die in diesen Breiten gesichtet wurden, primitive Klapperkisten aus heimischer Produktion waren, dachte Wingate bereits an Hubschrauber. Er hatte gehofft, eines Tages an der Spitze einer jüdischen Armee zu stehen.

Nach seiner Ankunft in Ägypten schnitt Wingate sich aus lauter Enttäuschung mit einem Rasiermesser die Kehle durch und wurde nur durch Zufall gerettet. Man flog ihn nach England, er genas, erhielt eine Versetzung nach Äthiopien und kämpfte an der Seite Kaiser Haile Selassies mit kleinen, beweglichen Einheiten, wie er sie auch in Chanita geschaffen hatte. Seine Strategie, weit hinter die feindlichen Linien vorzustoßen, die er zuvor in Galiläa und im Libanon umgesetzt hatte, wandte er auch gegen die Italiener an. Aufgrund seiner Erfolge wurde er nach Burma beordert. Churchill erkannte Wingates außergewöhnliche Fähigkeiten, ließ ihn einen neuen Armeetypus konzipieren, schulen und aufbauen – klein, mobil und verwegen – und erhob ihn in den Rang eines Generals. Doch in einer Sturmnacht kam Wingate bei einem Flugzeugabsturz ums Leben. Als Yossi, der den Nachrichten der BBC lauschte, von seinem Tod erfuhr, zog er sich zurück und trauerte nicht nur um den ausgezeichneten Kommandanten, sondern auch um den Mann, den er geliebt hatte.

Nach Chanita erhielt Yossi den Oberbefehl über eine Feldkommpanie im Raum Tel Monde. Dort lernte er, sich für jene schicksalhafte, schwerste Nacht seines Lebens zu wappnen, die acht Jahre später auf den beiden größten Flüchtlingsschiffen in der Geschichte der illegalen Einwanderung oder – wie er es nannte – dem größten Auszug der

Juden seit der Flucht aus Ägypten anbrechen sollte. Er lernte, das Leben Tausender Menschen durch Glaubwürdigkeit, Anstand, Wachheit und Umsicht zu schützen.

Doch noch war es Winter. Die Araber spickten die nicht asphaltierten Schotterpisten mit Minen. Die landwirtschaftlichen Siedlungen der Umgebung lebten in ständiger Furcht. Menschen wurden getötet und verletzt. Yossis Aufgabe war es, die Pisten und Pfade auf Minen abzusuchen. Die Unterkünfte seiner Männer waren zugig, warme Kleidung und Decken gab es nicht, und die vierzig Mann starke Kompanie mußte sich mit zehn alten Militärmänteln aus britischen Beständen behelfen. Beim Morgengrauen zogen sie aus, noch bevor die Busse und Lastwagen sich auf den Weg nach Tel Aviv machten. Zusammen mit seinen Soldaten hing Yossi über dem Kotflügel des Pritschenwagens. Die Augen auf den lockeren Boden gerichtet, hingen sie am Wagen wie Trauben von der Rebe. Sie versuchten, Minen zu entdecken, die in dem nassen, trügerischen Sand vergraben lagen, suchten den Weg nach Fußspuren ab.

Es war eine improvisierte Aktion, die Intuition und Wagemut erforderte, eine Aktion, deren Erfolg einzig und allein von der Schärfe der Augen abhing; sie lernten, jeden noch so kleinen Sandhaufen wahrzunehmen und im selben Moment zu erkennen, ob sich darunter Gefahr verbarg.

5. Kapitel

Wingate behielt recht. Im Jahre 1939 wurde vier Jahre nach dem Erlaß der Nürnberger Gesetze und ein gutes halbes Jahr nach der »Kristallnacht« das »Weißbuch« veröffentlicht. Der Boden brannte den Juden unter den Füßen. Die Vereinigten Staaten legten den jüdischen Flüchtlingen, die um Aufnahme ersuchten, immer mehr Steine in den Weg und gewährten – wie andere Staaten auch – fast ausschließlich jüdischen Wissenschaftlern Asyl. Weil die Briten die Tore Palästinas mittlerweile unnachgiebig verschlossen hatten, beendeten die Araber, die bekommen hatten, was sie wollten, ihren Aufstand. In Palästina galten strenge Einreisevorschriften für jüdische Flüchtlinge. Gleichzeitig wurde die Möglichkeit des Landerwerbs stark eingeschränkt. Überall in den Kolonien der deutschen Templer zogen Naziaufmärsche durch die Straßen. Die Araber klatschten Beifall. Unter dem Kommando von Shaul Meirow (Avigur), dem Geheimdienstchef der *Haganah*, führte Yossi in jener Phase eine Einheit in Jerusalem an, die Akten über die Führungsspitze des britischen Geheimdienstes und die für sie tätigen jüdischen Kollaborateure anlegte. Einige von ihnen wurden exekutiert. Die Atmosphäre war gespannt. Yossi spürte eine wachsende innere Unruhe. In diesem historischen Augenblick wollte er sich nicht mit der Bestrafung von Verrätern abgeben, sondern bei der Rettung von Juden mithelfen. Er bat darum, auf einen Marinelehrgang geschickt zu werden.

Jahre später, beim Kampf auf der Exodus, schrie ein Engländer, den eine zornige, verletzte Frau geschlagen hatte: »Wir und die Araber werden euch im Meer ersäufen.« Und einer der Überlebenden antwortete ihm: »Uns doch nicht, wir haben in Auschwitz schwimmen gelernt.«

Yossi, der Jerusalemer, brachte sich selbst das Schwimmen bei, als er am See Genezareth einen zusätzlichen Kurs der Feldkompanien leitete. Und nachdem er erfahren hatte, daß in Tel Aviv, auf dem Gelände des *HaPo'el*-Sportvereins an der Mündung des Yarkon, ein Marinelehrgang stattfände, legte er auf dem Weg dorthin die letzten Kilometer von der Küste bis zur Mündung des Flusses schwimmend zurück. Bei der Abschlußprüfung sollte man ihn alles mögliche fragen, nur nicht, ob er schwimmen könne. An dem Lehrgang, der zwei Monate dauerte, nahmen auch jene dreiundzwanzig exzellenten Marinesoldaten teil, die später unter dem Kommando von Zwi Safektor, Yossis Freund aus gemeinsamen Jugendtagen, im Auftrag der Briten zu einem nebulösen Einsatz im Libanon auslaufen und spurlos verschwinden sollten. Am Ende des Lehrgangs wußte Yossi, daß er kein Admiral werden würde, aber über das Meer hatte er einiges gelernt.

Im Land herrschte eine gedrückte Stimmung. Die Araber hatten ihren Kampf eingestellt. Der britische Sperrwall gegen die jüdische Immigration war massiv genug und seine Erfolge beeindruckend. Yossi wollte Juden retten – wovon zu diesem Zeitpunkt so gut wie keine Rede war – und ebenso an dem großen Kriegsgeschehen teilhaben. Er war innerlich zerrissen. Vielleicht würde die Rettung von Juden auch irgendeine Form operativer Zusammenarbeit mit den Briten bedeuten? Unruhe trieb ihn um. Er konnte zwar schwimmen, aber es gab nichts, wohin er hätte schwimmen können. Die eretz-israelischen Einrichtungen unterstützten die Briten in ihrem Kampf gegen die Deutschen. Auch die jüdischen Untergrundorganisationen beteiligten sich an dieser Zusammenarbeit und verkündeten eine Waffenruhe. David Rasiel, der Befehlshaber des *Etzel*, brach im Auftrag der Briten zu jener Mission in den Irak auf, von der er nicht zurückkehren würde.

Entgegen der entschiedenen Auffassung seiner Vorgesetzten, in Anbetracht der zu erwartenden Entwicklungen in Palästina müsse eine hebräische Streitmacht aufgestellt werden, und entgegen seiner eigenen bisherigen Linie als verantwortungsbewußter, gehorsamer junger Mann beschloß Yossi gegen Ende des Jahres 1939 – ohne jemanden davon in Kenntnis zu setzen –, dem Vorbild Zehntausender Eretz-Israelis zu folgen und meldete sich zum Dienst in der britischen Armee. Im Hauptquartier der *Haganah* in Jerusalem wurde er der Desertion bezichtigt und in Abwesenheit wegen Befehlsverweigerung verurteilt.

Da er ein geübter Scharfschütze war, nahm Yossi an, möglicherweise in einem britischen Bomber bei der Luftwaffe zum Kampfeinsatz eingeteilt zu werden. Sein palästinensischer Paß überzeugte die Musterungskommission jedoch nicht. Als er gefragt wurde, ob er Auto fahren könne, bejahte er und wurde nach Ägypten verlegt, zu einer Versorgungseinheit der 32. Luftwaffendivision, die aus drei Geschwadern zu je sechzig Maschinen bestand und im Stützpunkt Abu Kir bei Alexandria stationiert war. Ende 1940 brach Yossi in einer endlosen Karawane von Fahrzeugen in die Ostsahara auf, zur umkämpften Region in der Libyschen Wüste. Die Fahrt dauerte drei Monate, in denen die Kolonne ohne Unterlaß angegriffen wurde. Bei seiner Rückkehr nach Ägypten wurde Yossi zusammen mit seiner Division nach Griechenland verlegt, in einem Schiffskonvoi, der unterwegs von deutschen Stukas bombardiert wurde. Ein britischer Soldat wurde ganz in Yossis Nähe getötet und auf hoher See beigesetzt. Die Zeremonie machte ungeheuren Eindruck auf Yossi. Sie begründete seine bleibende Abneigung gegen jede Art von übertriebenem Bestattungskult und dem damit verbundenen fanatischen Eifer, die Gebeine eines Toten ausfindig zu machen und ihn in seine Heimat zu überführen. Für Yossi war ein Mensch dort beizusetzen, wo er gestorben war. Die gesamte Schiffsbesatzung erschien an Deck und verharrte in einer Schweigeminute. Die Offiziere wickelten die Leiche in ein Leinentuch und bedeckten sie mit der britischen Flagge. Der Schiffsgeistliche und der Kapitän hielten die Trauerrede, und bei den Worten »Wir überantworten dich der Tiefe« glitt der Leichnam in die Fluten. Das Schiff unterbrach nicht einen Augenblick seine Fahrt.

Seine Division wurde auf einem Luftwaffenstützpunkt unweit der griechischen Hauptstadt zusammengezogen. Am Abend fuhr Yossi mit einem Freund nach Athen und sah sich im Amphitheater eine Aufführung von *Antigone* an. Er identifizierte sich mit der griechischen Tragödie, in der alles vorhersehbar war und es kein glückliches Ende geben konnte. Was immer geschah, geschah zwangsläufig. Am Ende der Aufführung war er unfähig, sich von seinem Platz zu erheben. Er fühlte sich wie ein Stein aus Jerusalem im Herzen einer Kultur, mit der er sich später eingehend beschäftigen und die Teil seiner Persönlichkeit werden sollte. In einer Welt ohne Gott ist es der Mensch in seiner Unzulänglichkeit, der entscheidet, selbst wenn er fehlgeht – so in etwa ließe sich Yossis Gefühl in jenem Moment beschreiben. Er verstand den heroischen Kampf, den dreihundert Griechen bis in den Tod gegen das zehntausend Mann starke persische Heer gefochten hatten. Er fühlte sich jenem legendären griechischen Soldaten verbunden, der nach Athen gelaufen war, um die Nachricht vom Sieg über Dareios I. in der Schlacht bei Marathon zu überbringen, völlig entkräftet die Tore erreichte und auf dem Marktplatz starb, nachdem er ohne Pause eine Strecke von 42,2 Kilometern zurückgelegt hatte.

Yossis Division wurde nach Nordgriechenland an die jugoslawische Grenze verlegt, und die Deutschen schafften, was den Israelis erst im Juni 1967 gegen die Ägypter gelingen sollte. Eines Morgens tauchten völlig überraschend etwa vierzig deutsche Flugzeuge auf, die über dem Flugfeld kreisten und auf einen Schlag alle am Boden stehenden Speedfire-Jagdmaschinen zerstörten. Durch einen perfekten Hinterhalt liquidierten die Deutschen auch das zweite Geschwader, das mit leeren Tanks von einem Angriff zurückkehrte und sich gerade im Landeanflug befand, um aufzutanken.

Der Divisionskommandant setzte alle über die Folgen des Angriffs in Kenntnis und teilte mit, man werde sich nach Kalamata zurückziehen, in die südlichste Stadt Griechenlands, wohin bereits Flugzeuge der Marine unterwegs seien, um sie nach Kreta zu evakuieren. Und er erklärte: »Wir benötigen zehn Monate, um ein Kriegsschiff zu bauen, einen Monat, um einen Panzer zu produzieren, einen halben Tag, um ein Gewehr zu fertigen und zwei Tage für ein Maschinengewehr. Um eine Patrone herzustellen, sind nur einige Minuten nötig. Aber wir brauchen achtzehn Jahre, um einen Soldaten zu schaffen. Daher werdet ihr sämtliche Kleidung, alle Waffen und die gesamte Ausrüstung hier zurücklassen. Sobald ihr es geschafft habt, hier heil herauszukommen, werdet ihr neu ausgestattet. In den Maschinen ist nur Platz für euch, nicht jedoch für irgendwelche Ausrüstung.«

Und so war es. Jede Maschine wurde mit siebzig oder achtzig Mann beladen, die dicht gedrängt stehend nach Kreta ausgeflogen wurden. Diese Lektion, das Setzen von Prioritäten, würde Yossi künftig bei seiner Arbeit in der *Ha'apala* von Nutzen sein. Er selbst blieb vorerst mit denen, für die kein Platz mehr in den Flugzeugen war, in Kalamata zurück. Schließlich wurde er zusammen mit seinen Kameraden an Bord eines großen Fischerbootes, das eigens für die Evakuierungsaktion eingesetzt wurde, zur Insel Kythera gebracht. Bei ihrer Ankunft wurden sie von einem schweren Bombenangriff der Deutschen überrascht, mußten ins Wasser springen und ans Ufer schwimmen. Sie hatten weder Waffen noch trockene Kleidung oder Proviant bei sich. Glücklicherweise steckten in Yossis Tasche noch vier Tafeln Schokolade, von denen er sich zwei Tage lang ernährte, bis zwei Zerstörer auftauchten und die Gestrandeten nach Kreta brachten. Kurze Zeit nachdem sie aus Kreta ausgeflogen worden waren, wurde die Insel von einer Einheit deutscher Fallschirmjäger eingenommen, und wer nicht rechtzeitig evakuiert worden war, geriet in Gefangenschaft.

Bei dem schweren Bombardement vor Kythera war Yossi ein Trommelfell geplatzt, und er verlor für immer das Hörvermögen im rechten Ohr. Die Verletzung führte zu einer schweren Infektion, und als die Schmerzen unerträglich wurden, bekam Yossi eine Woche Urlaub. Doch anstatt ins Krankenhaus zu gehen, fuhr er über Kantara nach Tel Aviv. Gleich nach seiner Ankunft ging er ins Café Atara, das »Hauptquartier« Yitzchak Sadehs. Dieser schaute ihn an, als hätten sie sich gerade erst voneinander verabschiedet, und sagte: »Gut, daß du kommst, du begleitest mich nach Haifa. Schade nur, daß du nicht vor zwei Tagen schon hier warst. Die Zusammenarbeit mit den Briten ist wiederaufgenommen worden, und man hat uns eine Sabotageaktion gegen die Ölanlagen in Tripoli angetragen. Wir haben ein Boot mit dreiundzwanzig Männern geschickt. Ich wollte es dir unterstellen, weil Safektor verwundet ist, aber es blieb keine andere Wahl, du warst ja nicht da, und so hat Zwi Safektor doch das Kommando übertragen bekommen.«

Sadeh und Yossi verließen Tel Aviv und bezogen Stellung in einem der Hotels auf dem Carmel, von wo aus sie die ganze Nacht mit ihren Feldstechern die Bucht von Haifa ausspähten und warteten. Von dem Boot war nichts zu sehen. Die Stimmung war äußerst gedämpft. Tatsächlich blieb das Boot verschollen, und über sein Schicksal ist bis heute nichts bekannt. Der Gedanke, daß jemand wie Safektor, den er so geliebt hatte, womöglich an seiner Stelle getötet worden war, ließ in Yossi jene schwere Verlustangst aufleben, die seit der Kindheit an ihm nagte. Er empfand Reue, ein Gefühl des Versagens, ja vielleicht sogar Schuld, die er verinnerlichte und in sich trug.

Nach diesem Vorfall reichte Yossi erneut ein Gesuch ein, zum Kampfeinsatz in einem Bomber zugelassen zu werden, wurde aber wiederum abgewiesen. Die Verletzung im Ohr machte ihm zu schaffen. Man wollte ihn im Krankenhaus von Gaza operieren, doch er weigerte sich. Das spurlose Verschwinden seines Freundes Safektor war einer der Gründe für seinen Wunsch, nach Hause zurückzukehren. Auf seine Bitte hin wurde er, ausgezeichnet mit einer Kriegsversehrtenmedaille, in allen Ehren aus dem Armeedienst entlassen. Gegen Ende des Jahres 1941 kehrte er in den Stab der *Haganah* zurück, wo man die Affäre um seine angebliche »Fahnenflucht« längst vergessen hatte. Im Land herrschte eine existentielle Angst, die an Panik grenzte. Von der jüdischen Bevölkerung Palästinas machte der Anteil derer, die vor den Nazis geflohen waren, bereits mehr als ein Drittel aus. Im Radio waren das Gebrüll und die Prahlerei der deutschen Armeeführung zu hören, deren Verbände in der Sahara schnell vorrückten. Rommel eroberte Nordafrika im Sturm, und die Engländer zogen sich immer weiter zurück.

Nur noch die britischen Truppen in Ägypten trennten Eretz Israel von den Deutschen. Wie die meisten Araber waren auch die Ägypter den Deutschen freundlich gesonnen und sehnten einen Sieg über die Briten herbei. Im Land war man sich sehr wohl bewußt, was es bedeutete, wenn der kleine jüdische *Yischuw*, umgeben von Arabern, die größtenteils auf seiten der Nazis standen, in die Hände der Deutschen fiele: In einem solchen Fall bestand keine realistische Chance auf Rettung. Die Juden hatten das zu erwartende Gemetzel bereits vor Augen. Sie wollten etwas tun. Und so begannen sie, den Plan »Massada auf dem Carmel« zu entwickeln.

Gleich nach seiner Rückkehr wurde Yossi in ein Unternehmen eingebunden, das »Musa Dagh in Eretz Israel« genannt wurde. Er trainierte Einheiten der *Haganah* für diesen aussichtslosen Krieg. Yitzchak Sadeh formulierte den Grundsatz, der künftig die israelische Armee leiten würde: »Wir haben keine Maginotlinie, wir dürfen uns nicht einmal in Friedenszeiten Leichtsinn und Fehler erlauben.« Mit anderen Worten war Sadeh der erste, der das Axiom in Worte faßte, daß Israel kein Rückzugsgebiet habe, auch nicht zu taktischen Zwecken, und die einzige Möglichkeit der Verteidigung daher im Angriff bestünde.

In der Zwischenzeit wurden Maßnahmen zur Evakuierung der Bevölkerung aus den Stadtzentren getroffen. Man rechnete mit einem übergreifenden Aufstand der Araber, und der Hochkommissar ließ Shaul Avigur unmißverständlich wissen, daß sie, sollten die Engländer zum Abzug gezwungen sein – was zu jenem Zeitpunkt plausibel erschien –, keinen Finger krumm machen würden, um die jüdische Bevölkerung in Palästina zu schützen. Yossi erstellte Pläne für einen taktischen Rückzug in die Berge von Gilboa und von dort weiter nach Beit She'an. Kleine Guerillaeinheiten wurden ausgebildet, die hinter den feindlichen Linien operieren sollten. Alle teilten das Gefühl, daß man kämpfen müsse, auch wenn keine Hoffnung bestand. Sie wußten nur zu gut, daß die Chance, gegen die gut ausgerüstete Armee Rommels zu bestehen, gegen Null ging. Doch die Vorbereitungen allein flößten ihnen Selbstvertrauen ein.

Nachdem Rommel vernichtend geschlagen war und das Kriegsgeschehen sich wieder ganz und gar auf Europa konzentrierte, entstanden kleine Sabotageeinheiten, die in Abstimmung mit dem britischen Militärgeheimdienst arbeiteten. Die Briten hatten sich vorübergehend entschlossen, Eretz-Israelis zu rekrutieren. Die Operation sah vor, eine Anzahl von Kämpfern, die mit Yossi an verschiedenen, von den Briten geleiteten Kursen teilgenommen hatten, nach Jugoslawien und von dort in die Länder Osteuropas zu entsenden, wo die Männer Sabotageakte ausführen und geheimdienstlich tätig sein sollten. Als Yossi mit seinen für die Aktion ausgewählten Kameraden am Vorabend der geplanten Abreise in einem Jerusalemer Café zusammensaß, erinnerte er sich daran, wie er einst zu dem Schluß gekommen war, daß er aller Wahrscheinlichkeit nach nicht älter als vierundzwanzig würde: Die vielen Gefechte, an denen er teilgenommen hatte, die Hinterhalte, in die Abdu und er die Araber auf dem Weg nach Jerusalem und in Chanita gelockt hatten, und die viertägige Fahrt allein durch die arabische Wüste in den Irak hatten ihn zu dieser Überzeugung gebracht. Und nun, an ebenjenem Tag, vollendete er sein vierundzwanzigstes Lebensjahr, am Vorabend einer Aktion, von der zurückzukehren kaum Aussicht bestand. Dies war der passende Augenblick, vom Leben Abschied zu nehmen, inmitten der verschworenen Gemeinschaft, die ihn bis hierher auf seinem Weg begleitet hatte. Abgeklärter, vernünftiger, noch immer ruhelos und auf der Suche nach Herausforderungen tranken und sangen sie, um dann auseinanderzugehen.

Am Ende wurde der Plan doch nicht in die Tat umgesetzt. Die Briten hatten Bedenken bekommen und stoppten das Unternehmen im letzten Moment, ohne vorherige Ankündigung oder Absprache mit den Eretz-Israelis, allem Anschein nach, um dem jüdischen *Yischuw* nicht die erforderlichen Transportmittel zur Verfügung stellen zu müssen. Die Briten fürchteten, die Juden könnten sie hintergehen und jene Flüchtlinge ins Land schmuggeln, die unaufhörlich versuchten, mit schrottreifen Kähnen, von denen viele sanken, Palästina zu erreichen. Es herrschte ein Gefühl von Mißachtung und Verrat.

6. Kapitel

Kurz vor Ende des Zweiten Weltkriegs nahm der öffentliche Druck der Juden, die nach Palästina einwandern wollten, zu. Die Briten versuchten hartnäckig, dies zu verhindern. Unter der jüdischen Bevölkerung im Land wuchs die Wut. Das Unvermögen, zur Rettung der Opfer beizutragen, rief einerseits Apathie und beredtes Schweigen hervor, andererseits jedoch, ein wenn auch widerstrebendes Verständnis für die Briten, die die Zuwanderung drosselten und zur gleichen Zeit unerbittlich gegen die Deutschen kämpften, um die Welt zu retten. Zu dem Zeitpunkt war zwar bereits allgemein bekannt, was in Deutschland mit den Juden geschehen war, doch das Grauen war noch nicht ins Bewußtsein vorgedrungen. Denn man hatte nicht auf Szmuel Zygielboim hören wollen, den *Bund*-Vertreter in der polnischen Exilregierung in London, der im Rundfunk unermüdlich über den Mord an Hunderttausenden berichtet hatte. Die Informationen waren wahr, doch niemand beachtete seine Appelle, die immer häufiger erfolgten und zunehmend von ohnmächtiger Wut und Trauer kündeten. Angesichts der Passivität seiner Zuhörer, der eigenen Unfähigkeit, Menschen zu retten, und der Last der erschütternden Fakten, mit denen er beständig konfrontiert war, nahm sich Zygielboim schließlich das Leben.

Als das amerikanische Außenministerium im Jahre 1942

endlich Veröffentlichungen über das »Geheimnis der Endlösung« zuließ, berichtete die *New York Times* auf Seite 10 (!) ihrer Ausgabe, daß bereits zweieinhalb Millionen Juden ermordet seien. Das *Time Life Magazine* und die übrigen Zeitungen, mit Ausnahme der auf jiddisch erscheinenden Blätter, hüllten sich bis Kriegsende weiter in beharrliches Schweigen. Ebenso die Kirchen. Schweigen allerorten.

Zehntausende von Juden stellten Anträge auf Asyl in den USA. Zeitweilig war der Andrang so groß, daß ein Antragsteller erst nach mehr als fünfzig Jahren an der Reihe gewesen wäre. Gleichzeitig fanden in New York lärmende Nazi-Aufmärsche statt. Der antisemitische Pfarrer Coughlin, der seine Lehren über die Ätherwellen verbreitete, hatte rund drei Millionen treue Zuhörer, die Woche für Woche seinen Haßtiraden gegen die amerikanischen Juden lauschten, deren Status ohnehin prekär war. Die meisten großen Arbeitgeber, von den Telefongesellschaften bis zur Autoindustrie, weigerten sich, Juden zu beschäftigen. An vielen Orten in den Vereinigten Staaten hingen Schilder: »Zutritt für Juden und Hunde verboten.«

Die Interessen im Nahen Osten waren wichtiger als jede Sympathie mit den der Vernichtung preisgegebenen Juden Europas. Noch hatte die bittere Wahrheit nicht die Juden in aller Welt erreicht: Die Rettung der Welt vor Hitler galt nicht für die Juden. Oder, wie der Zionistenführer Zeev Jabotinsky es ausdrückte: »Die Juden standen nicht auf der Tagesordnung der Welt.«

Im Oktober 1945 kehrte Ben-Gurion von einer Reise durch die *Displaced Persons*-Lager in Europa zurück – die bitterste Erfahrung seines Lebens. In einer Art Reuebekenntnis widerrief er folgende Äußerungen aus dem Jahr 1942, beim außerordentlichen Zionistenkongreß im New Yorker Biltmore-Hotel (inzwischen war der Zorn noch stärker, die Ohnmacht übermächtig geworden): »Die Konferenz verlangt (...), daß der *Jewish Agency* die Aufsicht über die Einwanderung nach Palästina (...) [gegeben werde] und daß Palästina als jüdisches Staatswesen in die Struktur der neuen demokratischen Welt eingegliedert werde.« Im November 1945 wurde das schreckliche Unrecht zu einer mächtigen Triebfeder, die ein für allemal die jüdische Geschichte und Realität verändern sollte. Die Träume von einem Judenstaat, die bislang eher eine Art wirkungsloser Beschwörungsformel gewesen waren, verwandelten sich in eine greifbare Überlebensstrategie.

Bei Kriegsende, als Palästina fast gänzlich abgeriegelt war, wurde der Kampf gegen die Briten wieder aufgenommen. Viele im Land hatten Familienangehörige »dort drüben«, die, wenn nicht ermordet oder verschwunden, überall in Europa in Durchgangslagern darauf warteten, einreisen zu dürfen. Die jüdische Bevölkerung in Palästina wurde von Schuld- und Reuegefühlen umgetrieben, weil man es sich hatte gutgehen lassen, als man sich in den Dienst der Briten gestellt, ihnen Kasernen und Flugfelder gebaut und stillgestanden hatte, als 150000 nichtjüdische Flüchtlinge aus Polen und Jugoslawien bis Kriegsende im Land bleiben durften, während Juden die Einreise verwehrt blieb. Und die amerikanischen Juden plagte zunehmend das schlechte Gewissen, aus Angst vor dem Antisemitismus im eigenen Land für ihre Glaubensgenossen nicht mehr getan zu haben. In einer Umfrage, die 1942 – zu einem Zeitpunkt also, da man bereits von der Vernichtung der Juden wußte – in den Vereinigten Staaten durchgeführt wurde, standen die Juden als Bedrohung für Amerika an dritter Stelle: nach Deutschland und Japan. Lediglich die Gruppe um Hillel Kook (damals noch Peter Bergson), die beständig auf Widerstand stieß, sich jedoch entschlossen behauptete, war zu der Zeit bereits in Amerika aktiv. Kook, der vor keiner Anstrengung zurückschreckte, um Juden in aller Welt zu helfen, wurde für seinen Einsatz von dem Dramatiker Ben

Hecht als *Man of History* gewürdigt. Doch es war nur sehr wenig, was Kook und seine Mitstreiter ausrichten konnten. Von den Balkonen Tel Avivs aus war das Meer voller Schatten. Und leer. Voller Ängste. Voller Zorn.

Aus Protest gegen die Vertreibung eines kleinen Flüchtlingsschiffs von der Küste Palästinas wurde im Rahmen einer großen konzertierten Aktion des gesamten *Yischuw* beschlossen, mit Kräften der *Haganah* und der *Palmach* etwa zweihundert Straßenkreuzungen im ganzen Land sowie Eisenbahnstrecken und Gebäude, die mit der Überwachung der Küste in Verbindung standen, anzugreifen, um die Briten vorübergehend durch einen gezielten Schlag zu lähmen. Darüber hinaus wurde entschieden, gegen die britischen Patrouillenboote vorzugehen und sie funktionsuntüchtig zu machen. Yitzchak Sadeh, dem die Planung dieser komplexen Unternehmung übertragen wurde, bat Yossi, sich mit ihm im »Hauptquartier«, im Café Atara in Tel Aviv, zu treffen.

Sadeh, der nichts vom Leben verstand oder ihm kein Vertrauen entgegenbrachte, wirkte wie gewöhnlich mürrisch und schwerfällig. Den Tod verstand er besser, sah ihn als ein gleißendes Licht, das aus dem Leben hervorbricht, um ihn zu bezwingen. Ein gepeinigter, ruheloser und von Tragödien heimgesuchter Zwangsoptimist und Lebemann. Sadeh empfing Yossi wie ein Vater seinen Sohn, mit einer Geste, die einer Umarmung nahe kam. Zwi Safektor und seine dreiundzwanzig Kameraden galten noch immer als verschollen. Von der sagenumwobenen *Noddedet*, jenem bescheidenen Anfang im Jerusalemer Untergrund, waren nur wenige noch am Leben. Sadeh berichtete Yossi über den Plan, drei große britische Patrouillenboote vom Typ Sindbad 2, die beim »systematischen Durchkämmen« der Küste eingesetzt wurden und von denen eins im Hafen von Jaffa lag, in die Luft zu sprengen.

Sadeh sah vor, daß eine zweihundert Mann starke *Palmach*-Einheit Jaffa stürmen, sich zum Hafen durchkämpfen und das Boot sprengen sollte. Yossi war nicht begeistert. Er widersprach seinem Vorgesetzten nur ungern, machte aus seinen Vorbehalten gegenüber dem Plan jedoch keinen Hehl. Jaffa war eine große arabische Stadt mit zahlreichen britischen Kasernen, in der sich darüber hinaus in einem abgesperrten Gebiet unweit der Küste die Büros der britischen Mandatsregierung, der Stab des Geheimdienstes und die Unterkünfte der Bereichsoffiziere befanden, abgeschirmt durch Soldaten und Stacheldrahtzäune. Genaugenommen war Jaffa die Hauptstadt der britischen Mandatsverwaltung, ihr Hauptquartier im Kampf gegen die illegale Einwanderung und eine der am weitesten entwickelten Städte im damaligen Palästina. Die Stadt zu erstürmen, und sei es mit Hilfe des Überraschungsmoments, erschien Yossi keine besonders durchdachte Aktion. Er bat sich zwei Tage aus, um einen Alternativplan zu erarbeiten. Die Juden zu retten, die an den Küsten Europas warteten, war jetzt das Gebot der Stunde. Und zum Meer, dachte Yossi, kam man am besten übers Meer. Also ging er zum Strand, nahm auf Höhe der Gordon Street aus der Hütte von Emil dem Rettungsschwimmer ein Brandungsboot und ruderte in einer kalten Nacht allein in Richtung Jaffa. Langsam näherte er sich dem Hafen, machte vorsichtig an der Mole fest und untersuchte sie. Er entdeckte einen Durchlaß, der durch Ungenauigkeiten beim Bau entstanden war.

Nach seiner Rückkehr unterbreitete Yossi Yitzchak Sadeh seinen Plan. Er bat, man möge ihm Some Cohen zuteilen, einen entschlossenen Kämpfer und ausgezeichneten Schwimmer. Sadeh stimmte ohne übermäßige Begeisterung zu. Seine militärische Vergangenheit hatte sich ausschließlich an Land abgespielt: die Revolution, das Leben als Kämpfer in der Wildnis und den Bergen von Palästina. Er verstand etwas von Landschaftsformationen, fühlte sich ihnen verbunden. Das spiegelglatte Meer war ihm fremd. Doch Yossi überzeugte ihn, daß der Plan gelingen würde.

Sadeh hatte stets Wagemut und unkonventionelles Denken gepredigt und begann sich zunehmend für die Verschlagenheit und Unberechenbarkeit von Yossis Plan zu begeistern. Zwei Bedingungen, von denen Yossi später eine bei der Organisation der großen illegalen Einwanderung und dem Kampf gegen die Briten beherzigen würde, stellte Sadeh allerdings: Die erste war, daß der Sprengsatz genau um Mitternacht explodieren sollte. Die zweite war das Verbot, eine Waffe zu tragen.

Zunächst verärgerte diese Einschränkung Yossi, der wie jeder junge Mensch damals nach Taten, nach Rache hungerte. Er glaubte, nur die Waffe könne eine Antwort sein. Sadeh aber beharrte darauf, und Yossi fügte sich – ein Einlenken, das ihm nicht nur das Leben retten, sondern später auch auf andere Weise für ihn bestimmend werden sollte. Der Militärhistoriker Meir Pail berichtet, wie es auf dem Höhepunkt der Schlacht um die Exodus einem der amerikanischen Freiwilligen gelang, einem britischen Offizier die Pistole zu entreißen. Yossi, der das Geschehen verfolgte und seine Tragweite begriff, sprang sofort hinzu, entwand dem Mann die Waffe und warf sie, ungeachtet seiner Empörung, ins Meer. Durch die Begegnung mit Sadeh hatte er begriffen: Dieser Krieg ist nicht dazu da, um Engländer zu töten, dieser Krieg ist dazu da, um Juden zu retten.

Am Schabbat traf das für die Aktion benötigte Material ein, darunter der Reifen einer Harley Davidson. Diesen füllten Some und Yossi mit eineinhalb Kilogramm Gelatine, dann führten sie durch ein Loch zwei recht primitive Sprengkapseln ein, die mit chemischen Verzögerungsstiften verbunden waren. Das Sprengmaterial war alt und auf dem Weg vom Kibbuz Sdot Yam nach Tel Aviv auch etwas feucht geworden. Das Loch verklebten die beiden mit Wachs. Yossi wog nach Gefühl ab und beschloß, darauf zu vertrauen, daß der Sprengsatz zum richtigen Zeitpunkt in die Luft gehen würde. Danach gingen sie ins Kassit, um

Kaffee zu trinken. Cheskel, der wie gewöhnlich schläfrig an seinem Platz hockte, merkte, daß etwas im Gange war, vergaß sogleich, was er gesehen hatte, und wies den Kellner an: »Die beiden zahlen heute mal nicht.« Ohne weitere Erklärung, ohne Fragen oder zumindest einen Gruß, nickte er schon bei der Anweisung an den Kellner wieder ein.

Von dort gingen Some und Yossi zur Hütte von Emil dem Rettungsschwimmer am Gordon Beach. Bei vollkommener Dunkelheit zogen sie sich aus, versteckten ihre Kleider neben dem Bootsschuppen, nahmen das Brandungsboot und ruderten aufs offene Meer hinaus. Gegen 22.30 Uhr waren sie kurz vor der Mole des Hafens von Jaffa angekommen. Plötzlich ertönten Schüsse. Sie konnten Soldaten und Militärpolizisten sehen, die auf dem Landungssteg hin und her liefen. Dies hatten sie nicht erwartet. Waren sie entdeckt worden? Oder sollte jemand sie verraten haben? Sie wußten es nicht. Leuchtgranaten stiegen in den Himmel, und die Schüsse folgten in immer kürzeren Abständen. Dabei beruhte ihr Plan doch vor allem darauf, die andere Seite vollkommen unvorbereitet zu treffen.

Some und Yossi nahmen an, daß hier etwas vor sich ging, über das man sie nicht informiert hatte, und beschlossen, sich trotzdem an den ursprünglichen Plan zu halten und darauf zu achten, daß die Sprengladung auf keinen Fall vor Mitternacht explodierte. Während wahllos auf die Mole gefeuert wurde, mußten sie warten, bis der arabische Informant, der auf dem Patrouillenboot als Maschinist arbeitete, wie geplant von Bord ging. Der weitere Verlauf des Unternehmens hing von einer Verkettung von Kalkül und möglichen Alternativen ab, die beide innerhalb von Sekunden abzuwägen hatten, ohne Rücksprache mit den Befehlshabern der Aktion. Yossi steuerte das Brandungsboot an die Mole, hielt sich an ihr fest, kletterte hinauf, um die Lage zu sondieren, und kehrte zurück. Als Some seinen Posten einnahm, sah er, daß der arabische Maschinist dabei war, das Schiff zu verlassen. Die Soldaten schossen weiterhin blindlings um sich, doch Yossi stellte fest, daß sie nicht in ihre Richtung feuerten, und hoffte, das Brandungsboot sei unbemerkt geblieben. Some schwamm vorsichtig auf den Durchlaß in der Mole zu, schlüpfte hindurch, zog den zusammengedrückten Reifen hinter sich her, näherte sich dem Schiff und befestigte den Sprengsatz am Heckmotor. Scheinwerfer wanderten suchend übers Meer, während Some und Yossi mit aller Kraft ruderten und versuchten, den Lichtgarben zu entkommen. Genau um Mitternacht, als sie schon fast am Gordon Beach angelangt waren, ertönte die Explosion. In Windeseile legten Some und Yossi die letzten Meter zum Ufer zurück, hoben das Boot zurück auf die Böcke und sprangen in ihre Kleidung. In der Yarkon Street wurden sie von britischen Polizisten angehalten, doch da ihre Papiere in Ordnung waren, konnten die beiden unbehelligt ihrer Wege gehen.

Die Schießerei, so stellte sich am nächsten Morgen heraus, hatte begonnen, als die Briten an den Bahngleisen auf eine Abteilung der *Palmach* gestoßen waren, bei einer Aktion, von der Sadeh Yossi nicht in Kenntnis gesetzt hatte. Zwei Stunden nach der Sprengung in Jaffa versenkte Yochai Ben-Nun bei einem noch gewagteren Einsatz im Hafen von Haifa die anderen beiden Patrouillenboote. Dort wimmelte es zu jenem Zeitpunkt von jüdischen Stauern und Matrosen, weshalb Yochai mit äußerster Vorsicht und Zurückhaltung vorgehen mußte. Daher wurde Yossis Aktion – in einem feindlichen Hafen, in dem sich keine Juden befanden – später scherzhaft als »die Kirsche auf der Torte« bezeichnet. Für Yossi war dies eine lehrreiche Erfahrung. Wagemut gepaart mit Selbstbeherrschung. Hätte er die Pistole zur Hand gehabt, auf die er zunächst um keinen Preis hatte verzichten wollen, hätte er geschossen. Warum auch nicht, schließlich war er dazu ausgebildet worden. Und die Polizisten? Sie hätten ihn mit Sicherheit unter Beschuß genommen, auch wenn sie ihn nicht sahen. Menschen wären getötet worden, doch außer einem Gefühl der Genugtuung wäre nichts dabei herausgekommen. Heldentum, das lernte Yossi bei dieser kurzen Aktion, war nicht notwendigerweise an eine Waffe gebunden. Später, als auf der Exodus die Diskussion entbrannte, ob man angesichts der britischen Angriffe nicht die eigene Zurückhaltung ablegen solle, hielt Yossi den Hitzköpfen vor, sie glaubten noch immer, Eisenbahnlinien und Brücken in die Luft zu sprengen, befänden sich jedoch in Wahrheit auf einem Holzschiff, einem altersschwachen Kahn, der 1928 in Dienst gestellt worden war und nun mit Überlebenden der Shoah beladen war: »Spielt nicht die Helden. Wir könnten schwimmen, aber die Tausende von Flüchtlingen im Bauch des Schiffes würden ertrinken.«

1945 erhielt die Führung der *Haganah* Hinweise darauf, daß die Untergrundorganisation *Lechi* Chaim Weizmann wegen seiner kompromißbereiten Politik nach dem Leben trachte. Yossi wurde gebeten, Weizmann fortan als Leibwächter und Verbindungsmann der *Haganah* zu begleiten. Weizmann glaubte noch immer an die Möglichkeit der Überzeugung und an eine englisch-jüdische Interessensübereinstimmung, gestützt auf die Balfour-Deklaration, die allem Anschein nach allein von den Juden ernstgenommen wurde. Im Land selbst wehte ein anderer Wind, herrschte anti-britischer Aktivismus vor. Weizmann wurde schließlich von Ben-Gurion besiegt, der ihn am Ende in einen goldenen Käfig sperrte, indem er ihn zum Staatspräsidenten ernannte. Weizmann sollte der letzte große Vertreter jüdischer Fürsprachepolitik alten Stils sein.

Yossi Harel wich nicht von Weizmanns Seite, und obwohl er ein Anhänger Ben-Gurions war und Kontakt zu den ideologischen Feinden Weizmanns pflegte, wurde er dessen Vertrauter. Man mag sich fragen, wie Yossi, ein Zögling Yitzchak Sadehs, ein Mann ohne Illusionen, der auf dem Weg zum Jaffator gewesen war, um Vergeltung an den Arabern zu üben, Weizmann, dem Aristokraten und Kompromißler, die Treue halten konnte. Der junge Mann, der mit seinen Kameraden aus der Jugendbewegung in die Wüste gezogen war, um die versengte Erde zu spüren und den Bussarden zuzusehen, der sich den Felsen und Tonscherben zugehörig fühlte und in dem Bewußtsein lebte, Sohn der antiken Könige zu sein und kein Ghettojude; der Einzelgänger, der gern bei den Mönchen in ihren pittoresken, in Fels gehauenen Wüstenklöstern saß, um die Adler in Augenhöhe zu verfolgen, der die Beduinen besuchte und in ihrer Sprache mit ihnen redete, dieser Verfechter der aktiven Verteidigung, jung und voller Energie – wie konnte er, Yossi, den nüchternen, gebildeten und zurückhaltenden Weizmann lieben, der das Land und seine Wege nur aus Büchern kannte? Einen Mann, der unangenehm berührt war, als die Juden von Peki'in, deren Vorfahren niemals das Land verlassen hatten, ihm zu Ehren ein orientalisches Fest gaben, Freudenschreie ausstießen, Teig kneteten und sangen. Der auf dem Rückweg nach Rechovot auf jiddisch sagte: »Hoi, was ein Glück, daß man uns in die Verbannung geschickt hat!« Was verband Yossi mit diesem bedächtigen, traurigen und zuweilen unterwürfigen alten Mann? Wie kam es, daß diese beiden ein derart herzliches Vertrauensverhältnis aufbauten?

Auch hier kam Yossi womöglich seine Kindheit in Jerusalem zugute, die ihn gelehrt hatte, Gegensätze miteinander zu verbinden. Die schmerzhafte Erfahrung aus jenen Tagen, daß in jeder Liebe die Angst vor dem Verlassenwerden keimt, das immer auch ein Verrat ist. Die Wirkungskette Liebe, Verrat, Notlüge, weckte in ihm das Bedürfnis nach jener bedingungslosen Aufrichtigkeit, die immer das sittlich-moralische Fundament seiner Persönlichkeit bilden würde.

Weizmann jedoch sah in Yossis Aktivitäten einen riskanten, unüberlegten Schritt hin zu einem Zionismus, der ein brutaleres Antlitz zu bekommen drohte. Warum brachte er diesem jungen Mann, der für sein Draufgängertum bekannt war, trotzdem ein derartiges Vertrauen entgegen? War zwischen den beiden Männern eine Art Vater-Sohn-Beziehung entstanden, nachdem Weizmanns Sohn als Pilot der Royal Air Force ums Leben gekommen war? Spielte Yossis Mutter eine Rolle, die tief in seinem Innern niemals aufhörte zu sterben? Vielleicht war es auch Yossis Fähigkeit, dem älteren Mann in die Augen zu blicken und die Not eines Staatsmannes, vielleicht der größten zionistischen Persönlichkeit überhaupt, zu begreifen, der wie in einer griechischen Tragödie allmählich verlosch und Opfer eines Verrats werden würde, den er selbst nicht verstand.

Als die Juden in der Hoffnung, Palästina zu erreichen, zu Tausenden an die Küsten des Mittelmeers strömten, wurde Weizmann durch sein fehlendes Verständnis für die illegale Einwanderung mehr denn je isoliert. Er umgab sich, behütet von seiner Frau Vera, mit einer Aura der Einsamkeit.

Vera Weizmann hatte für die Eretz-Israelis, denen es am *bon ton* fehlte, nur Geringschätzung übrig. Sie trat auf wie eine britische Adelige, wenn auch mit schwerem russischem Akzent. Ihre Aktivitäten beschränkten sich auf verschwenderische Einkäufe und einen Lebenswandel, dem jeglicher Bezug zur aktuellen Realität fehlte. So ließ sie zum Beispiel nicht locker, bis Yossi in Tel Aviv endlich einen Lederwarenladen gefunden hatte, in dem sie ihre Krokodilledertasche reparieren lassen konnte. Beim Besuch in einem Kibbuz drückte ihr ganzes Verhalten Verachtung aus, als befände sie sich auf einer Expedition zu einem primitiven Stamm.

Im Jahre 1946, als Yossi im Begriff war, Chaim Weizmann zu verlassen, fuhren beide nach Haifa, um Weizmanns Bruder Yechiel zu besuchen, den Vater Ezer Weizmanns. Yossi stand in ständigem Kontakt zu Shaul Avigur, den Weizmann samt seinen Leuten nur traurig spottend »your people« nannte. Einige Wochen zuvor hatte Avigur mit angesehen, wie im Hafen von Haifa die Henrietta Szold aufgebracht wurde. Das Schiff stand unter dem Kommando von Shmuel Yanai (Samak), einem Freund Yossis. Bei der Erstürmung des Schiffs gingen die Engländer blindwütig vor, und es floß Blut. Ein britischer Kreuzer namens Ajax rammte das Schiff, bevor die Soldaten über die Flüchtlinge herfielen. Die Ajax war für Samak und seine Kameraden im Krieg zum Symbol geworden, nachdem sie in einer legendären Seeschlacht dem deutschen Panzerkreuzer Admiral Graf Spee eine vernichtende Niederlage beigebracht hatte. Ein Debakel, in dessen Folge sich der Kommandant des Panzerkreuzers das Leben nahm. Und jetzt kämpfte die Besatzung der Ajax gegen jüdische Flüchtlinge. Auf Yossis Anregung erschien Samak zu dem Treffen bei Yechiel. Für einen Moment suchte der Gast verlegen nach Worten, dann begann er zu reden. Weizmann saß da und hörte zu. Er wirkte wie hypnotisiert von Samaks Stimme, und Yossi spürte, daß jedes Wort wie ein Dolchstoß in sein Herz drang. Doch Weizmann schwieg beharrlich.

Auf dem Rückweg zu seinem Haus in Rechovot schwieg er noch immer. Sie passierten Givat Olga, wo die Briten die größte Radarstation zur Ortung von Flüchtlingsschiffen im ganzen Land unterhielten. Der steife, zurückhaltende Weizmann blickte einen Augenblick lang aus dem Fenster, dann machte er endlich seinem Herzen Luft. In einem Tonfall, den Yossi nie zuvor von ihm gehört hatte, fragte er: »Warum sagst du ›your people‹ nicht, sie sollen die Station in die Luft jagen?« Worauf er errötete und verstummte. Doch als einige Zeit später die Radarstation gesprengt wurde, beeilte sich Weizmann, die Aktion, die für Unruhe sorgte und massive Drohungen seitens der Briten nach sich zog, scharf zu kritisieren.

Die Persönlichkeiten von Sadeh und Chaim Weizmann erscheinen unvereinbar, doch in Yossis Augen ergänzten die Männer einander. Für Sadeh bedeutete der Krieg ein romantisches Bewahren der Macht, aber auch der Ungewißheit, der Ohnmacht, die zur Stärke wird. Er war ein frommer, innerlich zerrissener Revolutionär. Im Vergleich zu Weizmann, dem Aristokraten, war Sadeh ein Wilder, zugleich aber auch ein Mann des Buches, ein jüdischer Schriftgelehrter, der zum Ketzer wurde und das Gebaren, das Weizmann an den Tag legte, schmerzlich verstand. Beide redeten gern. Beide achteten penibel auf ihr Äußeres und litten gleichermaßen darunter. Sadeh sah schon in jungen Jahren aus wie ein alter Mann. Weizmann hingegen wirkte angesichts der eretz-israelischen Pioniersitten, mit denen er konfrontiert war, stets sehr zugeknöpft.

Beide Männer gehörten schon der Vergangenheit an, bevor sie ihr Lebenswerk vollenden konnten. Vielleicht brachte Yossi deshalb seine beiden geistigen Ziehväter mit einer wesentlichen Erfahrung in Verbindung: seiner Kindheit in Jerusalem, als chassidische Juden neben Derwischen tanzten, die sich mit Eisenketten geißelten, und Muezzins zum Gebet riefen, während Frauen auf dem Ölberg weinten.

Yitzchak Sadeh gefiel der Vergleich zwischen ihm und Garibaldi, den sein Cousin, Sir Yeshayahu Berlin, einmal angestellt hatte, ein Vergleich, der beinahe zutraf, wäre da nicht jener Selbstzerstörungstrieb gewesen, der so charakteristisch war für Sadeh. Am Ende mußte Yossi zusehen, wie beiden Männern das Wasser abgegraben wurde.

Es gab also nicht wenige Vaterfiguren in Yossis Leben: Sadeh, Wingate, Avigur, Weizmann und nicht zuletzt seinen leiblichen Vater, den er nur sehr selten sah, jedoch aufrichtig liebte.

Yossi warb hartnäckig darum, in den *Mossad leAlija*

Beth aufgenommen zu werden. Er wollte an konkreten Aktionen teilhaben, denn er wußte, daß er geeignet war für diese Art Aufgaben. Er wußte auch, daß Shaul Avigur – der Mann, dem die gesamte illegale Einwanderung unterstand – ihm erst dann das Kommando über die großen Schiffe anvertrauen würde, wenn er zu dem Schluß gekommen war, in ihm den geeigneten Mann für eine derart wichtige Unternehmung gefunden zu haben.

Avigur kannte Yossi aus den Tagen der *Noddedet* und aus Chanita. Er hatte ihn 1939 bei der Bergung der Flüchtlinge von der Dora beobachtet, als sein Jugendfreund Zwi Safektor das Schiff überführte und Yossi ihm zur Hilfe kam, um die Menschen sicher an den Strand von Shefayim zu bringen. Diese beiden idealistischen Cowboys des Zionismus, die nicht wußten, daß dies ihre letzte Begegnung sein würde, hatten sich als eingespieltes Team erwiesen und bei der Bergung der Flüchtlinge Disziplin und Überblick bewahrt.

Avigur war beeindruckt von dem, was er sah: auf der einen Seite ein bescheidener, junger Mann, auf der anderen Seite ein Kämpfer, den Wingate wegen seines Mutes und der Fähigkeit, militärische Aufgaben eigenständig zu erledigen, *The Bomber* genannt hatte. Er wollte diesen Jungen aus Jerusalem, der nicht so war wie alle anderen. Er wollte ihn, um tragische Zwischenfälle zu vermeiden zwischen denen, die schnell mit dem Finger am Abzug waren, und jenen, die gelassener und verantwortungsbewußter vorgingen. Was Yossi aus der widersprüchlichen Verbindung seiner Mutter und seines Vaters mit Sadeh, Wingate und Weizmann gewonnen hatte, ebendiese wunderbare Synthese war es, die Shaul Avigur nutzen wollte, um die Überlebenden des jüdischen Volkes zu retten.

Nach einem Ereignis, das ihm das Herz brach, kam Shaul Avigur auf Yossi zu. Niemals würde er sich die Sprengung des Deportationsschiffes Patria im Jahre 1940 verzeihen:

Zwei Schiffe mit jüdischen Flüchtlingen waren in Haifa eingetroffen, die Pacific und die Milos, von Privatleuten angekauft, mit insgesamt zweitausendfünfhundert Menschen an Bord. Beide Schiffe wurden aufgebracht, ein drittes Schiff, die Atlantic, befand sich noch auf dem Weg nach Haifa. Tief empört über die hartnäckigen Versuche der Juden, das ihnen versperrte Eretz Israel zu erreichen, setzten die Engländer die Patria ein, um die illegalen Einwanderer in ein Internierungslager auf der Insel Mauritius zu überführen. Als das Schiff mit Hunderten von Flüchtlingen an Bord zum Auslaufen bereit war, beschlossen Shaul Avigur und seine Männer vom *Mossad leAlija Beth*, die Patria so zu beschädigen, daß sie nicht würde in See stechen können. Die Explosion sollte erst ausgelöst werden, wenn alle Flüchtlinge sich nicht mehr im Schiffsrumpf, sondern an Deck befänden. Während die britischen Polizisten noch mit der täglichen Durchsuchung der Zellen unter Deck beschäftigt wären, so der Plan, würde man an Bord eine Demonstration anzetteln. Die Immigranten sollten daraufhin das allgemeine Durcheinander nutzen und ins Wasser springen. Die Seemine sollte nur ein kleines Loch in die Bordwand reißen, das Schiff manövrierunfähig machen und die Deportation damit verhindern. Tatsächlich aber explodierte der Sprengsatz, noch bevor die Flüchtlinge an Deck waren, und beschädigte das Schiff weitaus stärker als geplant. Es bekam Schlagseite und brach dann mit einemmal auseinander. Die Menschen waren im Schiffsinneren gefangen. Niemand hatte zuvor daran gedacht, daß der Rumpf des Schiffes rostig und morsch sein könne, so daß schon eine kleine Mine beträchtlichen Schaden anrichten mußte. Und natürlich hatte niemand voraussehen können, daß die Engländer die Schotten des Schiffs schließen würden. Hunderte von Juden ertranken, denn sie konnten sich aus den Verschlägen, in die man sie gesperrt hatte, nicht retten. Die Briten dachten nur an sich, sprangen von Bord des sinkenden Schiffs, ohne vorher die Eingeschlossenen zu befreien. Insgesamt 267 Menschen drängten und warfen sich gegen die verriegelten Türen, versuchten vergeblich, sie einzurennen, und ertranken jämmerlich. Nur ein einziger Mann namens Hans Wendel versuchte, die Verschläge aufzubrechen und die Menschen zu retten, doch die Fluten erfaßten auch ihn.

Vor allem bei den Deportationen zeigten die Briten Entschlossenheit und hielten an ihrem Ziel fest, die Zuwanderung weiterer Juden zu verhindern. Im Internierungslager Athlit, wohin diejenigen gebracht wurden, die den Untergang der Patria überlebt hatten, warteten bereits jene 1645 Kinder und Erwachsenen, die sich an Bord der Atlantic befunden hatten und nun mit einem anderen Schiff auf die Tropeninsel Mauritius geschafft werden sollten. Die Engländer stürmten das kleine Lager, das sich unweit der Straße von Tel Aviv nach Haifa befand, und zerrten die Frauen, die sich zu widersetzen versuchten, gewaltsam heraus. Haare wurden ausgerissen und Ohrringe mitsamt der Ohrläppchen. Wohl gab es unter den Briten auch den einen oder anderen, den der Anblick der brutalen Ausschreitungen gegen die schutzlosen, gerade erst dem Tod durch Ertrinken entronnenen Flüchtlinge beschämte, doch die Mehrheit der Polizisten und Soldaten wütete wie von Sinnen, aufgepeitscht durch »die Probleme, die die Juden machten«. Acht lange Stunden dauerte der Kampf gegen die Flüchtlinge, bis man sie schließlich halb nackt, blutend und zerschunden zusammengetrieben hatte. Mit Schlägen und Peitschenhieben wurden die Überlebenden an Bord eines Schiffes gebracht und nach Mauritius deportiert. Die Reise dorthin war eine einzige Qual. Bei ihrer Ankunft fanden sie mitten im Nirgendwo ein abgelegenes Lager vor. Die Menschen wurden in Wellblechhütten gepfercht, Typhus und andere Krankheiten grassierten im Lager. Als man sie am 11. August 1945 endlich befreite, ließen die Juden 128

Gräber mit ihren Toten, die den Krankheiten, Infektionen und Schikanen der Briten zum Opfer gefallen waren, zurück. Auf der Rückreise nach Palästina starben noch zwei weitere Menschen, die an schweren Verletzungen litten, die ihnen zuvor beigebracht worden waren.

Für Shaul Avigur, diesen harten, verschlossenen Mann, war der Untergang der Patria die größte Tragödie seines Lebens, zugleich jedoch auch das Richtmaß für künftiges Handeln. Nie wieder würde er Improvisationen zulassen; nie wieder Kämpfer auswählen, die einen Anschlag ausführten, ohne zuvor gründlich alles bis ins letzte überprüft zu haben. Shaul Avigur, asketisch, unnahbar, voller Geheimnisse und ohne sichtbare Emotionen, zitterte wie Espenlaub, aus Angst, den auf die Überfahrt wartenden jüdischen Kindern könne etwas zustoßen. Nach der Patria-Affäre wurden unzählige Gesuche eingereicht, um das Leid der Flüchtlinge, die die Küsten Palästinas erreichten, zu mildern. Die Briten wollten davon nichts hören. In den Augen Avigurs war jedes Schiff, selbst wenn es aufgebracht wurde, »ein Rammbock, der die Mauer Jerusalems zum Einsturz bringen würde«, oder richtiger, »die Mauer des Weißbuchs«.

Wie Ben-Gurion war auch Avigur frei von Illusionen. Seit 1943 versuchte er zusammen mit den Revisionisten, denen es gelang, einige Schiffe zu entsenden, den Juden die Flucht aus Europa zu ermöglichen, und bezog immer wieder Stellung gegen die unerbittlichen Engländer, die Gleichgültigkeit der Amerikaner und der restlichen freien Welt, ja sogar gegen das fehlende Engagement eines Teils der eretz-israelischen Führung. Kraft seiner Intuition, seiner Fähigkeit, Karten unparteilich und ohne falsche Hoffnungen zu lesen, war ihm früher als allen anderen bewußt geworden, daß die Vereinigten Staaten die Juden im Krieg nicht als ihre Verbündeten betrachteten und den meisten die Einreise verweigerten. Die Rettung der Juden gehörte nicht zu den erklärten Kriegszielen der Alliierten. Bei Kriegsende, als die Juden, die die Hölle überlebt hatten, sei es nach Palästina oder an die Küsten Amerikas strömten, wurden überall die Tore nur noch fester verschlossen. Der britische Außenminister Ernest Bevin legte den Amerikanern zwar nahe, 100 000 jüdische Flüchtlinge aufzunehmen – auf diesem Weg gedachte Bevin, das Palästinaprobleme zu lösen – doch die Amerikaner lehnten ab.

In dieser düsteren, häßlichen Welt voller Verrat und zerstörter Illusionen operierten Yossi und seine Kameraden. Yossi war und blieb sein Leben lang ein bodenständiger Mann, dem Eitelkeit und Karrierestreben fremd waren, wenn es galt, Dinge in die Tat umzusetzen, die weit bedeutsamer waren als er und alle anderen Beteiligten. So agierte er im stillen, von einem wachsenden Zorn getrieben, der heute vielleicht schwer nachvollziehbar ist, will man nicht Gefahr laufen, auf Phrasen zurückzugreifen. Yossi verspürte eine innere Nähe zu jenen Juden, die in den Bergen und den Durchgangslagern, auf den Flüchtlingsschiffen und in den Internierungslagern auf Zypern ausharrten, die in seinen Augen die eigentlichen Helden des Zwanzigsten Jahrhunderts waren. Eine Nähe, die durchaus verwundert, da sich nicht wenige hochmütige Sabres fanden, die den unter ihrer Obhut stehenden Flüchtlingen Fragen stellten wie: »Warum bist du überhaupt noch am Leben? Warst du ein Kollaborateur? Ein Kapo?« Häufig benutzten sie das Bild der »Schafe, die zur Schlachtbank geführt« wurden, das Abba Kovner in seinem legendär gewordenen Aufruf zum bewaffneten Aufstand vom 1. Januar 1942 geprägt hatte. Eine unerhörte Metapher, kam sie doch von jemandem, der während des Krieges in Palästina gelebt hatte.

7. Kapitel

Shaul Avigur, der geheimnisvolle »Hohepriester« des Kampfes, bat Yossi, nach Griechenland zu gehen und bei der Überführung dieser Menschen auf der Knesset Israel zu helfen. Und Yossi Harel fuhr. Er kam in ein zerstörtes und zerbombtes Europa, ein Europa umherziehender Flüchtlinge, von denen nur einige in ihre Heimatorte zurückfanden. Horden von Flüchtlingen, die einander wie Raubtiere bekämpften; Kinder und Greise, sie stahlen sich über Grenzen, überlisteten die Behörden, überlisteten alle.

Der französische Journalist François Jean Armourand, ein ehemaliger Résistancekämpfer, der später bei einem mysteriösen Flugzeugabsturz ums Leben kam, begleitete den Kampf des *Mossad leAlija Beth*, verfolgte die Vorbereitung der Schiffe und nahm persönlich die Lager in Augenschein, die von der Fluchtorganisation eingerichtet wurden. Unter anderem erlebte er, wie die Knesset Israel in Jugoslawien und die Exodus in Frankreich für die Überfahrt ausgerüstet wurden. Armourand sah in den Bestrebungen der jüdischen Flüchtlinge, in eine – wie er es nannte – »eigene Heimat« zu gelangen, eine Fortsetzung des eigenen Kampfes, den er wenige Jahre zuvor, nur mit anderen Mitteln, gegen die deutsche Besatzungsmacht geführt hatte. Er schrieb, die Flüchtlinge marschierten bei Nacht, kröchen am Tage wie die Würmer auf dem Bauch, fürchteten sich vor Polizisten und

Hundegebell. Sie hätten, fügte er hinzu, eine eigene Geheimsprache. Nach allem, was sie durchgemacht hatten, vertrauten sie niemandem mehr. Auf Schleichpfaden kämen sie zur Küste, um den Kontinent hinter sich zu lassen, der Millionen von ihnen verbrannt hatte. Ein leicht brennbares Volk, das schnell in Flammen aufgehe.

Nicht alle Eretz-Israelis, die zu jenen gewagten, gefährlichen Missionen entsandt wurden, begriffen soviel von der Situation der Flüchtlinge wie Yossi.

Die Waisenkinder etwa, die wie ein Rudel Hyänen wirkten, die kauften, verkauften, stahlen. Absolventen von Auschwitz, Bergen-Belsen und Treblinka. Dort hatten sie nicht gelernt, nett zu sein.

Dies ist zum Beispiel die Geschichte von Yitzchak L., einem Mann, von dem die offizielle Geschichtsschreibung nichts weiß, dessen Schicksal nicht erforscht wurde, da es nun mal historische Details gibt, die nicht wirklich interessieren. Ein Mann, der mit Yossi an Bord der Knesset Israel ins Land kam und der seinen kleinen Gemüsegarten im Moschaw mit einem Stacheldrahtzaun umgab, was seine Nachbarn nicht verstanden.

Yitzchak, der auch Yitzak gerufen wurde, war die Flucht aus Mauthausen gelungen. Ein kleingewachsener Mann mit hellen Augen und kurzgeschorenem Haar, das schon in seiner Jugend weiß geworden war. Auf seiner ziellosen Irrwanderung durch die Wälder hatte er viel zu erleiden und wenig zu essen. Er fand dort eine verbitterte Frau und den angesengten Tempelvorhang einer Synagoge, mit dem er sich vor der Kälte schützte, wobei er das Gefühl hatte, Verrat zu begehen an seinem toten Vater. Als wollte sie das Schicksal herausfordern oder sich an ihm rächen, wurde die Frau, die bereits einen Sohn bei der Selektion verloren hatte, schwanger und gebar mitten im Wald eine Tochter. Das Mädchen wurde von einem polnischen Partisanen, den sie um Hilfe gebeten hatten, erschossen. Sie konnten entkommen, doch die Frau starb an Entkräftung. Yitzak zog weiter, erreichte die jugoslawische Hafenstadt Bakar, ging an Bord der Knesset Israel und unterstützte Yossi (der ihm als Amnon vorgestellt wurde) bei der Aufführung eines Theaterstücks für Kinder, mit eretz-israelischen Liedern und Gedichten, die er nie zuvor gehört hatte.

Yitzak gelangte auf dem armseligen Totenschiff übers Meer, wurde in Haifa von den Soldaten Seiner Majestät aufgegriffen, verprügelt und verwundet nach Zypern geschafft. Erst Monate später konnte er das Lager mit einem Einreisezertifikat verlassen. Während der Überfahrt auf der Knesset Israel lernte er Malka kennen, eine Jugendfreundin der Frau aus dem Wald. Auch Malka hatte bereits Tochter und Mann verloren. Sie beschlossen, zu heiraten. Sie heirateten im stillen, vielleicht auch aus Liebe. Sie sagte, Liebe sei ein Wort für Reiche. Sie bekamen einen Sohn.

Yitzak arbeitete für die *Tnuva*, wurde befördert und konnte ein wenig sparen. Ihren Sohn liebten sie über alles, doch er – ein Sabre – wurde am Vorabend des Sechstagekrieges zum Militär einberufen. Am Tag nach der Musterung ging Yitzak zum Schwimmen ans Meer, die Uhr am Handgelenk. Am Tag darauf fand seine Frau einen Brief: »Meine Liebe, meine Kinder sind tot. Als auf dem Schiff alle krank waren, rief Amnon: Es ist verboten, krank zu sein! Also sag unserem Jungen jetzt, daß ich ihm verbiete, im Krieg zu sterben! Wässere den Garten, aber nimm den Stacheldraht nicht weg. Der Feind kann jeden Moment kommen. Mein Sohn, es ist jetzt genau 17.00 Uhr. Du bist alles, was mir geblieben ist. Yitzak.«

Oder etwa die Geschichte von Yehoshua M., der als Heizer auf der Knesset Israel arbeitete. Er war, nachdem sein Vater sich im eigenen Haus verbrannt hatte, in die Wälder geflüchtet, wo er bei drei anderen Kindern Unterschlupf fand, die sich ein Versteck gegraben hatten. In der nahen Kleinstadt stahlen sie sich etwas zu essen und warteten auf die Partisanen, die sie mitnehmen sollten. Aus den Blättern der Weißpappel flochten sie sich Sandalen, und sie sammelten Pilze. Ein ganzes Jahr lang durchstreiften sie die Wälder, bis die Bauern der umliegenden Dörfer genug davon hatten und anfingen, die Kinder gegen Geld zu verraten. Als die Partisanen schließlich das Versteck entdeckten, hatten sie wohl freundliche Worte für die vier Jungen übrig, weigerten sich jedoch, sie mitzunehmen, behaupteten, sie seien zu jung, und lieferten sie statt dessen aus. Zwei seiner Freunde wurden vor Yehoshuas Augen an einem Baum gehenkt. Ein Bauer, der ihn bei dem Versuch, sich zu verstecken, fand, rettete ihn, und fortan arbeitete Yehoshua für den Bauern. Später war er in irgendeiner Näherei in einem Arbeitslager für nichtjüdische Häftlinge beschäftigt. Am Ende schloß er sich einer Kolonne von Juden aus dem Kaukasus an, die aus der Kriegsgefangenschaft in Deutschland geflohen waren. Sie versuchten zurückzukehren, es gelang ihnen nicht. Auf dem Weg nach Italien überquerte Yehoshua mit ihnen die tief verschneiten Alpen. Von dort ging es weiter nach Jugoslawien, zur Knesset Israel. Und von dort nach Zypern. Yehoshua gehörte zu der Gruppe von Männern, die im Internierungslager einen Tunnel gruben, und so gelangte er schließlich nach Haifa. Noch bevor er ein Haus, ein Geschäft oder einen Kiosk zu Gesicht bekam, wurde er eingezogen. Der erste Ort überhaupt, den er im Land sah, war das Armeelager Zrifin. Seinen gesamten Besitz, den er als Rücklage aufgespart hatte, mußte er abgeben: Ringe, Zigaretten und Kondome. Man setzte ihn auf einen mit Lebensmitteln beladenen Lastwagen, der sich am Schabbat auf den Weg machte. Die ersten Schüsse, die Yehoshua als Israeli abgab, galten orthodoxen Juden, die »Shabbes! Shabbes!« schrien. Danach kämpfte er in Nebi Yoshua und beteiligte sich an der Einnahme von Jaffa. Schulbildung hatte er keine, doch verstand er seit seiner Zeit in den Wäldern etwas von Schuhen, und so wurde er Schuster in einer kleinen, im Zentrum des Landes gelegenen Ortschaft.

8. Kapitel

Yossi verzichtete auf seine Funktion als Adjutant und Leibwächter von Professor Chaim Weizmann und zugleich als sein Verbindungsoffizier zur *Haganah*, und verließ, der Bitte Shaul Avigurs folgend, das Land. Ohne Paß oder sonstige Ausweispapiere schlüpfte er südlich von Haifa mit einem kleinen Boot aus dem Hafen von Bat-Galim. Außerhalb des Golfs von Haifa, auf offener See, wurde er von einem Frachter aufgelesen, der eigens gechartert worden war, um ihn und das Gold, das er bei sich trug, nach Piräus zu befördern. Der Kapitän, ein alter Seebär, war ein Eretz-Israeli. Der Maschinist, der Matrose und sein Sohn, der ihm zur Hand ging, waren Araber. Keiner stellte Fragen, und der Kapitän erklärte, mit den Jahren werde man taub und stumm wie die Fische.

In Famagusta liefen sie den Hafen an, um sich auszurüsten: Ladung mußte in Zypern angekauft werden, um den eigentlichen Grund ihrer Fahrt nach Piräus zu verschleiern. Beim Gespräch mit einem Einheimischen erfuhr Yossi, daß man dabei war, Juden in Lager zu bringen, die auf der Insel errichtet wurden. Er hörte aufmerksam zu, mit wachen Sinnen, und begriff, was der Zypriote unwissentlich preisgab. Als Yossi aber versuchte, einem Baustoffhändler weitere Einzelheiten zu entlocken, wurde der Mann mißtrauisch, geizte mit Informationen und murmelte nur, die

Briten hätten begonnen, auf der Insel ein großes Internierungslager für jüdische Flüchtlinge zu bauen.

Der israelische Kapitän schlug vor, Sauerstoffflaschen als Ware zu kaufen. Yossi kaufte dreißig Stück – die gesamte dort vorrätige Menge –, doch das reichte noch nicht: Man ließ einen Frachter schließlich nicht auslaufen, nur um dreißig Sauerstoffflaschen zu transportieren. Da hatte Yossi eine Idee. Ihm fiel der Kies aus leichtem Kreidestein ein, den die Araber in Jerusalem *Chaffaf* nannten und den sie von der Küste Jaffas holten. Eine perfekte Lösung. Das Schiff wurde mit Kiessäcken beladen, ehe es in Richtung Piräus auslief. Im letzten Moment tauchte ein junger griechischer Offizier auf, der wissen wollte, ob er sich ihnen bis Piräus anschließen könne. Yossi willigte erfreut ein. Ein griechischer Offizier konnte ihre Tarnung nur verbessern. In der Nacht betrank sich der Grieche und schwatzte etwas über das Meer, das voller Juden sei. Wer sie herausfischte, bekäme von den Briten weit mehr als mit gewöhnlichen Fischen zu verdienen sei.

Als sie Zypern hinter sich gelassen hatten, wurde die See rauher. Yossi saß im Bug des Schiffes und betrachtete die Delphinschwärme, die sie zu beiden Seiten begleiteten. Die Delphine waren schneller als das Schiff, wirkten schön und anmutig. Yossi dachte über die Worte des griechischen Offiziers nach, und der Jäger in ihm betete, daß er es sein möge, der diese Fische fing und die Briten weiter hungern ließ.

Als sie die Dodekanes erreicht hatten, passierten sie bei aufgewühlter See alle zwölf Inseln der Gruppe an der Küstenlinie. Das Schiff lief auf ein Riff und schlug beinahe leck. Um frische Lebensmittel an Bord zu nehmen, mußten sie einige Tage auf einer der Inseln Station machen. Statt, wie geplant, innerhalb von vier Tagen, erreichten sie Piräus erst nach drei Wochen. Die ganze Zeit über hatten sie keinen Kontakt zur Zentrale in Palästina oder zu den Leuten des *Mossad leAlija Beth* in Griechenland. Niemand wußte, wie es um sie stand. Auf dem Schlepper, der sie in den Hafen von Piräus zog, war ein Mann, der sich Jorgo nannte, Captain Jorgo. Seine Aufgabe war es, alles Notwendige mit den Zollbeamten zu regeln. Jorgo wirkte besorgt, als er den griechischen Offizier sah, bis dieser berichtete, er habe Hilfe gebraucht und sie von diesem Italiener – womit er auf Yossi wies – bekommen. Jorgo nahm die beiden mit Gold gefüllten Koffer mit, während einige Tabakschachteln voller Sovereigns in Yossis Obhut blieben.

Captain Jorgo, der zum *Mossad leAlija Beth* gehörte, war kein großer Redner. Er setzte Yossi in einem Kaffeehaus ab, das sich in einem recht düsteren Gebäude befand, und bat ihn zu warten. Während Yossi dort saß, warf der Kellner versehentlich die beiden Tabakschachteln, die auf dem Tisch lagen herunter und die Sovereigns kullerten im ganzen Kaffeehaus umher. Yossi ließ sich, so als werfe er jeden Tag mit Gold gefüllte Schachteln zu Boden, auf allen vieren nieder und sammelte die Münzen eine nach der anderen wieder ein. Die Männer um ihn herum blieben schweigend sitzen, Schemen im Halbschatten. Niemand erhob sich. In einer durch den Krieg verarmten Stadt wirkte das Gold so wenig real, daß sich keiner dafür interessierte. Schließlich kam Jorgo zurück und fuhr Yossi zum Hauptquartier der *Alija Beth*.

In einer Wohnung, die der *Mossad* angemietet hatte, traf Yossi in einem schäbigen Raum mit alten, verblichenen Tapeten an den Wänden Yanai Avidov und Benjamin Yerushalmi, einen der Helden der illegalen Einwanderung, und eine wandelnde Legende, dessen Geschichte, ebenso wie die Avidovs und vieler anderer hier Erwähnter, ein eigenes Buch verdient hätte. Yerushalmi war für die Vorbereitung der Flüchtlingstransporte per Schiff zuständig. Yossi berichtete, was er in Famagusta über die britischen Lager auf Zypern gehört hatte, und seine Angaben wurden per Telegramm an die Zentrale übermittelt. Keiner von ihnen besaß ordentliche Papiere, doch ohne Zeit zu verlieren machten sie sich daran, das Terrain zu erkunden. Der riesige Hafen von Piräus war einer der größten Schiffsfriedhöfe der Welt. Hunderte von ausrangierten Schiffen lagen dort wie Skelette. Es war ein leichtes, unter all diesen Wracks die Schiffe der *Alija Beth* zu verbergen.

Die drei Männer sprachen nicht viel. Avidov und Yerushalmi zeigten Yossi, was sie für das Gold und die Sovereigns erstanden hatten: die Anna-Lochita oder einfach Anna, Baujahr 1892, die eine Ladung Baumstämme aus Südamerika transportiert hatte. Und die Athina, die 1945 gesunken und rostüberzogen gehoben worden war. Das Salzwasser und die Erosion am Grund des Hafenbeckens hatten ihren Rumpf zerfressen und die Planken aufgeweicht. Im Hafen war man zu jener Stunde mit der Instandsetzung der Schiffe beschäftigt. Material war eingetroffen, Holz, Schrauben, Nägel und Belüftungsanlagen, die von weither geliefert wurden.

Moish Pearlmann, Offizier des British Intelligence Service, landete mit gefälschten Papiere und einem in seine Einzelteile zerlegten Funkgerät im Gepäck, aus dem der Funker, Avraham Lichowsky, einen leistungsstarken Kurzwellensender bastelte, der bis nach Paris und Tel Aviv senden und empfangen konnte.

Die an den Fluchtunternehmungen beteiligten Männer kamen, wenn sie gebraucht wurden, um den Immigranten zu helfen, führten kein Kommando, sondern waren ausschließlich für organisatorische Belange zuständig und hatten gemeinsam mit den Leuten vom *Mossad leAlija Beth* die Flüchtlinge, die aus Ungarn, der Tschechoslowakei und anderen Teilen Europas eingetroffen waren, in Zagreb und Belgrad versammelt. Die bislang guten Beziehungen zu Italien, mit dessen Hilfe nicht wenige Schiffe für die illegale Einwanderung vorbereitet werden konnten, waren unter dem Druck Großbritanniens merklich abgekühlt. Auch die Griechen machten sich Sorgen, ja sogar die Franzosen waren zögerlich geworden. Das Problem der Arbeitslosigkeit beschäftigte diese Länder zwar weitaus mehr als die Einreise von Juden oder deren Bemühungen, nach Hause zurückzukehren, aber man wollte keinen Ärger mit den Engländern. Zumal sich überall in Europa die Regierungen im Stadium der Neuorganisation befanden. So knüpfte der *Mossad leAlija Beth* erste zaghafte Kontakte zu den Staaten des Ostblocks. Die Tränen, die die britischen Soldaten bei der Befreiung der Todeslager angesichts der Horrorszenarien vergossen hatten, waren getrocknet und der Durst nach arabischem Öl hatte gesiegt. Um die Araber zufriedenzustellen, versuchten die Engländer, die Überlebenden der Shoah an der Einreise sowohl nach Großbritannien als auch nach Palästina zu hindern. Internationale Konferenzen zur Unterzeichnung von Friedensverträgen, bei denen Großbritannien eine maßgebliche Rolle spielte, verunsicherten viele Staaten, da ihre Einstellung zu den jüdischen Flüchtlingen das Ergebnis der Verhandlungen über die zu unterzeichnenden Verträge bestimmte.

Jugoslawien zum Beispiel konnte durch seine Flüchtlingshilfe politisch viel verlieren, doch die Sowjetunion, der die Möglichkeit zusagte, sich in dem Kampf Eretz Israels gegen das britische Empire auf die Seite der Eretz-Israelis zu stellen, drängte Jugoslawien und auch die Tschechoslowakei zu Hilfeleistungen.

Die Anna, später Knesset Israel getauft, war dazu ausersehen, die jüdische Ohnmacht zumindest ein wenig zu lindern. Das Schiff hatte eine Verdrängung von 1800 Bruttoregistertonnen und erschien den Eretz-Israelis trotz seines Alters nicht weniger groß und prachtvoll als die Queen Mary.

Yossi bekam einen Paß, doch die Schiffspapiere trugen gefälschte Stempel. In den jugoslawischen Lagern harrten

Menschen aus, die sich inzwischen mit dem Namen, der in ihrem gefälschten Paß angegeben war, tatsächlich identifizierten oder aber mit der auf ihren Arm tätowierten Nummer. Mehrere Jahre waren sie auf Schleichpfaden unterwegs gewesen, um die Häfen des Mittelmeers zu erreichen. Längst war bekannt geworden, daß diese größtenteils abgeriegelt waren und es statt dessen galt, die Adriaküsten zu erreichen. Es gab Juden, die nach dem Krieg nach Polen, Lettland oder Belgien zurückgekehrt waren. Wenigen nur gelang es, wieder Fuß zu fassen, vor allem in Frankreich. In den meisten ehemals von den Nazis besetzten Ländern, aus denen Juden in die Lager deportiert worden waren, begegnete man ihnen mit Feindseligkeit. Dennoch gab es Juden, die sich nicht vertreiben ließen. Andere waren in ihre Herkunftsländer zurückgekehrt und warteten darauf, nach Amerika oder Australien emigrieren zu können. Die nichtjüdischen Flüchtlinge hatten eine Heimat, in die sie zurückkehren konnten. Die meisten Juden hatten sie nicht. Der Zionismus hatte sich von einer bloßen Ideologie zu einem konkreten Instrument gewandelt, das dazu diente, eine Heimat für sie alle zu finden; vielleicht lag darin das Geheimnis seiner Stärke begründet.

Nur das Meer lag noch zwischen dem unreinen Kontinent – dem Totenhaus der Juden, der verbrannten Erde – und der möglichen Heimat, die in vielerlei Hinsicht ein furchteinflößender, unbekannter Ort war, jedoch auch ein Ort, an dem Leben möglich werden sollte. Ein Ort, der nicht gänzlich verschlossen schien.

Das Lager in Zagreb reichte bald nicht mehr aus, doch der Strom der Juden, die aus den Bergen kamen, riß nicht ab. Bald schon kam es zu Schwierigkeiten mit der Disziplin im Lager. Die Tage verstrichen, die Probleme wurden immer dringlicher, die Kälte nahm zu, und vielen erschien die Situation hoffnungslos, zumal die Menschen nicht wußten, wann sie das Lager verlassen würden. Von dem Augenblick an, da er in Piräus an Land gegangen war, arbeitete Yossi ununterbrochen. Das Leid der Menschen in den Lagern blieb den Verantwortlichen nicht verborgen. Auch die Männer, die an der Organisation beteiligt waren, drängten Yossi und seine Kameraden zur Eile. Eine britische Einheit war von ihnen erfunden worden, die TTG[1], deren falsche Hauptmänner verkleideten Obersten salutierten, die in den Lagern der britischen Armee ein und aus gingen, gewiß, daß sie eines Tages auffliegen würden. Die Einheit war mit Dokumenten, Ausweisen und Stempeln ausgerüstet, ihre Leute steckten in britischen Uniformen, fuhren Armeefahrzeuge, trugen Rangabzeichen und Orden, wobei die Briten nicht einmal wußten, daß es eine solche Einheit überhaupt gab. Die TTG half den Überlebenden, schmuggelte Zucker, Weizen und Treibstoff aus den Magazinen der britischen Armee und veräußerte die Sachen auf dem Schwarzmarkt. Von dem Erlös kauften die Männer des *Mossad leAlija Beth* Ausrüstungsgegenstände und weitere Schiffe. Die erfundene Transporteinheit, in deren Reihen viele Soldaten der *Jüdischen Brigade* dienten, blieb zwei Jahre lang unentdeckt und bestand in dieser Zeit aus mindestens vierzig, fünfzig Mann.

Die Zeit drängte, Schlaf war Luxus, und beständig saßen Yossi und seinen Kameraden die britischen Agenten im Nacken. Benjamin Yerushalmi und Yossi wurden zu Experten auf einem für sie neuen Gebiet, der Ausrüstung von Schiffen, oder genauer gesagt, der Kunst, aus nichts etwas zu machen: Sie beaufsichtigten die Zimmerleute und Elektriker, die rund um die Uhr arbeiteten, entwarfen die Belüftungssysteme und den Innenausbau des Schiffes, damit es mindestens dreitausend Menschen aufnehmen

---

[1] TTG – Anfangsbuchstaben für Tilchas Tisi-(arab.: Küsse meinen Allerwertesten)-Geschäfte; die offizielle Bezeichnung lautete Transport Unit 176.

konnte, entwickelten eine Logistik, die den Gegebenheiten an Bord gerecht werden mußte, versuchten sämtliche Kräfte auf die eine Aufgabe zu bündeln, die wichtiger war als alles andere. Yossi fehlte jegliche Erfahrung im Ausrüsten von Schiffen, und nichts hatte ihn auf den Anblick des weinenden Mädchens vorbereitet, das er später auf dem Schiff antreffen würde, ein Mädchen, das eine imaginäre Puppe in der Hand hielt, ihr die Augen ausriß und verzweifelt an den Wänden des Schiffes entlangstrich, um etwas zu spüren, das an ein liebevolles Streicheln erinnerte. Yossis Feldration bestand aus Bananen, Clementinen, ein wenig Schokolade, Feigen und drei Präparaten zur »ideologischen Immunisierung«: Die Bibel, Gedichte von Chana Szenesch und Nathan Alterman und die *Vierzig Tage des Musa Dagh*.

Die über fünfzig Jahre alte »Queen Mary für Arme« war ursprünglich nicht als Vergnügungsdampfer gebaut worden, wenn sie auch als solcher lange gedient hatte. Bereits in ihrer Jugend hatte sie eher einem Seelenverkäufer geglichen. Die Männer versuchten, den Zustand des Schiffes mit zu berücksichtigen, als sie exakt festzulegen hatten, wieviel Platz jedem einzelnen der Flüchtlinge zugeteilt würde. Sie mußten sich auf das Minimum beschränken: fünfzig Zentimeter Raum pro Person. Acht Stockwerke mit Pritschen wurden gebaut, Leitern angebracht und Passiergänge geschaffen. Im Innern des Schiffes mußte ein Belüftungssystem für Tausende von Menschen installiert werden, da in der Nähe der Schiffsmaschine eine unerträgliche Hitze herrschte. Eine isolierende Trennwand war erforderlich, damit sich die Menschen über längere Zeit in dieser Hölle aufhalten konnten. Die Kohlenfeuerung verursachte schwarze Staubwolken, für die Yossi und seine Männer erst noch einen Abzug einbauen mußten. Die Zwänge, die ihnen durch die unmöglichen Gegebenheiten auferlegt wurden, führten dazu, daß sie bei der Planung mit einer an

Grausamkeit grenzenden Rücksichtslosigkeit vorgehen mußten: An Deck etwa konnten nur wenige Latrinen errichtet werden. Es mußte ausreichend Platz für die Matrosen geschaffen werden, ein Leitungssystem mit Wasserhähnen installiert, Stationen für die Essensausgabe eingerichtet werden – vor allem aber galt es, Raum zu schaffen und freizuhalten, damit die Passagiere täglich für eine Stunde an Deck konnten, um Luft zu schnappen. Obwohl Yossi und seine Kameraden Entsprechendes nie gelernt hatten, mußten sie mit Logarithmen umgehen, um in einem derart kleinen, überladenen Schiff ein Abwasserrohrsystem planen und bestimmen zu können, wo genau Wasser- und Lebensmittelvorräte zu lagern waren und wie die Gruppen von Flüchtlingen aus den acht überfüllten Stockwerken im Bauch des Schiffes an Deck gelangen sollten, um an die frische Luft zu kommen, zu essen, zur Toilette zu gehen und sich zu waschen; und wie es mit einem Minimum an Reibereien zu bewerkstelligen war, die Menschen anschließend wieder nach unten zu befördern, damit sie den Nachfolgenden den Weg nach oben ermöglichten.

Für die Planung mußte die Größe dieser Gruppen berechnet und je Gruppe einer Person die Leitung über sie übertragen werden. Die Ausgewählten mußten verantwortungsbewußt sein, zumindest aber über genügend Respekt gebieten, um gegebenenfalls die anderen der Gruppe zurück in den Bauch drängen zu können. Bei der Planung mußten Benjamin und Yossi im voraus auch die Aufstellung einer Art »ideologisch verläßlicher Schlägertruppe« berücksichtigen, die sorgfältig auszuwählen war und auf dem proportionalen Verhältnis der einzelnen Herkunftsländer basieren mußte, eine organisierte Einheit, die die Ordnung an Bord zu gewährleisten hatte und sich nicht von einzelnen mißbrauchen ließ. Es mußte berechnet werden, wie sich die 14000 Auf- und Niedergänge pro Tag am besten organisieren ließen, wobei zu bedenken war, daß das

Schiff leicht Schlagseite bekommen und sinken konnte, wenn sich zu viele Menschen auf einer Seite befanden. Wie waren 180 bis 200 Tonnen Lebendgewicht und Hunderte Tonnen Ladung, persönliche Gegenstände, Lebensmittel, Wasser und Treibstoff auf einem Schiff unterzubringen, das nur 1800 Tonnen faßte? Was sollte geschehen, wenn jemand ernsthaft erkrankte? Als beschlossen wurde, keine schwangeren Frauen mitzunehmen, wußten alle, daß es dennoch welche geben würde: Sollte man etwa eine Frau abweisen, die zwei Jahre lang durch die Berge marschiert war mit nichts als ihrer Scham und ein wenig Hoffnung im Gepäck, nur weil sie schwanger war? Sollte man sie von Bord schicken und ihr sagen, sie möge zunächst in irgendeiner Baracke gebären? Denn sie konnte ja nirgendwohin zurück, selbst wenn sie gewollt hätte.

Yossi war ein Fremder in der Stadt. Die Landessprache beherrschte er nicht. Für die Vorbereitungen mußte man mit den Einheimischen zusammenarbeiten, denen nicht immer zu trauen war, zumal die Briten großzügig Bestechungsgelder ausstreuten, um auf dem laufenden zu bleiben. Yossi wechselte jeden Tag seine gefälschten Ausweise und mied die Blicke der mißtrauischen Arbeiter. Um die Agenten, die das Geschehen im Hafen beobachteten, zu täuschen, bewohnte er zwei unterschiedliche Wohnungen, die der *Mossad leAlija Beth* in Athen unterhielt. Und damit er nicht weiter auffiel, schickte man ihn von Zeit zu Zeit ins Kino, ja sogar in Nachtclubs, wo die puritanischen Israelis einem Phänomen begegneten, das sie schlicht nicht kannten: den übertrieben freundlichen, grell geschminkten Gastgeberinnen der Hafenstädte. Zu fünft um ein Getränk saßen sie da und anstatt sich zu vergnügen, beschäftigte sich Yossi damit, in Gedanken Fluchtwege zu suchen. Er stellte sich vor, wie er aus einem Fenster in der Rückwand des Gebäudes in eine Gasse sprang, in der es von ausgehungerten Dieben wimmelte, die zu allem bereit waren, um in dieser Stadt zu überleben, die nur allmählich wieder auf die Beine kam und in der man anstatt mit Kohlen, die es nicht gab, mit Pferdeäpfeln heizte.

Yossi brauchte die Hilfe jüdischer Überlebender aus den Lagern, die sich jahrelang auf alle möglichen halblegalen Fertigkeiten spezialisiert hatten; die zum Beispiel in den Todesfabriken überlebt hatten, weil sie englisches Geld zu fälschen wußten, das die Nazis damals als Teil ihres wirtschaftlichen Feldzugs gegen die Alliierten eingesetzt hatten. Jetzt saßen die ehemaligen Lagerhäftlinge in der Nähe der Durchgangslager und am Hafen dicht gedrängt in provisorischen Werkstätten und fälschten Ausweise, während in den Lagerhallen am Hafen Konservenbüchsen versteckt und gehortet wurden, die man aus den Beständen der britischen Armee »entliehen« hatte. Der Anblick einiger dieser Überlebenden, die Yossi konzentriert über ihrer Arbeit sitzen und wahre Kunstwerke vollbringen sah, gab ihm einen bittersüßen Vorgeschmack auf das, was ihn erwartete.

In einer Sitzung der *Jewish Agency*, die sich später mit der Überfahrt der Knesset Israel beschäftigen sollte, bezeichnete der Zionistenführer Giora Josephtal dieses Flüchtlingsschiff als »schwimmendes Altenheim«. In seinen Augen und denen vieler anderer zionistischer Führungspersönlichkeiten hatte es eine schlechte Shoah gegeben, in der Menschen wie jene an Bord der Knesset Israel gestorben waren oder überlebt hatten, und eine gute Shoah, nämlich die der Ghettokämpfer. Ein Teil der hochmütigen Sabres fragte unverblümt, warum die ermordeten, erniedrigten Juden nicht zum Gegenangriff übergegangen seien. David Shaltiel, später Oberbefehlshaber über Jerusalem im Unabhängigkeitskrieg, sagte: »Jene, die überlebt haben, sind am Leben, weil sie egoistisch waren und wahrscheinlich zuerst für sich selbst gesorgt haben. Mit denen darf man kein Mitleid haben.«

Und nachdem er die Flüchtlinge auf der Knesset Israel gesehen hatte, die sich verzweifelt gegen die drohende Deportation wehrten, brachte einer der zionistischen Führer seine mit Abscheu vermischte Fassungslosigkeit über das Wesen der Menschen zum Ausdruck, die zukünftig ins Land kommen würden: »Man hat ein ganzes *Shtetl* samt Kindergarten und Altenheim genommen und auf das Schiff verfrachtet.«

Aber Ben-Gurion, diese tragische jüdische Gestalt, dieser geläuterte Bolschewik, ein Chassid ohne Rabbi und ohne Gott, in dessen zerrissener Seele sich das Ghetto, die Wüste und Träume von einem jüdischen Königreich vermengten, war in der Lage, jene tiefe Ohnmacht zu begreifen. Er wußte, daß Widerstand *dort* unmöglich gewesen war. Er nahm die Kluft wahr, die sich vor seinen Augen innerhalb des *Yischuw* auftat, und stellte erbost und mit aller Entschiedenheit fest: »Wir dürfen niemals vergessen, daß es die Überlebenden sind, die Anklage erheben – und wir, die auf der Anklagebank sitzen.«

Trotz allem hatte auch er seine schwachen Momente, in denen er nicht ohne Überheblichkeit feststellte: »In Eretz Israel hätte nicht passieren können, was in Polen geschehen ist. Uns hätten sie nicht in den Synagogen niedergemetzelt.« Wie viele andere auch tat er sich schwer damit, das ganze Ausmaß der Katastrophe zu erfassen, die erst durch die Effizienz einer Todesmaschinerie möglich geworden war. Letztendlich aber verstand Ben-Gurion, daß die Überlebenden selbst die berechtigten Kläger in Sachen Moral sind, weil die Welt die Augen vor ihrer beschlossenen Vernichtung verschlossen und den Blick abgewendet hatte. Ihre moralische Anklage richtete sich auch gegen die hochmütigen Eretz-Israelis, die weder zuhörten noch die Umstände, die ein solches Schlachten ermöglicht hatten, sehen und begreifen wollten.

Stets auf seine Eigenständigkeit bedacht, hatte sich Yossi

nach Chanita seinem Lehrmeister Yitzchak Sadeh nicht angeschlossen, als dieser mit der Aufstellung der *Palmach* begann. Er blieb seinem leiblichen Vater treu, wie auch seinen anderen »Vätern«, allesamt nüchterne Männer der Tat, und strebte nicht nach großspurigen Heldentaten. Er sah mit an, wie die Feldkompanien, die bei der Gründung von Chanita aus den Überbleibseln der *Noddedet* entstanden waren, aufgelöst wurden, und war überzeugt, daß Ben-Gurion mit seiner entschiedenen und kompromißlosen Ablehnung einer stärker sozialistisch orientierten, radikaleren Kampftruppe recht hatte. Als er in dieser ideologischen Kontroverse Stellung bezog und sich auf Ben-Gurions Seite schlug, verlor Yossi damit Yitzchak Sadehs Gunst, und so blieb ihm nur noch Wingate. Als einsamer Wolf, der er von Natur aus war, entwickelte er ein Gespür für die Flüchtlinge, für die Situation dieser Menschen. Nicht nur war ihm die Abscheu fremd, die andere den zerlumpten Menschen entgegenbrachten, sondern vom ersten Augenblick an verstand Yossi ihr Elend, und er liebte sie.

Wenn es für mich ein entscheidendes Motiv gibt, dieses Buch zu schreiben, dann ist es dieses: Der Abenteurer Yossi Harel, ein Mann, der fest verwurzelt war in seiner Vaterstadt Jerusalem, der keine Furcht kannte – und diese gebrochenen Menschen mit ihrem verängstigten Blick, ihrem zynischen Lachen und ihrem verzweifelten Alpträumen liebte. Vielleicht können nur Menschen, die wie Yossi einen derart folgenschweren Verrat erfahren haben, auf den Planken eines Schiffes stehen, das überladen ist mit stöhnenden, wie die Ölsardinen aneinandergedrängten Flüchtlingen, und den Alpträumen jener Menschen lauschen, die sie flüsternd preisgeben, als durchlebten sie das Grauen von neuem.

In irgendeinem verborgenen Augenblick wurde der Sabre, Sproß einer Jerusalemer Familie in sechster Generation, der Mann, der in Chanita dabeigewesen war, einer von Wingates Kämpfern, zum Jid. Eine Identität, die viele Eretz-Israelis wohl nachvollziehen konnten, doch erst nach dem Eichmann-Prozeß tatsächlich verinnerlichten.

9. Kapitel

In Chaim Guris exzellentem Dokumentarfilm *Das letzte Meer* sagt der Flüchtling Chaim Rafel: »Ich glaubte nicht daran, daß wir am Leben bleiben würden, aber wenn, dann würde ich leben, um zu erzählen. Ich würde leben, um ein ganzes Brot für mich allein zu haben.« Und jemand anders berichtet: »Ich war von Läusen zerfressen und dünn wie ein Streichholz. Halb tot hockte ich in meinem Häftlingsanzug, stopfte einen ganzen Laib Brot in mich hinein und wäre an Übersättigung fast gestorben.«

Die beiden Schiffe waren noch immer nicht zum Auslaufen bereit: Es fehlte an Baumaterialien, doch alle arbeiteten fieberhaft und versuchten zu improvisieren. Plötzlich erschien Jorgo und verkündete, die Briten hätten sie entdeckt.

Als die griechische Besatzung erfuhr, daß es sich bei den Passagieren um illegale jüdische Flüchtlinge handeln sollte, quittierte sie den Dienst und ließ sich auch nicht bestechen. Mit viel Mühe und Versprechungen stellten Yossi und seine Männer eine neue, in entlegenen Dörfern angeheuerte Besatzung zusammen. Ein griechischer Kapitän namens Costa vergaß für einen Moment seine Angst, nur, um das Geld anzunehmen und sich damit aus dem Staub zu machen. – Einige Jahre später sollte derselbe Costa als Admiral die saudische Flotte in Djidda befehligen.

Die neue Schiffsmannschaft verlangte die Garantie, in der Nähe einer der griechischen Inseln von Bord gehen zu können, was den Männern auch zugesichert wurde. Der englisch-jüdische Journalist John Kimchi kam ins Hotel gestürzt und berichtete Yossi und seinen Kameraden, daß die Engländer von der Aktion Wind bekommen hätten und diesmal auch versuchen würden, die Schiffe entgegen internationaler Bestimmungen im Hafenbecken aufzubringen. Auch Jorgo kam mit der Meldung, daß seinen Quellen zufolge die Briten die Schiffe tatsächlich noch in derselben Nacht entern wollten.

Yerushalmi, Yossi und all die anderen packten in aller Eile ihre Habseligkeiten zusammen. Dann schleppten sie die Funkgeräte, die Wasserhähne, Bohlen, Nägel und Schrauben auf die Schiffe. Bei Anbruch der Dunkelheit stahlen sie sich an Bord und liefen gegen 22.00 Uhr aus. Benjamin Yerushalmi kommandierte die Anna, Yossi die Athina. Die Engländer, die nicht damit gerechnet hatten, daß die beiden Schiffe Kurs auf Jugoslawien nehmen würden, erwarteten sie an der Fahrrinne in Richtung Osten.

Nur eine Stunde, bevor der von den Briten erwirkte Festsetzungsbefehl in Kraft trat, und kurze Zeit, nachdem ihnen die Flucht aus dem Hafen geglückt war, erreichten beide Schiffe die Landbrücke des Peloponnes. Yerushalmi mußte einsehen, daß die Anna mit ihren Ausmaßen nicht den Kanal von Korinth zwischen dem Peloponnes und dem griechischen Festland befahren konnte und daher gezwungen war, einen großen Umweg um die gesamte Halbinsel zu machen, während die kleine Athina durch den Kanal paßte. Also trennten sie sich.

Nachdem die Athina den Kanal von Korinth passiert hatte, beschloß der griechische Kapitän, den Golf von Patras ausgerechnet bei Nacht zu befahren, und zwar nicht in tiefen Gewässern, sondern in Sichtweite der felsigen Küste mit ihren unzähligen, kleinen, vorgelagerten Inseln. Er fürchtete Yossis Reaktion und gestand in einer bestimmten Phase sogar ein, die von ihm gewählte Route nicht zu kennen. Der Grieche hatte offenbar Angst, irrtümlicherweise in den Hoheitsgewässern des kommunistischen Jugoslawien zu landen oder, schlimmer noch, vor der albanischen Küste zu kreuzen, wo es kurz zuvor zu einem Zwischenfall zwischen Albanern und der britischen Flotte gekommen war. Viel Überredungskunst und einige nicht allzu diplomatisch formulierte Drohungen waren nötig, um ihn zur Weiterfahrt zu bewegen.

Drei Tage später erreichten die beiden Schiffe die Insel Kephallenia. Die Besatzungen ließen durch ihre Sprecher mitteilen, daß sie nicht eher weiterfahren würden, ehe sie nicht die ihnen zugesagte Heuer erhalten hatten. Doch Yossi weigerte sich. Da sie um ihr Geld fürchten mußten, wenn sie in diesem Moment von Bord gingen, blieb den Männern keine andere Wahl, und sie ließen sich umstimmen, die Reise bis ins jugoslawische Split fortzusetzen.

Der Abstand zwischen den beiden Schiffen vergrößerte sich allerdings zusehends. Die altersschwache Athina machte nur langsame Fahrt, und Yerushalmi, obwohl er mit der Anna den Peloponnes umrundet hatte, zog davon, ohne auf Yossi zu warten. Nachdem dieser sich vergewissert hatte, daß die Athina tatsächlich Richtung Norden lief, ging er unter Deck, um nach den Reisenden im Bauch des Schiffes zu sehen. Der Kapitän nutzte Yossis Abwesenheit von der Brücke, wendete um 180 Grad und begann Kurs Richtung Süd zu nehmen. Obwohl er im Schiffsinnern war, merkte Yossi, was vor sich ging, und stürmte zurück an Deck. Der Kapitän erschrak, als er Yossi sah, wirkte verstört und verteidigte sich stammelnd, ein Schaden sei aufgetreten und sie müßten nach Piräus zurückkehren.

Yossi begriff sehr wohl, was es bedeutete, nach Piräus zurückzukehren, wo die Engländer auf sie warteten, und wies die Männer seiner Besatzung an, den Kapitän »aufzuklären«, der seinerseits unschwer »verstand« und auf Kurs Nord umschwenkte. Voller Panik steuerte der Grieche nun das Schiff, berechnete mehrfach den Kurs falsch und setzte das Schiff schließlich auf den Felsen einer Leuchtturminsel.

Die Athina lief auf Grund, erbebte und saß fest. Yossi war überzeugt, daß sie leckgeschlagen war, und ging unter Deck, um nachzusehen. Der Kapitän rührte sich nicht. Einer der griechischen Matrosen folgte ihm, und gemeinsam stellten sie fest, daß weder irreparabler Schaden entstanden war noch Gefahr bestand, daß sie sinken würden. Das Schiff jedoch saß zweifellos fest. Der Kapitän wirkte nicht besonders bedrückt. Über Funk alarmierte Yossi Jorgo, der versicherte, so schnell wie möglich aus Piräus zu ihnen zu kommen. Als er eintraf, zogen sie mit Hilfe seines Schleppers die Athina vorsichtig vom Felsen. Jorgo verabschiedete sich, und die Athina setzte ihre Fahrt fort.

Sie folgten der albanischen Küste in Richtung Split, dem größten jugoslawischen Hafen der Adria. Für alle Fälle machte sich Yossi, soweit er dazu in der Lage war, mit dem Führen eines Schiffes vertraut. Er stieg in den Maschinenraum hinunter und verbrachte Stunden mit der Mannschaft – was ihm später ermöglichte, die 4000 Flüchtlinge der Knesset Israel zu retten – und lernte bis ins kleinste Detail alle Vorgänge kennen, die ihm von Nutzen sein konnten: das Beladen, das Weiterreichen von Wassereimern, die Befeuerung mit Kohlen, die Temperaturregelung der Schiffsmotoren, das Abkühlen der Öfen und ähnliches. Inzwischen hatte Yossi eingesehen, daß der Moment kommen mochte, da ihm Kenntnisse abverlangt würden, die über das Schwimmenlernen im See Genezareth oder die Teilnahme an einem Marinelehrgang in der Yarkonmündung hinausgingen.

In Split erwartete ihn Benjamin, der mit der Anna vor ihnen eingetroffen war, und Yossi ging von Bord. Die Athina zog weiter die felsige Küste hinauf, um die Anna einzuholen, die bereits in einer kleinen Hafenstadt namens Bakar in einer zwischen den Inseln versteckten Bucht ankerte. Bakar, ein winziges Nest mit kleinen, rotgedeckten Häusern und gepflasterten Innenhöfen, war ein gottverlassener Fischereihafen, in dem man unbehelligt von britischen Agenten oder jugoslawischen Spitzeln den eigenen Angelegenheiten nachgehen konnte, ein stiller Ort, an dem die Schiffe weiter auf ihren Einsatz vorbereitet werden konnten. Trotz seiner geringen Größe war Bakar ein Tiefseehafen, und beide Schiffe konnten am Kai ankern.

Nachdem er in Split von Bord gegangen war, begleitete Yossi Benjamin Yerushalmi in einem altersschwachen Wagen auf den Bergkämmen über der Adria. Der Ausblick war atemberaubend, bereitete ihnen jedoch Sorge: Die Landschaft war traurig, felsig und wild. Auf der einen Seite lagen die Ausläufer der großen Waldgebiete, auf der anderen öde, graue Hänge. Diese Landschaft, durch die die Flüchtlinge zu den Schiffen gelangen sollten, erinnerte Yossi an Jerusalem, die Stadt zwischen besiedeltem Land auf der einen Seite und Wüste auf der anderen.

In den Tälern wehte ein starker Wind, und Yossi dachte schweren Herzens an die vom Schicksal gebeutelten Flüchtlinge, die sich zu ebendieser Stunde mit ihren wenigen Habseligkeiten im Gänsemarsch über unwegsame Pfade schleppten und sich mit Hilfe von Schmugglern oder eretzisraelischen Kameraden über Grenzen stahlen.

In Bakar erwartete sie Shejke Dan, den Yossi bis zu dessen Tod lieben und verehren sollte. Der geheimnisvolle Mann, eine der legendären Gestalten der Geschichte der illegalen Einwanderung in Palästina, dessen Taten Bände füllen könnten, bat sie um ein Treffen. Dieser mit allen Vollmachten ausgestattete Mann, der so wenig sprach und dem man nachsagte, glänzend – *mavrik* – zu sein, weil er vorzugsweise Telegramme – *mivrakim* – verschickte, stand im

Namen der *Alija Beth* mit den Behörden in Jugoslawien, Rumänien und Bulgarien in Verbindung. Im Zweiten Weltkrieg war er hinter den feindlichen Linien abgesprungen und im Gegensatz zu den meisten anderen eretz-israelischen Fallschirmspringern, die ihr Leben beim Sprung ins Ungewisse riskierten, nicht in Gefangenschaft geraten. Er hatte es verstanden, sich unter die Bevölkerung zu mischen, und war zu den Partisanen gestoßen. Shejke Dan war ein gerechter, ein bescheidener, weltgewandter kluger Mann.

Auf der Anna liefen die Vorbereitungen zur Aufnahme von 3000 Flüchtlingen. Da es in Jugoslawien nicht genügend Baustoffe gab, waren Yossi und seine Kameraden gezwungen, zusätzlich zu dem, was sie aus Griechenland mitgebracht hatten, Material von weither kommen zu lassen. In Uniform, mit gefälschten Ausweisen, mit Rangabzeichen und Orden, die sie auf dem Markt in Marseille gekauft hatten, schwärmten die Männer aus, um Material für Umbauten und Installationen zu organisieren. Beim Anblick des Schiffes war Shejke zunächst nicht davon abzubringen, entgegen den bisherigen Plänen 4000 Flüchtlinge an Bord zu nehmen, was den meisten jedoch als ein zu großes Risiko erschien. Man beschloß, daß jeder Immigrant bis zu fünfundzwanzig Kilogramm persönliches Gepäck mitnehmen durfte.

Die letzten Vorbereitungen liefen nun auf Hochtouren. Zum Kommandanten der Anna, die später in Knesset Israel umbenannt werden würde, ernannte Shejke Benjamin Yerushalmi. Yossi wurde sein Stellvertreter und sollte die Verantwortung für die Flüchtlinge übernehmen; Yoash Tzidon wurde ihnen als Funker zugeteilt. Die griechische Mannschaft zählte achtzehn Matrosen, von denen die meisten aus einer Familie kamen. Einer von ihnen war der erste Maschinist.

Neben der Anna ankerte die Athina mit einer Verdrängung von sechshundert Bruttoregistertonnen. Nach gründlicher Überprüfung ihres Kiels, der bei der Kollision mit der Leuchtturminsel beschädigt worden war, mußten sie einsehen, daß es besser war, das Schiff nicht einzusetzen. Die Athina hatte ihre Anker verloren, und der Schaden war größer als zunächst angenommen. Glücklicherweise traf zur selben Zeit ein weiteres Schiff des *Mossad leAlija Beth* im Hafen von Bakar ein: die Nissanit, deren ursprünglicher Name Hagia Anastasia lautete und die von den Leuten der *Alija Beth* nur Kedoscha – die Heilige – genannt wurde.

Die Nissanit war genauso angeschlagen wie die Athina, wurde aber für tauglich befunden. Shejke war beruhigt, als sich herausstellte, daß mindestens achthundert Flüchtlinge an Bord der Nissanit würden gehen können, so daß auf beiden Schiffen insgesamt 3800 Immigranten Platz finden konnten. Geplant war, daß die Anna und die Nissanit im Verband zur Küste Palästinas fahren sollten, wenn auch in gebührendem Abstand zueinander. In Küstennähe würden dann die Passagiere der Nissanit auf die Anna überwechseln, damit das kleinere der beiden Schiffe, von den Briten unbemerkt, entkommen und nach Jugoslawien zurückkehren konnte, um weitere Juden aufzunehmen, die noch in den Durchgangslagern ausharrten und bereits unter dem einsetzenden Winter litten. Diese Entscheidung sollte die Rettung für alle 800 Menschen an Bord der Nissanit bedeuten, die in einer Sturmnacht an den Klippen zerschellte.

Der Anblick der morschen Schiffe, der – wenn auch kleinen und angeschlagenen – jüdischen Flotte, die dort ankerte, versetzte alle Beteiligten in Erregung, denn zum ersten Mal waren drei »jüdische« Schiffe in einem Hafen zusammengezogen. Es bedurfte schon des eretz-israelischen Hochmuts, dieser »Wird-schon-werden«-Mentalität, um den Traum von der illegalen Einwanderung, diese faszinierendste Episode in der Geschichte der zionistischen Bewegung, in die Tat umzusetzen. Großer Improvisationsgeist war erforderlich, um Tausende von Flüchtlingen mit Schiffen zu transportieren, die optimistisch betrachtet nicht intakt waren, in der festen Hoffnung, es werde schon alles glattgehen. Aber die Männer vom *Mossad leAlija Beth* und von der *Palmach* waren vom Gefühl beseelt, gar keine andere Wahl zu haben. In einem nicht enden wollenden Strom kamen die Juden aus ganz Europa, und es erscheint sehr zweifelhaft, ob ohne diesen eretz-israelischen Wagemut die illegale Einwanderung per Schiff zu realisieren gewesen wäre, während gleichzeitig in einer heiklen und komplizierten Operation die Juden quer durch Europa geschleust wurden.

Um die Arbeiten angesichts der immer knapper werdenden Zeit zu beschleunigen, stellten die Jugoslawen vierzig deutsche Kriegsgefangene zu ihrer Hilfe ab, die – Ironie des Schicksals – in Sträflingskleidung erschienen. Die Deutschen wirkten verschreckt und fürchteten sich vor ihrem eigenen Schatten. Niemand hatte vor, sich an ihnen zu rächen, denn dafür war gar keine Zeit, und so arbeiteten sie effizient und diszipliniert, wie nur deutsche Soldaten zu arbeiten wissen. Die mit Juden vollbeladenen Schiffe wurden zum Mittel der Rache: Die einstigen Nazisoldaten halfen nun, Schiffe herzurichten, um jene Menschen in Sicherheit zu bringen, die sie und ihre Gesinnungsgenossen zuvor nicht hatten vernichten können.

Yossi machte sich mit seinen Kameraden auf, eine Gruppe von Flüchtlingen in Empfang zu nehmen, die zu Fuß von Österreich nach Italien über die Berge marschiert waren. Ihm fiel auf, daß sie, die alle ihre Familien verloren hatten, eine Art Gemeinschaft bildeten. Die jungen Leute, die nach dem Krieg kein Familienmitglied lebend vorgefunden hatten, klammerten sich aneinander. Yossi sah, daß sie lachen wollten, leben. Aber sie wußten nicht mehr, wie, und ihr Lachen glich dem Weinen. Sie zwangen sich zu singen und Hora zu tanzen, um wie die Eretz-Israelis zu sein. Sie weinten und sangen.

In dem Film *Das letzte Meer* ist eine solche Flüchtlingsgruppe auf ihrem Weg zum Schiff zu sehen. Nach über zwei Jahren qualvoller Wanderschaft hat sie vor einem eretz-israelischen Abgesandten, der gekommen ist, den Flüchtlingen zu helfen, Aufstellung genommen, und sie alle singen voller Begeisterung: »Umgepflügt und gesät haben wir, aber noch nicht geerntet ...« – ein etwas sonderbares Lied, bedenkt man den Ort und die Zeit.

Während sie in den Lagern auf das Eintreffen der Anna und der Kedoscha warteten, wurde den entwurzelten Menschen, die dort auf zukünftige Mitreisende trafen, bewußt, daß es noch immer Juden gab und daß man sich zusammentun mußte. Daß man Schuhe für die Schritte finden mußte, die sie hinter sich gelassen hatten. Yossi hatte das erhebende, vielleicht auch kindliche Gefühl, an der – wie er es ohne Scham nannte – »Rettung des jüdischen Volkes« teilzuhaben.

Über zwei Monate lebten Tausende von Juden nun schon auf engstem Raum in den Lagern bei Zagreb. Devisenhändler gingen ein und aus, riskierten, jederzeit gefaßt zu werden und damit das gesamte Unternehmen zu gefährden. Die Menschen, die in den zwei Jahren seit der Befreiung von Tricks und kleinen Betrügereien gelebt hatten, Zigaretten, Armbanduhren, Diamanten und Gold gekauft und wieder verkauft hatten, waren zornig und verbittert. Sie glaubten den sauberen und unbescholtenen Gestalten nicht, die aus der Sonne Palästinas mit ihren sentimentalen Liedern, ihren Parolen, Appellen und ihrer Ideologie gekommen waren.

Mit rührseliger Höflichkeit, der es jedoch nicht an Pathos fehlte, verteilten die Eretz-Israelis kanadische Wolldecken, die der JOINT geschickt hatte, an die fünftausend armseligen, von Kälte und Schmutz gezeichneten Kreaturen, die sich in den Lagern um Belgrad aufhielten – insgesamt tausend Decken für fünftausend Menschen, Kinder, Alte und Frauen.

Die Ausgabe der Verpflegungspakete oder *k-rations* genannten eisernen Rationen, die auf die eine oder andere Art aus den Beständen der amerikanischen Streitkräfte in Europa organisiert wurden, unterlag strenger Kontrolle. Einige der jungen Leute, die schon bald an Bord der Anna gehen würden, waren erst kurz zuvor in ihren Verstecken entdeckt worden. Eine Frau sagte: »Wenn ich uns sehe, frage ich mich, wer zum Teufel uns denn haben will?«

Aus der Not und dem Bedürfnis nach Zusammenhalt waren Ersatzfamilien entstanden, die die Wanderschaft gemeinsam antraten, um weiter zusammenbleiben zu können. Nachdem sich die Menschen gefunden und ihre Alpträume für einige Zeit verdrängt hatten, spürten sie sogar eine bescheidene, verschämte Freude darüber, daß es nach allem doch noch Hoffnung gab, daß sie wieder ein Ziel hatten und trotz ihrer Vergangenheit vielleicht sogar eine Zukunft finden würden.

Mit Beginn des Winters, eines der schwersten seit Jahren, mußte ein größeres Durchgangslager ausfindig gemacht werden, da die Arbeiten auf der Anna und der Kedoscha länger dauerten als vorgesehen. So wurde ein unfertiges Gebäude der Maximir-Universität nahe Zagreb gepachtet, ein freistehendes Gebäude, das nicht die Aufmerksamkeit der britischen Agenten erregte, die als Bibliothekare verkleidet im Kulturzentrum von Zagreb arbeiteten.

Die Engländer hatten begonnen, die Soldaten der Jüdischen Brigade nach Palästina zurückzuverlegen, damit diese den Flüchtlingen nicht mehr helfen konnten. In Jugoslawien herrschten zudem strikte Notstandsverordnungen. Die rund dreißig Mitglieder des *Mossad leAlija Beth* und die Soldaten der Jüdischen Brigade bildeten die ganze »riesige« Division, die sich aufopferungsvoll um den Transport Hunderttausender von Menschen kümmerte. Nicht einmal der größte Heerführer der Welt wäre fähig gewesen, mit einer solchen Handvoll von Leuten ein ganzes Volk auf unwegsamen Pfaden ins Ungewisse zu führen. Die Menschen selbst waren es, die sich auf den Weg machen wollten. Die Eretz-Israelis waren bloß die Handlanger, denn das Volk, das an die Küsten strömte, wollte wahrhaftig nach Palästina. Einige blieben zurück, weil kein Platz mehr in den Schiffen für sie war, doch sie fanden in den frühen fünfziger Jahren andere Wege, nach Israel zu gelangen. Die überwiegende Mehrheit aber floh. Auch ohne die Eretz-Israelis wären diese Juden zur Küste gelangt und hätten gewartet. In den Jahren 1934 bis 1945 hatten einige auf eigene Faust altersschwache Kähne gekauft. Einige von ihnen ertranken unterwegs. Andere wurden von Schiffsmaklern betrogen oder aus Geldgier verraten. Dennoch waren die Menschen nicht davon abzubringen, sich auf den Weg zu machen.

Trotz der menschenunwürdigen Bedingungen im Lager und ungeachtet des übermächtigen Wunsches der Menschen, nach Eretz Israel auszuwandern, war der Abschied schmerzlich und quälend. Europa war die Wiege der jüdischen Kultur. Zweitausend Jahre hatten Juden dort gelebt. In ihrem Herzen mischten sich Haß und eine verschämte Liebe zum alten Kontinent, der sie seit Urzeiten mordete.

Shejke Dan kam in Begleitung eines ehemaligen Partisanenkommandanten ins Lager, der nach dem Krieg in Jugoslawien ein hohes Amt bekleidete. Die beiden Männer betrachteten das riesige, dem strengen Winter trotzende Lager, sahen Frauen, die in eiskaltem Wasser Wäsche wuschen, Schlangen von Menschen, die um Brot anstanden, sahen die Schande und die Trauer. Da sagte der Jugoslawe, die Zeit sei gekommen, die Fahne der jugoslawischen an die jüdischen Partisanen zu übergeben.

Auch in Bakar war es schwer, gute Handwerker zu finden, die die Arbeiten an den Schiffen zu Ende bringen konnten. Der vorzeitig hereinbrechende Winter machte ihnen zu schaffen. Es herrschte eisige Kälte, und ständig gingen schwere Regenfälle nieder.

Im November hatten Yossi und seine Kameraden schließlich keine andere Wahl mehr, als die Leute aus dem Lager in ein ehemals deutsches Lager zu verlegen, das die Jugoslawen zur vorübergehenden Nutzung bereitstellten. Beizeiten beschafften die Männer der Jüdischen Brigade und der TTG Lastwagen, die zur Tarnung mit Planen verhängt waren. An einem eisigen Wintertag war es dann soweit. In mustergültiger Ordnung wurden die Flüchtlinge zusammengerufen und auf die Lastwagen verladen, die in einer Kolonne abfuhren. Die Nacht war lang und finster. In einem abgelegenen Nest in den Bergen, inmitten ausgedorrter Landschaft, wurden die Insassen von den LKWs gehoben und auf drei angemietete Züge mit je vier Waggons verteilt. An der kleinen Bahnstation des Ortes mußten die Abfahrtszeiten nach der Leistungsstärke der Lokomotiven und der geplanten Reihenfolge ihrer Ankunft sortiert werden. Für den Fall, daß unvorhergesehene Probleme entstanden, wurden jedem Zug ein eretz-israelischer Begleiter sowie ein Verpflegungswaggon zugeteilt.

Die Waggons eines der Züge waren halb offen. Die Kinder liefen zwischen den Erwachsenen umher und suchten Schutz vor der Kälte. Ein Junge namens Mitka K., der als Zehnjähriger mit dem letzten Zug, der in aller Eile Auschwitz in Richtung Buchenwald verlassen hatte, deportiert worden war, betrachtete sich als Experten für diese Art von Reise. Es war seine zweite Fahrt in einem Zug. Mitka erzählte, daß die Deutschen, in panischer Angst vor dem Vormarsch der Roten Armee, Auschwitz überstürzt evakuiert und ihn zusammen mit Tausenden anderer Menschen in einen Zug mit offenen Waggons gepfercht hatten. Die nach den Qualen im Lager völlig entkräfteten Erwachsenen mußten zusammengekettet stehen, da es keinen Platz zum Sitzen gab. Die deutschen Soldaten, die auch unter der Kälte litten, peitschten sie aus, um sich aufzuwärmen. Es war tatsächlich sehr kalt. Die Menschen mußten stehen und erfroren langsam, ausgepeitscht und eng aneinandergedrängt.

Mitka drängelte sich zu einer Gruppe dicht beieinanderstehender Menschen durch und versteckte sich zwischen ihnen. Als er in Buchenwald ankam, waren die Menschen um ihn herum tot. Durch die wenige Wärme, die sie vor ihrem Tod noch ausgestrahlt hatten, und die Mauer, die sie um ihn bildeten, wurde er gerettet. Bei seinem Bericht versuchte er – vielleicht sich selbst – zu erklären, daß ungewiß war, ob sie ihn überhaupt gespürt hatten. »Aber ich war ein Kind und verdiente zu leben. Sie sind gestorben, um mich zu schützen, und vielleicht hatten sie auch genug gelebt.«

Bei ihrer Ankunft in Buchenwald hetzten die Deutschen Hunde auf die Häftlinge. Mitka floh in den Wald und gelangte einen Tag vor der Befreiung der Stadt nach Weimar. Danach streifte er ziellos durch das zerstörte Deutschland. Niemand wollte sich des verwahrlosten Jungen annehmen. Er tötete einen Hund, der ihn gebissen hatte. Und als er eine verwundete Taube fand, die in seinen Händen starb, begrub Mitka sie und konnte zum ersten Mal seit Beginn der Schrecken wieder richtig weinen, formte für sie aus Staub einen Grabstein, schmückte ihn mit vertrockneten Blättern und schrieb auf einen Fetzen Papier, den er an einem Blatt befestigte, den Namen seiner toten Mutter.

Jüdische Soldaten der amerikanischen Armee fanden ihn, als er sich in der Nähe von München herumtrieb. Wie er dorthin gekommen war, wußte Mitka nicht mehr. Und nun war er in dem zugigen Waggon auf dem Weg zur Anna, brachte den anderen Kindern bei, wie man sich zwischen frierenden Erwachsenen aufwärmte, die diesmal nicht tot, sondern lebendig waren, und nicht dem Tod in Buchenwald, sondern dem Leben in Eretz Israel entgegenreisten.

Heiser, mit blau gefrorenen Lippen, versuchten sie, ausgelassen zu sein und das Lied »Was ist angenehmer, als mit

Brüdern zusammenzusitzen« zu singen. Sehr angenehm, dachte Mitka. Dann lachte er das Lachen eines Jungen, der von Toten gelernt hatte zu leben, in deren Habseligkeiten er wühlte, wo er gelegentlich einen versteckten Ring fand, den er an die SS-Männer verkaufte. Wegen der Ringe und Diamanten, die er bei den Toten fand, ließen sie ihn leben. So konnte er sich vor der Befreiung noch ein, zwei Wochen Leben im Lager erkaufen. Mit Brüdern zusammenzusitzen sollte gut sein? Die Züge fuhren dem Hafen entgegen, in den Fenstern blauweiße Fahnen, die im eisigen Wind flatterten. Diese Menschen, die der französischen Polizei ebenso wie der englischen, österreichischen und tschechoslowakischen entwischt waren, die auch die amerikanische Militärpolizei hinters Licht geführt hatten, die mit ihren kleinen Kindern im Winter die verschneiten, steilen Berghänge hinabgeschlittert waren – diese Menschen saßen nun in den überfüllten Abteilen oder drängten sich in den offenen Waggons aneinander und hofften inständig, daß ihr Leiden bald ein Ende hätte.

Die Züge mußten von den Lagern bei Zagreb bis zum Hafen in Bakar eine lange Strecke zurücklegen. Der ursprünglichen Planung zufolge sollten die Schiffe für eine sechs- bis siebentägige Überfahrt ausgerüstet werden. Inzwischen war jedoch klar, daß sie für die Passage deutlich mehr Zeit benötigen würden, weshalb bei der Planung nun von 23 Tagen auf See ausgegangen wurde. Die Flüchtlinge auf der Anna allein benötigten 90 Tonnen Lebensmittel, also vier Tonnen pro Tag. Die tägliche Essensration für jeden an Bord umfaßte 350 Gramm Brot, 100 Gramm Marmelade, 150 Gramm Fisch oder Fleisch aus der Büchse, 80 Gramm Käse und als Aufmunterung – eine Zwiebel pro Person. Das schimmlige Brot war nur als Beilage zur trockenen Zwiebel gedacht.

Für Kleinkinder gab es keine geeignete Nahrung. Yossi war unermüdlich auf der Suche, fand hier und da mal eine

Clementine oder eine Orange, aber die meisten würden leer ausgehen. Zufällig entdeckte er in einem der Lagerräume eine kleinere Menge Äpfel, die er für die Kranken und die schwangeren Frauen beschlagnahmte. Den Rest würde er an die Kinder und die ältesten Leute an Bord verteilen. Das Brot, das sie in Bakar gekauft hatten, war – obwohl es nach einem deutschen, speziell für die Soldaten der Wehrmacht entwickelten Patent gebacken war und eigentlich fünfzig Tage lang frisch bleiben sollte – durch die Feuchtigkeit schimmlig geworden. Die Kinder sollten eine Extraportion »Penizillin«, wie das mit grünem Schimmel überzogene Brot an Bord genannt wurde, erhalten.

Yossi sagte, jeder Versuch, das übermächtige Verlangen der Menschen nach einem Platz auf einem der Schiffe zu erklären, sei wie der Versuch, die Sonne, die Luft oder eine frische Semmel zu beschreiben. Hunderttausende von Menschen, die in Momenten der Krise fragten: »Warum ist das passiert? Und warum ausgerechnet uns? Wo war der Gott Israels?«, wußten, daß es keine Antwort gab. Eine Frau erzählte: »Ich sah die eretz-israelischen Soldaten der Jüdischen Brigade. Anfangs freute ich mich, berührte ihre Abzeichen mit den hebräischen Buchstaben, war aufgeregt, einen Davidstern an ihrer Uniform zu sehen, als wären wir bereits in der Heimat. Doch dann wurde ich zornig auf sie. Ich wollte sie umbringen, ich schrie: Schöne Helden seid ihr, wo wart ihr bis jetzt?«

10. Kapitel

Am 2. November, dem Tag der Balfour-Deklaration, erreichten die Züge in zuvor festgelegten Zeitabständen einer nach dem anderen die Schiffe. Der letzte Zug verspätete sich und kam schließlich ohne Verpflegungswaggon, so daß die Rationen für alle an Bord noch weiter reduziert werden mußten. Fahnen wurden gehißt und die Schiffssirenen betätigt. Etwas Kindisches lag in diesem feierlichen Durcheinander. Yossi, der gerade mal siebenundzwanzig Jahre alt und nun für das Schicksal von über 3000 Menschen verantwortlich war, deren Verletzung und Wut er erst jetzt begriff, war mit den Ritualen pathetischer Deklamationen und Zeremonien aufgewachsen, die eine Art übertrieben feierliche Entschädigung waren für die eretz-israelische Ödnis, die Trockenheit, den Staub und die bleierne Hitze der Wüstenwinde. Vor einem Meer aus blauen Nummern, die von einem Opfer zeugten, das angenommen worden war, organisierte Yossi eine Parade, wie die Jugendbewegungen in Eretz Israel sie veranstalteten.

Anläßlich der Zeremonie trugen Yossi, Benjamin Yerushalmi und ihre Kameraden einheitliche Khakikleidung, die ihnen zugleich feierlich und militärisch erschien. Die Menschen am Kai hörten Schiffssirenen, blauweiße Flaggen wurden gehißt und immer wieder die *HaTikwa* gespielt. Als sie sich den Schiffen näherten, krempelten die Flüchtlinge trotz der Kälte ihre Ärmel hoch, Ärmel, die aus vier bis fünf Lagen von Kleidungsstücken bestanden, unter denen die Menschen schwitzten. Im gräulichen Licht erstrahlten die blauen Nummern. Sie alle waren für einen Moment nur noch Nummern und keine Menschen mehr. Yossi war erschüttert. Sie bemerkten seine Reaktion, seine mühsame Selbstbeherrschung – und lachten: »Nummer 14667, dos is mir!«

In Gruppen zu je fünfunddreißig kamen die Menschen an Bord. Zuerst lief die Anna aus und in ihrem Kielwasser die Kedoscha. Die Nacht zog sich, als wolle sie niemals enden. Am Morgen wurden Benjamin, Yossi und die übrigen Besatzungsmitglieder den Menschen an Bord über Megaphon auf hebräisch offiziell vorgestellt. Es herrschte völlige Stille. Die Vorstellung wurde ins Jiddische und danach auch ins Rumänische und Ungarische übersetzt. Alle hatten das Gefühl, als würde ein Kapitel abgeschlossen und doch gleichzeitig ein neues aufgeschlagen, das noch keinen Namen trug. Die Kälte nahm zu, und es gab nicht genügend Wasser, geschweige denn die Möglichkeit, Wasser zum Abwaschen oder Wäschewaschen zu erhitzen. Yossi stieg in den Bauch des Schiffes hinunter. Die Kinder, zumeist Waisen, hatten sich, gleich nachdem sie die jedem zustehenden dreißig Zentimeter mit Beschlag belegt hatten, in einem Winkel versammelt und angefangen, mit Knöpfen und einem Ball aus zusammengeknülltem Papier zu spielen. Die Hitze war unerträglich. Die Flüchtlinge, die niemandem trauten, trugen alle Kleidungsstücke, die sie besaßen am Leib. Überall stank es nach Schweiß. Yossi teilte über Lautsprecher mit, die Essensausgabe werde erst erfolgen, wenn Ordnung und Sauberkeit herrschten. Also kamen die Passagiere dieser Aufforderung nach.

Im Heck der Anna war man gezwungen, die Kabinen der Matrosen zu räumen, um dort eine provisorische Krankenstation einzurichten, wo die elf schwangeren Frauen untergebracht wurden, die Yossi – entgegen der ausdrücklichen Anweisung – mitgenommen hatte. Unter ihnen waren welche, die ihre Kinder im Krieg verloren hatten, und andere, die erneut geheiratet hatten. Auch solche, die in der Hoffnung, dem Vergessen trotzen zu können, schwanger geworden waren. Und schließlich fanden sich welche, die ein Kreuz um den Hals trugen und sagten, sie wollten nie wieder jüdische Kinder zur Welt bringen, da diese Opfer der Flammen würden. Eine junge Frau, mit unterdrücktem Zorn in den Augen, hob die Hände gen Himmel und schrie mit tiefem Schmerz in der Stimme: »Ihr seid Menschen. Wir sind Nummern, Nummern bringen keine Kinder zur Welt, die danach zu Menschen werden. Nummern gebären nur Nummern, und Nummern werden nicht mehr benötigt.«

Als alle Passagiere an Bord waren und ihre Pritschen bezogen hatten, versammelte Yossi die Repräsentanten der einzelnen Parteien und Jugendbewegungen, teilte ihnen mit, daß ein Komitee mit Yitzchak Artzi an der Spitze zu wählen sei, und sorgte dafür, daß es in einem für alle annehmbaren Verhältnis besetzt wurde. Man einigte sich auf Verfahrensabläufe und die Verteilung von Aufgaben. Trotz der schwierigen Bedingungen mußte alles wie ein Schweizer Uhrwerk funktionieren, damit eine Katastrophe ausgeschlossen wurde. Jede Flüchtlingsgruppe sollte dreimal am Tag Essen und Wasser bekommen. Träger wurden bestimmt, die Wasser in Eimern nach unten in die Schlafsäle tragen würden. Auch ein regelmäßiger Putzdienst wurde eingeteilt.

Aller Planung zum Trotz entstand in dem achtstöckigen Labyrinth im Bauch des Schiffes ein heilloses Durcheinander. Die Aufforderungen der Crew an die Flüchtlinge, Ordnung als existentielle Notwendigkeit zu betrachten, stießen auf instinktive Ablehnung. War doch die Ordnung in den letzten zehn Jahren der Feind gewesen. Es kostete viel Mühe, diese Menschen zur Selbstdisziplin anzuhalten und ihnen den besonderen Charakter ihres Zusammenlebens vor Augen zu führen. Sie standen nicht länger einem Feind gegenüber – und für sie war ja die ganze Welt der Feind –, sondern sich selbst.

Yossi und Yerushalmi wollten die Unruheherde, die sich ständig von neuem entzündeten, so lange beim ersten Aufflackern ersticken, bis sich die Menschen an das neue »Konzentrationslager« gewöhnt hätten, das sie dieses Mal freiwillig gewählt hatten.

Es gab Menschen, die plötzlich nicht mehr weiter wollten oder einfach nicht die Kraft hatten. Sie gaben auf, lagen halb tot auf ihren Pritschen und sehnten das Ende herbei. Vor lauter Erschöpfung und Verzweiflung wollten sie nicht einmal mehr an Deck, um zu essen oder wenigstens ihre Notdurft zu verrichten. Erst allmählich klammerte sich ein jeder an sein eigenes kleines Reich. In dieser schwimmenden Kleinstadt waren die Menschen begierig, eigenes Terrain abzustecken und zu markieren. Die gesamten fünfzig Zentimeter Koje wurden mit Stoff und Papier verhängt – ein symbolischer Versuch, sich eine Privatsphäre zu schaffen. Yossi organisierte Gruppen junger Helfer, die den alten Menschen helfen sollten, an Deck und wieder zurück in die Lagerräume zu gelangen.

Dabei stieß Yossi auf einen achtzehnjährigen Jungen, der als Dreizehnjähriger dem Tode entronnen war, indem er sich tot gestellt hatte. Er war von Ort zu Ort geirrt, hatte sich der Roten Armee angeschlossen, Trompete gespielt, war bis nach Sibirien und von dort zurück an die baltische Front gekommen. Bei Kriegsende war er als rumänischer Patriot in sein Elternhaus nach Bukarest zurückgekehrt, mit einem Bündel alter Kleider und einer Trompete. Keiner der Nachbarn wollte ihn dort haben. Man warf ihn aus seinem Elternhaus, das Fremde in Besitz genommen hatten. Seine Eltern waren verschwunden und ihr Schicksal ungewiß. Er erreichte das Schiff, mit aller Kraft die Trompete umklammernd – sein ganzer Besitz auf dieser Welt. Yossi, der sah, wie der Junge das Instrument festhielt, als sei es das letzte Überbleibsel seiner Familie, freundete sich mit ihm an, einer Mischung aus Mitleid und Ehrgefühl folgend. Er heftete ihm ein Band mit dem Symbol einer Trompete an den Ärmel, und wann immer es etwas mitzuteilen gab, nahm von nun an der Junge den ihm zugedachten Platz ein und trompetete. Yossis Fähigkeit – oder vielmehr Bedürfnis –, den jungen Mann zu verstehen, entsprach zwar seiner Persönlichkeit, basierte jedoch ebenso auf dem Selbstverständnis des *Mossad leAlija Beth*, der Organisation, der er angehörte und deren Mitglieder als »dienender Adel« bezeichnet wurden. Diese Menschen arbeiteten allein, ein jeder auf sich gestellt, in den großen Städten, den Wäldern und auf geheimen Schmugglerpfaden. Ihre Einstellung resultierte aus dem unmittelbaren Kontakt mit den Überlebenden. Einer von ihnen sollte es so ausdrücken: Ich sah die halbverhungerten rumänischen Juden, abgerissen und heruntergekommen, wie sie an den Grenzen hin- und hergestoßen wurden. Diesen Menschen waren Schüsse oder Verhaftung gleichgültig. Und Yossi sagte einmal: Wir, hier in Eretz Israel, hatten immer ein Zuhause, in das wir zurückkehren konnten, eine Familie, Freunde. Die Grausamkeit dessen, vollkommen allein zu sein, habe ich um so stärker empfunden.

Dieser Junge also, der nun ein Abzeichen am Ärmel trug, das Yossi gefunden hatte, trompetete ununterbrochen, damit die häßliche Gegenwart eine Zukunft und einen, wenn auch ungewissen, Glanz bekam.

Auf der Krankenstation taten Ärzte Dienst, die problemlos in dieser riesigen Menschenansammlung zu finden gewesen waren. Sie bestanden darauf, die Syphiliskranken, die Yossi trotz der Ansteckungsgefahr unter keinen Umständen an Land hatte zurücklassen wollen, in Quarantäne zu nehmen. Doch durch die Quarantäne fühlten sich die Frauen ausgestoßen, zurückgesetzt gegenüber den anderen, »freien« Passagieren dieses riesigen Internierungslagers, und ihre Tränen schmerzten Yossi. »Auch guter Wille schützt vor Dummheit nicht«, sagte er sich immer wieder. »Diese Frauen sind unschuldig. Sie wurden von Deutschen vergewaltigt.« Und er sorgte dafür, daß sie gut gepflegt wurden. In ihren Augen sah Yossi den Vorwurf des Verrats. Die Frauen lagen isoliert, und niemand wagte es, sich ihnen zu nähern.

Angesichts Tausender von Menschen, die sich aneinander vorbeizwängten, zusammenstießen und sich gegenseitig an die Schiffswände drängten, wurde beschlossen, die Abläufe an Bord zu ändern. Da sich die Menschen im Labyrinth der Flure immer wieder von neuem verirrten, bedurfte es einer organisierten Form der Fortbewegung. Yossi und Benjamin legten fest, daß Leitern ausnahmslos von der rechten Seite zu besteigen seien. So entstand ein ständiger Kreislauf. Wenn jeder an Bord nur zweimal am Tag an Deck kam, ergab sich daraus die enorme Summe von vierzehntausendmaligem Auf- und Niederstiegen, was nur funktionieren konnte, wenn alle in eine Richtung liefen.

Yossi teilte dem Krankenblock, aus dem die Schreie der gebärenden Frauen drangen, drei zusätzliche Eimer Wasser zu. Die Not und der Hunger der schwangeren Frauen waren schwer mit anzusehen. Benjamin und Yossi wußten nicht, wie sie noch zu ihrer Beruhigung beitragen konnten. Jeder mit Wasser gefüllte Eimer, der nach unten getragen wurde, kam dem Versuch gleich, das Feuer der Hölle mit einem Tropfen zu löschen. Die Eimer mußten umgehend wieder an Deck befördert werden, weil auch sie nicht in ausreichender Menge vorhanden waren.

Da unmittelbar nach dem Auslaufen ein Sturm aufgekommen war, der wie ein riesiger Wasserfall auf die Schiffe einpeitschte, konnte sich Yossi erst nach zwei Tagen schlafen legen. Es war die sogenannte Bora, ein in der Adria gefürchtetes Phänomen, eine Art jäh auftretender, trockener, kalter Fallwind, der mit hoher Geschwindigkeit von den kahlen Bergrücken herunterfegte, durch keine Wälder abgeschwächt, und sich dann unvorhergesehen des mitgeführten Regens entledigte. Die Wassermassen stürzten auf die Schiffe hernieder, und binnen Minuten erreichten die Wellen eine Höhe von sechs bis sieben Metern.

Die beiden Schiffe tanzten wie Nußschalen auf dem Wasser und wurden allmählich durch den böigen Wind auf die felsigen Inseln zugetrieben. Der Kapitän der Anna wollte den Versuch unternehmen, den nahe gelegenen Hafen von Zava anzulaufen, doch bei dem Sturm konnte er das Schiff nicht auf Kurs halten. Hätte er an seinem Plan festgehalten, wäre das Schiff gewiß gesunken. Die Anna war folglich gezwungen, zwei Anker zu werfen, die jedoch nicht das geringste bewirkten. Die Strömung riß sie mitsamt der Anker fort. Yossi und Yerushalmi berieten sich und setzten nach Absprache mit dem Kapitän die Schiffsschraube in Gang. So gelang es ihnen, wenigstens an Ort und Stelle zu bleiben und nicht auf die Klippen zuzudriften.

Die Kedoscha – oder die »Kleine«, wie Yossi und seine Leute sie nannten – teilte über Funk mit, daß ihre Maschine stehengeblieben sei und sie von den Brechern auf ein Minenfeld zugetrieben werde. Der griechische Kapitän der Anna meinte, ein dem Untergang geweihtes Schiff zu führen, verzweifelte, bekreuzigte sich und wartete auf sein Ende. Yossi stieg in den Schiffsbauch hinab und machte den Menschen Mut. Sie erbrachen sich und fragten: »Und nun? Dafür der ganze Aufwand?«

Die Anna näherte sich hüpfend der Kedoscha. Noch bevor sie bei ihr angekommen war, hieß es, deren Maschine sei zu neuem Leben erwacht. Doch zwei Stunden später setzte der Schiffsdieselmotor erneut aus. Wieder wurden Yossi und seine Kameraden alarmiert, machten kehrt und warfen Taue zum Schwesterschiff aus, doch vergebens. Die Kedoscha trieb mit achthundert jungen Menschen an Bord unaufhaltsam auf das verminte Gebiet zu. Von der Brücke der Anna aus sahen Yossi und Benjamin, wie das Schiff vom

Wind hin und her geworfen wurde und in den Wellentälern schlingerte.

Die Wellen schlugen bis zu den Davits empor, und noch immer war es Yossi und seinen Männern nicht gelungen, die Kedoscha ins Schlepptau zu nehmen. Mit äußerster Anstrengung kämpfte Yossi sich zur Brücke vor, stets vom Wind zurückgeworfen. Die Davits drohten zu brechen und schlugen heftig gegen die Bordwand. Der Wind wurde immer stärker, und dunkle, schwere Wolken entluden sich in kurzen, heftigen Zornesausbrüchen wie eine Felslawine von den Bergrücken in die Bucht.

Auf einmal drehte der Wind, die Kedoscha trieb nach rechts ab und wurde so vor den Minen gerettet. Doch die Kursänderung war zu abrupt. Das Schiff trieb nun auf eine Untiefe zu, schrammte an den Felsen entlang, erbebte unter einem heftigen Schlag, und Wasser drang ins Schiffsinnere. Auch auf den Klippen spielte der Wind weiter mit der Kedoscha, trieb das in der Dünung schwankende Schiff einige Meter ins Meer zurück und warf es dann immer wieder auf die Felsen. Es begann auseinanderzubrechen. Die jungen Leute an Bord handelten instinktiv. Bei jedem neuen Schlag sprang ein Teil von ihnen vom Schiff auf die Felsen. Yossi befürchtete, die jungen Flüchtlinge könnten zu waghalsig sein und zwischen dem sinkenden Schiff und den Felsen zermalmt werden. Doch sie wußten zu überleben und hatten gelernt, sich selbst zu helfen. Niemand ertrank. Von ferne sah Yossi zu, wie die Menschen die sicheren Klippen erreichten. Ruhig und ohne Panik kauerten sie sich auf den Felsen zusammen und warteten, während der sintflutartige Regen unvermindert auf sie herunterpeitschte.

Der Kapitän der Anna gestand Yossi und Yerushalmi, daß er keine Karte des verminten Gebiets habe, obwohl ihm bekannt gewesen sein mußte, daß die Fahrrinne sehr eng und die Bucht für Wetterumschwünge berüchtigt war. Yossi war unbehaglich zu Mute. Die Bora blies von Osten, so daß es nicht damit getan war, dem Minenfeld auszuweichen. Bei derart starkem Wind konnten sich die altersschwachen Minen jederzeit aus ihrer Verankerung lösen und mit der Strömung auf die Anna zutreiben.

Die Anna stoppte. Wieder wurden die Anker geworfen, und Yerushalmi und Yossi suchten nach einem Weg, die auf den Felsen festsitzenden jungen Leute zu erreichen. Ein vorüberziehendes Fischerboot alarmierte ein in der Nähe kreuzendes jugoslawisches Kriegsschiff. Yerushalmi ging an Bord und bat in seiner direkten, ungeschliffenen, doch achtunggebietenden Art um Hilfe. Der jugoslawische Kapitän faßte die Bitte als Befehl auf und ließ Kurs auf die Insel nehmen, die nichts weiter war als eine große, vorgelagerte Felsnase, die von einem Nebel aus Wellen und Regen verborgen war.

Es goß in Strömen. Auf einen Schlag wurde es dunkel. Die ganze Nacht hindurch wurden die Schiffbrüchigen geborgen und an Bord des jugoslawischen Kriegsschiffs gebracht. In Decken gehüllt saßen sie grüppchenweise an Deck, drängten sich aneinander, um sich zu wärmen. Erst als Yossi und Yerushalmi sie beim ersten Morgengrauen durchzählten, konnten sie erleichtert aufatmen: Alle achthundert Flüchtlinge waren gerettet.

Die Kedoscha, die vom Sturm pausenlos auf die Klippen geschlagen wurde, begann zu sinken. Yerushalmi bemühte sich, mit Hilfe der Jugoslawen noch rechtzeitig soviele Vorräte wie möglich von dem sinkenden Schiff zu bergen.

Das jugoslawische Kriegsschiff geleitete die Anna in den Hafen von Šibenik, einer zwischen Zara und Split gelegenen Kleinstadt. Shejke Dan wurde benachrichtigt und setzte alle Hebel in Bewegung, um den Flüchtlingen zu helfen.

Sie hatten keine andere Wahl, als so schnell wie möglich zusätzliche Plätze auf dem verbleibenden Schiff zu schaffen. Rund um die Uhr wurde in fieberhafter Arbeit an Deck ein mit Planen abgedecktes Zeltdach errichtet, um weitere

Schlafplätze einzurichten, die vor dem Wetter geschützt und von den zu erwartenden britischen Flugzeugen aus nicht zu bemerken waren. Im Bauch des Schiffes mußten die Menschen noch enger zusammenrücken. Die achthundert jungen Schiffbrüchigen wurden in zwei Gruppen unterteilt: Die eine Hälfte von ihnen wurde nach unten verlegt und die andere an Deck untergebracht.

Inzwischen waren bereits vier der für die Überfahrt veranschlagten sechs Tage verstrichen. Das verschimmelte Brot, das niemand mehr essen konnte, wurde ins Meer geworfen. Yossi und Benjamin gingen an Land und organisierten mit Hilfe eines jugoslawischen Beamten eine riesige Sammlung von Kleidungsstücken und Ausrüstungsgegenständen für die Schiffe. Außerdem brachten sie eine weitere Aktion in Gang, die aus der Distanz wie aus einem Hollywoodfilm wirken mußte: Ganz Šibenik wurde aufgefordert, Brot zu backen. Tausende Laibe Brot wurden im Laufe der Nacht in Backstuben, Wohnhäusern, Restaurants und auf den kleinen Gehöften außerhalb der Ortschaft gebacken. Genaugenommen sparten sich die Bewohner Šibeniks diese Gabe, die den Brotbedarf der Stadt für eine ganze Woche gedeckt hätte, vom Munde ab. Die Flüchtlinge gingen an Bord, bildeten eine mehrere hundert Meter lange Menschenkette und ließen das Brot, die Kohlen und warmen Kleidungsstücke sowie die übrigen Gegenstände von Hand zu Hand bis in die Lagerräume des Schiffes wandern.

Noch während des Beladens bekam eine Frau eine Blinddarmentzündung und wurde per Kran an Land abgesetzt, gefolgt von ihrem Mann, der weinend und vom Kummer gebeugt von Bord ging. Fast gleichzeitig kam die Meldung, eine der schwangeren Frauen habe ihr Kind zur Welt gebracht. Yossi lächelte: »Wir haben eine kranke Frau an Land gebracht und ihr Mann ist auch von Bord gegangen. Wir haben also einen gewonnen und zwei verloren.« Jetzt befanden sich insgesamt 4042 Menschen an Bord der Anna: 2100 Männer, 1487 Frauen und 455 Kinder, zu denen bis zum Ende der Reise weitere zehn hinzukommen sollten.

Wieder machte sich die Anna bei langsamer Fahrt auf den Weg. Sie zog die jugoslawische Grenze entlang und hielt sich wegen der Minengefahr dicht unter Land. Kaum hatten sie die Adria glücklich hinter sich gelassen und das Ionische Meer erreicht, brach erneut ein schwerer Sturm los, und das Schiff war nicht zu steuern.

An jenem Morgen, während die aufgepeitschte See mächtige Wellen schlug, wurde das zweite Kind geboren. Doch der Sturm riß eine schwere Tür aus den Angeln, die das Neugeborene zerquetschte. Der Anblick des toten Babys, diese erstarrte Unschuld, erschütterte Yossi in einem Maße, das ihn selbst erstaunte; immerhin hatte er schon einiges im Leben gesehen. Nach Auschwitz auf diese Art ein Kind zu verlieren. Yossi ging zu der verzweifelten Mutter und wich nicht von ihrer Seite. Auch ohne Worte teilte er ihren Schmerz.

Yossi beschloß zu handeln. Er bestellte einen der Rabbiner zu sich und bat, eine Bestattung zu organisieren. Zu seiner Bestürzung behauptete der Rabbiner, der Säugling müsse zunächst beschnitten werden. Yossi hielt es für besser, nicht zu widersprechen. Doch vor der Beschneidung mußten sie dem toten Jungen einen Namen geben. Die Mutter war nicht in der Lage zu sprechen. Der Vater war verzweifelt und niedergeschlagen. Alle standen um die schluchzende Mutter, die auf einem wackligen Tisch im Bauch des Seelenverkäufers lag. Neben ihrem Lager entflammte eine Diskussion, als ein anderer Rabbiner widersprach, nach der *Halacha* bestünde keine Notwendigkeit zu einem Gebet, da das Neugeborene nicht lebensfähig sei und daher auch nicht beschnitten werden müsse. Die Debatte war grotesk. Yossi hatte niemals damit gerechnet, daß der erste Tote an Bord ausgerechnet ein Säugling sein würde. Es wurde beschlossen, ihn auf See zu bestatten.

Man wartete bis zur Nacht, der Anblick wäre bei Tageslicht zu schmerzlich gewesen. Eine leere Konservenkiste wurde gesäubert, das Kind hineingelegt und die Kiste verschlossen. Der Vater, ein gläubiger Mann, sagte das *Kaddish*. Alle weinten. Yossi wickelte die Kiste in eine Nationalflagge, beschwerte sie mit einem Stück Ankerkette, und da sich ein dritter Rabbiner eingefunden hatte, der erklärte, es bedürfe keiner Trauerrede, hielt Yossi eine schlichte Zeremonie ab. Unter Deck lag die Mutter und schluchzte. Es ging bereits auf Mitternacht. Der Vater stand mit ihnen oben an Deck und zitterte. Auf Yossis Bitte hin war der Kapitän in voller Uniform zu der Bestattung erschienen, und Yossi war aufgewühlt wie schon seit Jahren nicht mehr. Etwas an dieser Situation machte ihm angst. Wer bin ich? Wer gibt mir das Recht? Er riß sich zusammen, wartete, bis sich eine hohe Welle auftürmte, salutierte ruhig und gab schließlich den beiden Matrosen Anweisung, den Säugling über eine Planke, die vom Deck in die See ragte, den Wellen zu überantworten.

Das Wetter wurde besser, und sie näherten sich allmählich dem Peloponnes. Als sie im Labyrinth der kleinen, vorgelagerten Inseln waren, kam erneut ein schwerer Sturm auf, der das Schiff mit Macht hin und her warf. Sie waren gezwungen, die Geschwindigkeit auf vier Knoten zu drosseln. Die Wellen und der starke Wind trieben das Schiff auf die Küste zu. Der Kapitän und die Matrosen waren wie betäubt. Es gab keinerlei Möglichkeit mehr, das Schiff zu steuern. Genaugenommen gab es gar nichts mehr, was man hätte tun können. Yossi stand auf der Kommandobrücke und dachte: Noch einen Moment und das Schiff wird auf die felsige Küste geworfen und wie die Kedoscha auseinanderbrechen. Nur daß sich diesmal an Deck und im Bauch des Schiffes nicht nur junge Leute befanden, sondern Alte und Kranke, schwangere Frauen und Kinder. Die vierhundert jungen Flüchtlinge harrten an Deck aus, wo sie nach dem Untergang der Kedoscha untergebracht worden waren, und verfolgten angesichts der Naturgewalten mit derselben entsetzten Ohnmacht, wie erneut ihr Schiff zu zerschellen drohte.

Yossi wußte, daß nicht genügend Rettungsboote für viertausend Menschen zur Verfügung standen. Auch nicht für vierhundert. Ja, nicht einmal für vierzig. Er wußte, daß es keine Rettungsringe gab. Er wußte auch, daß die wenigsten an Bord schwimmen konnten. Er versuchte, den Menschen Mut zu machen, und bat das Mandolinenorchester, das er einige Tage zuvor gegründet hatte, zu spielen. Die Frauen schleppten sich halb ohnmächtig vor Seekrankheit an Deck, stemmten sich gegen den Wind – und spielten. Eine von ihnen brach bewußtlos zusammen, ein Kind schlug gegen das Hauptkabel, ein Schiffskran löste sich aus seiner Verankerung, und zwei Matrosen versuchten vergebens, ihn wieder festzuzurren. Wie Treibholz wurde das Schiff von der unbarmherzigen Strömung geradewegs auf die Klippen zugespült, die mit jedem Augenblick größer wurden.

Bei Sonnenaufgang wußten alle, daß das bittere Ende gekommen war. Und während sie noch mit übernächtigtem Blick auf der Kommandobrücke standen, gefangen in ihrer Hilflosigkeit gegen die Kräfte der Natur, ereignete sich wie in einer antiken Sage – die legendenumwobenen griechischen Inseln vor Augen, Sparta, mit dessen Kriegen, Sitten und Aufständen gegen die Athener sich Yossi seit seinem ersten Besuch in Griechenland intensiv beschäftigt hatte – das Wunder: Der Wind, der sie bis zu diesem Moment zielstrebig auf den Peloponnes zugetrieben hatte, drehte innerhalb von Minuten um neunzig Grad. Das Schiff, das noch wenige Augenblicke zuvor an den Klippen zu zerschellen drohte, schwenkte in der Brandung sanft herum und wurde von der Küste weg auf die offene See getrieben. Inzwischen war die Sonne aufgegangen. Das Schiff lag nun ruhig in der Dünung und machte sichere Fahrt. Das Orchester spielte, und die Menschen, die eben noch vor lauter Angst den Atem angehalten und alle Anweisungen strikt befolgt hatten, stürmten lärmend an Deck, um Wasser zu trinken, zu reden und stundenlang für die Latrinen anzustehen. Die Anna hielt nun Kurs Richtung Ost und umrundete den Peloponnes. Der Wind ließ allmählich nach.

Die Kinder, die in Auschwitz und den anderen Lagern groß geworden waren, kamen an Deck und suchten Yossis Nähe. Sie fingen an zu reden, wollten, daß der eretz-israelische Kommandant ihnen zuhörte. Die Erfahrung der Todesnähe überflutete sie mit Erinnerungen, die sie in dem verzweifelten Bemühen zu vergessen tief in ihrem Innern weggesperrt hatten. Yossi war ein Fremder, war anders, keiner von ihnen, doch mit dem Instinkt von Überlebenskünstlern vertrauten sie ihm. Er eroberte die Herzen dieser Waisenkinder, dieser jungen Menschen mit den verbrannten Wurzeln. Auf ihre Art stellten sie seine Verwundbarkeit auf die Probe, um ihm langsam und mit äußerster Vorsicht ihre Zuneigung zu zeigen. Ihnen war wichtig, daß wenigstens einer, der nicht dort gewesen war, verstand.

Ein Junge ließ sich auf der Reling nieder, Sonnenstrahlen brachen sich tanzend ihren Weg durch die Wolken. Er erzählte, er habe gesehen, wie sich bei der Auflösung des Ghettos Kinder, die er aus der Schule kannte, gegen den elektrischen Zaun warfen. Ein anderes Kind erzählte stockend, wie allen Kindern einer Klasse mitsamt ihrer Lehrerin, der Schulleiterin und einer Frau, die nur zufällig vorbeikam, die Schädel zertrümmert wurden, indem man ihre Köpfe aufs Pflaster schlug. Und von Chanka, die geschrien habe: »Ich bin erst sieben, tötet mich nicht!« Worauf der Deutsche lachte und sie zwang, den Leichnam ihrer toten Mutter zu küssen, bevor er sie erwürgte. Ein anderer berichtete, wie die Deutschen in einem Ort bei Minsk abgerichtete Rottweiler auf sie hetzten und die Gestapo sich einen Spaß daraus machte, Kinder in die Brunnenschächte zu werfen; wie Hitlerjungen Yitzchak, Mishka und noch ein paar andere Kinder an eine Wand stellten und als Zielscheiben benutzten.

Aus den Lautsprechern erklang jetzt das Violinkonzert von Beethoven. Wie immer standen die Menschen für irgend etwas an: Wasser, Brot oder die Latrinen. Yossi trennte sich von den Kindern und ging zur Sitzung des Schiffskomitees. Dort wurde beschlossen, täglich eine Zeitung in vier Sprachen herauszugeben. Ein Redaktionsstab wurde gewählt und ebenso die Mitglieder des Kulturausschusses. Journalisten, Schriftsteller und Dichter wurden vom Funker mit bruchstückhaften Informationen versorgt, und was sie nicht zu hören bekamen, erfanden sie einfach.

Yossi schaffte Platz, den es eigentlich gar nicht gab, und richtete einen Jugendclub ein. Für verschiedene Themenbereiche wurden Diskussionsrunden organisiert: Lyrik, Judentum, Bibelkunde, Geschichte von Eretz Israel, Zionismus, Sozialismus, Geschichte, Philosophie und Kunst. Die Aktivisten der jeweiligen politischen Parteien führten lautstarke Streitgespräche. Yossi stellte amüsiert fest, daß auch an Bord jeder recht behalten wollte und daß die ideologischen Debatten – etwa um Landstriche in Eretz Israel, die keiner von ihnen je mit eigenen Augen gesehen hatte – verbissen und voller Inbrunst geführt wurden.

Shmuel Katz (später Karikaturist für die Zeitung *Al HaMishmar*) zeichnete die täglich erscheinenden Karikaturen und ließ es sich nicht nehmen, stets einen Kommentar beizufügen, etwa: »Heute wird Kuchen verteilt« oder »Ab heute wird nicht mehr gearbeitet – inständiges Bitten zwecklos«. Die Gesprächsrunden deckten ein zunehmend breiteres Themenspektrum ab: Leninismus, russische Literatur, Schopenhauer und die Stellung der Frau. Dickens, Shakespeare. Die Diskussionen beschäftigten die Menschen und lenkten sie von der aufgewühlten See und der chronischen

Enge ab, ermöglichten ihnen, in eine andere Welt abzutauchen. Die Debatten drehten sich um die Zukunft der Nation ebenso wie um Napoleons vernichtende Niederlage in Rußland, behandelten den Stellenwert der Persönlichkeit in der Geschichte auf Grundlage der Schriften Plechanovs, beschäftigten sich mit Borochov und seiner umgekehrten Bevölkerungspyramide, mit Charles Netter, dem Erbauer und Gründer der Siedlung Mikwe Israel, oder mit Elieser Ben-Yehuda, dem Erneuerer der hebräischen Sprache.

Sie beschlossen, in einer Wahl ihren Vertreter für den im nächsten Monat geplanten Zionistenkongreß zu bestimmen. Jemand organisierte Stempel, mit denen vorher offensichtlich Ausweise gefälscht worden waren. Vierzig Wahlurnen wurden überall auf dem Schiff aufgestellt, und inmitten des Chaos standen die Menschen, die angesichts der lautstarken Wahlkampfparolen bis zum letzten Augenblick unschlüssig waren, und wählten voller Enthusiasmus ihren Vertreter für den Zionistenkongreß.

Die griechische Besatzung hatte bereits angekündigt, daß sie nicht für die gesamte Überfahrt bis zur palästinensischen Küste zur Verfügung stehe. Vor der Insel Kamilanisi vereinbarten sie ein Treffen mit einem Fischerboot, das die Männer wie verabredet zurückbringen sollte. Auch Benjamin Yerushalmi mußte von Bord gehen. Ihm war die Aufgabe zugefallen, ein weiteres Schiff vorzubereiten. Er durfte also kein Risiko eingehen und nicht den Briten in die Hände fallen, die eine hohe Belohnung auf seinen Kopf ausgesetzt hatten. Außerdem war er gewählt worden, die Menschen an Bord der Anna auf dem Zionistenkongreß zu repräsentieren.

Da Yerushalmi die karge, unbewohnte Insel mit dem großen Berg kannte, schlug er vor, dort vor Anker zu gehen. Als er die Henrietta Szold zusammen mit Samak dorthin gebracht hatte, hatten ihm die griechischen Einwohner erzählt, daß im Jahre 1940, also einige Jahre zuvor, ein aus Bratislava kommendes und von den Flüchtlingen selbst finanziertes Schiff namens Pentcho vor Kamilanisi gestrandet war, weil die Briten das kleine Schiff nicht passieren ließen. Es lief auf die Klippen und brach auseinander. Der Kapitän und die Besatzung setzten sich ab. Die Juden blieben ohne Nahrungsmittel, ohne Wasser und ohne ein Dach über dem Kopf auf der unbewohnten Insel zurück. Sie wurden von einem italienischen Aufklärer entdeckt und von einem italienischen Kriegsschiff nach Rhodos gebracht. Alle 509 Passagiere wurden den Deutschen übergeben. Die jedoch ließen aus unerfindlichen Gründen wissen, sie hätten kein Interesse an ihnen. So kamen die Juden nach Italien und wanderten nach dem Krieg geschlossen nach Israel aus.

Yossi würde nun allein das Kommando haben. Er versammelte die Mannschaft und zeigte auf, mit welchen Problemen zu rechnen sei, sobald das Schiff nicht mehr von der griechischen Besatzung geführt wurde. Das Schiffskomitee sicherte ihm seine Unterstützung in allen Belangen zu.

Unweit der Insel näherte sich ihnen wie geplant ein Fischerboot der *Mossad LeAlija Beth* und nahm Benjamin Yerushalmi und die griechische Besatzung an Bord. Während die Männer das Schiff verließen, standen Yossi, nun Kommandant der Anna, und der Navigator Ruben Hirsch, der zum neuen Kapitän ernannt worden war, an der Reling und versuchten einige Besatzungsmitglieder zum Bleiben zu überreden. Yossi machte deutlich, er habe viertausend Menschen an Bord und brauche wenigstens ein paar ausgebildete Matrosen. Doch bis auf den zweiten Maschinisten, der sogar das Kommando über den Maschinenraum übernahm, war keiner umzustimmen. Sie hatten Angst. So war Yossi gezwungen, nicht nur jenes »Auschwitz auf dem Wasser« nach Eretz Israel zu überführen, sondern auch noch aus den Flüchtlingen eine Mannschaft zu rekrutieren. Dabei hatte er, nun Kommandant des Schiffes, sein ganzes seemännisches Wissen auf kleinen Kähnen in der Mündung des Yarkon erworben.

Geeignete Leute zu finden, war kein einfaches Unterfangen. Die Überlebenden der Shoah waren nicht gerade in glänzender körperlicher Verfassung. Aber Yossi und der erfahrenere Ruben fanden dennoch einige junge Frauen und Männer, denen sie beibrachten, das Steuer zu halten, mit einem Kompaß umzugehen, sich auf Seekarten zurechtzufinden und ständigen Kontakt zum Maschinenraum zu halten, der ebenfalls besetzt werden mußte.

Als das Schiff auf Kurs Ost dicht unter der türkischen Küste lief, entbrannte bei einer Versammlung des Schiffskomitees, das sich aus Vertretern aller Parteien zusammensetzte, eine heftige Debatte über die Beschriftung der Transparente, die entrollt werden sollten, falls das Schiff aufgebracht würde. Wie in einem absurden Theaterstück saß Yossi Harel dem Komitee des Schiffes vor, auf dem es dreizehn Latrinen für viertausend Menschen gab, Kinder, die gerade auf improvisierten Operationstischen zur Welt gekommen waren, knappe und zum Teil verschimmelte Essensrationen und schwindende Wasservorräte – und diskutierte lautstark und voller Begeisterung über Parolen auf Spruchbändern.

Yossi erinnerten die Überlebenden auf dem Schiff an ein tausendfaches Chanita. Nach Krieg, Lager, Erniedrigung, unsagbaren Verlusten und unmenschlichen psychischen Qualen, nach entbehrungsreicher Wanderschaft bei Kälte, Hitze und Hunger, waren sie stolz, Kämpfer und nicht länger Opfer zu sein. Dies allein war für Yossi eine Quelle, aus der er Kraft und immer neuen Ansporn schöpfen konnte, in der zugleich aber auch ein kompliziertes logistisches Problem lag. Die Jüngeren an Bord meldeten sich voller Eifer, leider jedoch ohne jegliche Erfahrung, für die unterschiedlichsten Aufgaben. Sie sahen sich selbst als wagemutige Guerillakämpfer. Jemand sagte einmal, eine Idee könne zuweilen neues Feuer in ausgedörrten Knochen entfachen und sei nicht verantwortlich für den, der an sie glaube.

Unter der neu zusammengestellten Besatzung fiel ein humpelnder junger Mann auf, dem bei der Zwangsarbeit, beim Bäumefällen in den verschneiten Wäldern, die Füße abgefroren waren. Er konnte nur mit Mühe stehen, wollte aber nicht auf sein Anrecht verzichten, Kohlen aus den Magazinen zur Maschine zu schleppen. Er erzählte, wie die Deutschen in einem Städtchen am Ufer des Njemen die Juden zusammengetrieben hatten, darunter auch seine Eltern und seine gesamte Familie; wie sie die Menschen mit Schüssen in den Fluß gehetzt und, sobald sie das tiefe Wasser erreichten, zur Umkehr gezwungen hatten. So sei es wieder und wieder gegangen, bis die Gepeinigten am Ende ihrer Kräfte waren. Doch niemand habe geschrien, niemand um Gnade gefleht, während die Deutschen sie tanzen ließen – das Volk Beethovens liebte Tanz und Musik. Am Ende erschossen sie die Juden, deren Leichen von der Strömung weggetrieben wurden.

Yossi mußte aus diesen Flüchtlingen Matrosen machen, die auf der Brücke und im Maschinenraum arbeiten konnten. Die Seefahrt erlernte man nicht, wenn man zwei Jahre lang in den Wäldern unterwegs war und davon träumte, die Strände von Eretz Israel zu erreichen, die – wie in den Märchen, die sie sich selbst erzählten – an den ihnen zugänglichen Küsten Europas begannen. Von der eisernen Blockadepolitik der Briten wußten sie, wollten jedoch nicht darüber nachdenken.

Probleme mit der Stromversorgung zwangen Yossi, Elektriker für kleinere Reparaturen und provisorische Notlösungen auszubilden. Das Schiffskomitee bestand darauf, weiterhin täglich je eine Zeitung auf jiddisch, hebräisch, rumänisch und ungarisch herauszugeben, wozu etliche Menschen benötigt wurden. Das Schiff kroch nur so dahin. Die ursprüngliche Berechnung der Fahrtdauer war längst verworfen. Die Zeit verstrich, und der Hunger wurde immer quälender. Auch das Trinkwasser nahm rapide ab. Trotz aller Bemühungen gelang es nicht, die Geschwindigkeit des Schiffes zu erhöhen. Allerdings mußten sie behutsam vorgehen und jede Überlastung vermeiden, damit dieses altersschwache, schlingernde Schiff nicht in den Fluten versank.

Mit dem Improvisationsvermögen, das sie zuvor am Leben erhalten hatte, gelang es den Flüchtlingen, das Schiff zu bemannen, obwohl es unter gut viertausend Menschen nur zwei ausgebildete Matrosen gab. Sie fanden Mittel und Wege, für die Kinder und schwangeren Frauen möglichst nahrhaftes Essen zuzubereiten. Yossi entdeckte unter den Flüchtlingen einige Köche, und diese entwickelten völlig neue Rezepte: Sie mischten ein wenig Brot mit Zwiebeln und Sardinen und kochten diesen Brei auf den glühendheißen Seitenwänden der Druckkessel im Maschinenraum.

Ein Fundbüro wurde eingerichtet, wo junge Frauen schichtweise Dienst taten, damit die Menschen Verlorenes wiederfinden konnten, denn ihre wenige Habe war alles, was ihnen geblieben war. Das Orchester aus Flöten und Mandolinen spielte regelmäßig an Deck und bei den Versammlungen der Kinder. Yossi verteilte ein wenig Brot, wann immer Kinder, die nicht an Gesang und Spielen teilnehmen mochten, ohnmächtig zu werden drohten. Am Abend wurde im Heck des Schiffes ein Konzert gegeben und das Orchester um ein Akkordeon, eine Trompete und einige Geigen aus einem Streicherensemble bereichert, das, wie sich herausstellte, in einem der KZs gespielt hatte. Das Konzert endete feierlich mit dem Lied der *Palmach*. Hunderte versammelten sich an Deck, um zuzuhören. Yossi schickte auch einige Musiker in die entlegensten Winkel des Schiffes, um die Menschen, die dort stöhnend lagen, von ihren Schmerzen abzulenken. Über Lautsprecher waren Vorträge über die Punischen Kriege zu hören, über die Eroberung des Chefertals in den dreißiger Jahren, über Immanuel Kant, der sein Leben lang Königsberg nicht verlassen hatte, wo die Menschen ihre Uhren nach seinen täglichen Spaziergängen stellten.

Sie beschlossen einstimmig, zwischen der türkischen Küste und Zypern zu kreuzen, um so auf dem schnellsten Weg Iskenderun zu erreichen. Am Steuer stand nun eine hochgewachsene, kräftige Frau, die das Schiff gekonnt auf Kurs hielt. Ihr Name war Ruth, und Yossi versuchte, sie zum Reden zu ermuntern. Meist schwieg sie und wollte nicht über das sprechen, was sie im Krieg getan oder nicht getan hatte. Doch ab und zu öffnete sie sich ihm plötzlich, erzählte etwas, betastete die Nummer auf ihrem Arm, lachte über sich selbst, weigerte sich aber, den Tränen, die sich in ihr aufgestaut hatten, freien Lauf zu lassen. Sie steuerte das Schiff mit Hingabe, erlernte schnell alles dazu Notwendige und bemühte sich sehr, ihre Fertigkeit weiter zu perfektionieren.

Was Yossi immer wieder auffiel, war die Art, wie die jungen Leute dastanden. Aus Gewohnheit versuchten sie immer noch, größer zu wirken, als sie tatsächlich waren, denn in den Lagern waren die Jugendlichen nach Größe eingeteilt worden. Die Kleinen schickte man in die Öfen. So hatten sie ausgeklügelte Methoden entwickelt, sich optisch zu strecken. Yossi zog es das Herz zusammen. Und die junge Frau am Steuer meinte: »Wir sind alle gebrochene Menschen – wandelnde Kadaver.«

Agnes, das traurige, verlorene und mutige sechzehnjährige Mädchen mit der Tätowierung der SS auf der Brust, schrie nachts im Schlaf. Yossi saß am Kopfende ihres Nachtlagers und versuchte, sie zu beruhigen. Er brachte ihr die Gedichte Rachels bei. Sie liebte es, seiner Stimme zu lauschen, und lernte die Verse aus seinem Mund. Und wenn sie sang »Ich habe dich nicht besungen, mein Land, habe deinen Namen nicht geschmückt durch Heldentaten und Schlachten«, stellte sie für Yossi den Inbegriff des Heldentums dar. Möglich, daß er sie beneidete, und vielleicht war es gerade das, was die Kinder spürten und an ihm liebten:

Insgeheim waren sie stolz darauf, daß ein so starker, erfahrener und erwachsener Mann sie beneidete ...

Gegen Abend sah Yossi ein etwa zwölfjähriges Mädchen, das neben einem der Davits vor einem Akkordeonspieler stand, der, so schien es, für die Fische spielte, und ihn mit sehnsüchtigem Blick bedachte. Jemand, der vorbeikam, sagte, das Mädchen könne wunderschön singen, schäme sich jedoch. Inzwischen waren die Geiger an Deck gekommen. Das Mädchen näherte sich zaghaft und berührte eines der Instrumente. Und als griffe die Kleine den Ton des Akkordeons auf, fiel sie in das Vibrato einer Geige ein und begann zu singen. Gerade kamen zwei Gruppen von je einhundert Personen an Deck, um zu essen und zu trinken. Tief berührt blieben sie stehen. Die Stimme des Mädchens ließ sie erzittern.

Über Nacht wurde dieses Mädchen zum gefeierten Star des Schiffes. Gemeinsam mit Agnes sang sie voller Inbrunst das Lied der Partisanen, das sie aus den Durchgangslagern wie geistigen Proviant mitgenommen hatten: »Sog nicht keinmal as du gejst dem letzten Weg, Himmeln bleierne verstellen bläue Tag ...« Und mit Tränen in den Augen, als sei eine längst verschüttete Erinnerung wieder in ihr erwacht, sang die Kleine dann »Mein Stetl brennt«. Und schließlich noch etwas auf rumänisch. Beim Singen wiegte sie den ganzen Körper, wie in einem Tanz. Hunderte hungriger und durstiger Menschen standen reglos da und weinten. Danach lief das Mädchen unter Deck. Und das Meer tobte.

Eines Tages bemerkte Yossi während der Überfahrt, daß auf der Knesset Israel die Befeuerung mit Kohlen nur schleppend voranging. Unten im Maschinenraum herrschte eine Hitze von 50 bis 60 Grad. An Deck probte bei strömendem Regen das Orchester für eine Feier, die für den Abend geplant war. Eine Frau namens Esther M. leitete in einem der modrigen Lagerräume die Proben für ein Theaterstück, das in der Nacht aufgeführt werden sollte. Yossi ging hin, um nachzusehen, was die Befeuerung derart verzögerte. Er bemerkte, daß neben einem der Rettungsboote, von denen es auf dem Schiff nur wenige gab, einige der Heizer offenbar eine kurze Pause einlegten. Rußgeschwärzt waren sie aus der Hitze des Glutofens an Deck gekommen. Sie verschmolzen wie eine aus mehreren Körpern geformte Skulptur, ihre Köpfe ruhten aneinander, die Hände hielten die Schultern des Nebenmannes umfaßt. Sie standen so dicht gedrängt, einer an den anderen gepreßt, daß man nicht ausmachen konnte, zu welchem Kopf die Hand gehörte, die herabsank, und zu welcher Hand der Kopf, der plötzlich zurückfiel. Die Skulptur war erstarrt, alle Augen aufs Meer gerichtet. Yossi spürte die gespannte Stille, ein Grauen, das wie ein Schleier von ferne herangezogen kam, ein altes Grauen, das anderswo beheimatet war. Obwohl ihre Blicke aufs Meer geheftet waren, bemerkte Yossi, daß die Männer es nicht wirklich sahen. Das Meer, das sie betrachteten, war nicht in ihren Augen.

Etwas abseits von ihnen stand isoliert ein junger Mann, wie an die Decksplanken gefesselt, in Einsamkeit gehüllt. Auch er war heraufgekommen, um frische Luft zu schnappen. Auch er blickte aufs Meer und sah es nicht. Neben der vielköpfigen, vielhändigen Skulptur wirkte er verlassen, sein Verharren endgültig. Er zitterte. Sein Weinen war ihm in den Augen gefroren. Seine Einsamkeit hatte etwas Unbeugsames und wirkte zugleich wie der Versuch, die fliehenden Wellen festzuhalten, die er wegen der Tränen, die über sein Gesicht rannen, nicht wirklich sehen konnte. Für einen Moment nur richtete er seinen leeren Blick auf Yossis Schritte. Die Gruppe und der Alleinstehende sahen sich nicht an. Man spürte wohl, daß er und die zu einer Skulptur verschmolzene Gruppe zusammengehörten, dennoch schien eine Mauer zwischen ihnen zu stehen.

Im Zentrum der vielhändigen Skulptur stand, wie in einer Blase, eine junge Frau. Ihr weißes Gesicht war blaß von Schmerz, fahl wie eine verblichene Fotografie. Sie schwieg.

Ihr auf der Schwelle zum Schrei stockendes Schweigen und das des einsamen jungen Mannes führten eine Art erbittertes Zwiegespräch. Beide blickten für sich in einen gemeinsamen Abgrund und schwiegen.

Yossi wußte das Bedrückende dieser Szene zunächst nicht einzuordnen. Er forschte nach, stellte Fragen, und so erfuhr er, daß der junge Mann mit vierzehn Jahren im KZ dazu eingeteilt worden war, die neuen Transporte in Empfang zu nehmen. Am Lagereingang hatte es einen schmalen Korridor gegeben, der zwischen zwei Stacheldrahtzäunen hindurchführte. An seinem Ende gabelte er sich in zwei Pfade, von denen der eine zum Arbeitslager führte und der andere zu dem, was der junge Mann im Verlauf seiner Geschichte als »die Öfen« bezeichnete. An der Weggabelung stand ein deutscher Arzt, der die Menschen mit einer Handbewegung selektierte. Plötzlich bemerkte der Junge eine junge Frau, die ein Kleinkind auf dem Arm trug und vorwärts hastete, während eine ältere Frau, die wie ihre Mutter aussah, hinter ihr herstolperte. Wenige Schritte vor dem Selektionspunkt, als der Deutsche für einen kurzen Moment das Gesicht abgewendet hatte, riß der Junge das Kleinkind aus den Armen der entsetzten Mutter und gab es in die Hände der Alten. Die Mutter schrie, er hörte nicht auf sie. Der Arzt bekam von all dem nichts mit, richtete den Blick wieder auf die Menge und wies die Mutter ins Arbeitslager. Nach einigen Tagen versuchte die junge Frau, mit gebrochenem Herzen, sich das Leben zu nehmen, doch die anderen in ihrem Block hinderten sie daran. Und hier nun an Deck, in einer stürmischen Nacht, vor dem Hintergrund der Klänge des Frauenorchesters, wurde Yossi Harel aus Jerusalem Zeuge der ersten Begegnung zwischen dem Jungen und jener Frau. Der ersten Begegnung, seit er ihr das Kind entrissen hatte. Ohne Zorn. Ohne Vergebung. Ohne einen Blick. Ohne Verurteilung. Nur Ohnmacht, vermischt mit einem Grauen, das vor langer Zeit schon erstarrt war.

11. Kapitel

Es kam einem Wunder gleich, daß das Schiff ohne richtige Besatzung vorankam, obwohl sich die See gegen es verschworen zu haben schien und besonders rauh war. Die Dauer der Reise übertraf inzwischen selbst die düstersten Prognosen, die im Verlauf der Überfahrt wieder und wieder korrigiert werden mußten.

Als sie kurz vor der türkischen Küste waren, wußte Yossi, daß die Stunde der Wahrheit näherrückte. Er rief das Schiffskomitee zu einer Krisensitzung zusammen. Das ohnehin knappe Trinkwasser wurde immer schmutziger. Die Öfen fraßen gierig die wenige noch vorhandene Kohle, und schon bald würde man die Maschine mit den Brettern, aus denen die Schlafkojen gebaut waren, füttern müssen. Yossi bot den Mitgliedern des Komitees gerade saure Gurken und Fruchtsaft an, als sie ein Flugzeug über dem Schiff kreisen hörten.

Gebückt liefen sie an Deck. Die einmotorige Maschine ging noch etwas weiter herunter, bis sie fast auf Höhe der Masten war. Aus dem Versteck hinter der Plane konnte man den Piloten sehen. Er funkte: »Wer seid ihr?« Yossi lief zur Kommandobrücke und signalisierte zurück: »Wir sind ein Frachtschiff!« Das Flugzeug funkte erneut, und Yossi antwortete: »Wir sind ein unter panamaischer Flagge fahrendes Frachtschiff von 1800 Tonnen, mit achtzehnköpfiger

Besatzung, auf dem Weg von Algier nach Alexandria mit Zwischenstopp in Iskenderun.

Das Flugzeug drehte ab. In der Hoffnung, der Pilot habe die Menschen an Bord nicht gesehen, beschloß Yossi, den Kurs beizubehalten, und ordnete an, daß sie von jetzt an nur noch bei Nacht und völliger Verdunkelung fahren würden und die Menschen künftig nur noch im Schutz der Finsternis an Deck kommen dürften.

Um gewappnet zu sein, sollten alle mit technischem Sachverstand an Bord des Schiffes Waffen herstellen, aus welchen Materialien auch immer. Yossi nahm an, die Briten würden nicht zögern, anzugreifen. Also fertigten sie Waffen aus Konservenbüchsen, Kohlenstaub und verbranntem Dieselöl. Die ruhelose Menge kam in Wellen aus dem Bauch des Schiffes an Deck, als über ihren Köpfen weitere Flugzeuge auftauchten. Wie aufgeschreckte Mäuse versuchten die Menschen zu fliehen, doch plötzlich überflutete aus allen Richtungen gleißendes Scheinwerferlicht das Deck und erleuchtete diese Szene von Menschen, die mitten im Lauf erstarrten.

Ein Zerstörer, den Yossi und seine Mannschaft zuvor nicht hatten ausmachen können, kreuzte mit einem Mal längsseits. Vor Wut und Frustration und in Ermangelung wirksamer Waffen fingen die Menschen aus einem Impuls heraus an, die *HaTikwa* zu singen, und jemand verkündete aufgeregt: »Amnon, eines mußt du wissen: So vereint waren wir nur in den Krematorien.«

Die Flugzeuge drehten in Richtung syrische Küste ab, und der Zerstörer, der in diesen Gewässern nicht leicht zu manövrieren war, zog sich schwerfällig zurück. Yossi wußte, daß dies nur eine vorübergehende Atempause war. Die improvisierten Waffen wurden herbeigeholt, und jeder übte sich in der ihm zugeteilten Funktion und Aufgabe.

In jener Nacht ließ Yossi alles hinter sich, stand auf der

Kommandobrücke, bis aufs äußerste angespannt, und suchte konzentriert nach dem Berg Musa Dagh.

Fast schon auf Kurs nach Eretz Israel, entdeckte er schließlich mit Hilfe des Fernglases einen hohen Berg südöstlich von Antakya, dem biblischen Antiochia am Orontes. Mit einem Mal war Yossi wieder der Junge aus Jerusalem, der sich mit seinem Freund Zwi Safektor gegenseitig Abschnitte aus dem Buch Franz Werfels über den Völkermord an den Armeniern vorlas. Für einen Moment fühlte er sich einsam und verlassen wie noch nie zuvor in seinem Leben. Viertausend Menschen waren ihm anvertraut, viertausend Musa Daghs, deren Leben allein von seinem persönlichen Geschick abhing, ohne daß er Befehle erhielt, geschweige denn Hilfe, oder mit Menschen debattieren und sich austauschen konnte, die die Verantwortung mit ihm teilten. Er war allein. In jenem Augenblick fühlte er, wie alles in Einklang zu kommen schien, als gäbe eine große Weltenuhr den Schlag vor: Der Berg Moses'. Moses auf dem Berg Sinai. Moses, der das Gelobte Land schaut, doch nie erreichen wird.

Die Armenier, die dem großen Morden entronnen waren und im Süden der Türkei in Enklaven lebten, hatten ihre Dörfer verlassen. Sie wollten nicht deportiert oder wie ihre Brüder abgeschlachtet werden und zogen – insgesamt fünftausend Menschen – auf den Gipfel des Musa Dagh. Sie schleppten die wenigen Vorräte mit sich, die ihnen geblieben waren, ihr Vieh, ihre Herden und was sie an Gerätschaften aus ihren Häusern hatten mitnehmen können. Der mächtige, nackte und nach Westen steil ins Meer abfallende Fels wurde zu ihrer natürlichen Fluchtburg – und inmitten ebendieses Meeres stand Yossi nun auf der Kommandobrücke seines Schiffes und sah genau, wo die Ausläufer des Massivs endeten, und konnte die zerklüfteten Felsen erkennen, die den Fuß des Berges umringten und so eine uneinnehmbare, hochgelegene Festung schufen.

Er dachte an Chanita. An Yitzchak Sadeh. An verlorene Kriege, in denen einige wenige der Übermacht standgehalten hatten. An sein Leben als Kämpfer in einem aussichtslosen Krieg und an das, was er noch würde tun können. Stein auf Stein und Fels auf Fels ragte vor seinem inneren Auge der Berg wie eine riesige Pyramide in die Höhe. Oben harrten Tausende von Armeniern aus, während die Türken nach vergeblichen Erstürmungsversuchen dazu übergingen, sie zu belagern, bis sie starben. Yossi kam der Gedanke, die fünftausend auf dem Berg eingeschlossenen Armenier gehörten womöglich einer anderen Zeit an, einer Zeit außerhalb der Zeit, in der sich nun auch die Flüchtlinge an Bord des von ihm geführten Schiffes befanden.

Yossi konnte nicht wissen, was Jahre später der armenisch-amerikanische Schriftsteller William Saroyan schreiben würde: »Ich möchte irgendeine Macht auf der Welt sehen, die versucht, diese Rasse zu vernichten, diesen kleinen Stamm unbedeutender Menschen, deren sämtliche Kriege in einer vernichtenden Niederlage endeten, deren gesellschaftliches Gefüge in sich zusammenfiel, deren Literatur nicht gelesen, ihre Musik nicht gehört und ihre Gebete nicht erhört werden. Vorwärts, zerstöre Armenien! Du wirst schon sehen, ob du es vermagst. Schicke die Armenier ohne Nahrung und Wasser in die Wüste. Zünde ihre Kirchen an. Und dann sieh, ob sie wieder lachen, singen und beten werden. Denn wann immer zwei von ihnen sich begegnen, unwichtig an welchem Ort auf der Welt, wirst du feststellen, daß sie ein neues Armenien schaffen.«

Auf dem Berg – das wußte Yossi »Amnon« Hamburger – war die Verteidigung von einem Oberkommando organisiert worden. Als die Türken näher rückten, wurden sie zurückgeschlagen, aber die Situation der Belagerten wurde immer verzweifelter. Die Vorräte waren fast aufgebraucht. Da richteten sie eine Stange auf, an der sie die Rot-Kreuz-Fahne befestigten, und schwenkten Plakate über dem Meer, auf denen sie forderten: »Christen – helft uns!« Doch genau wie die Juden in La Spezia, die um Hilfe schrien, wurden sie von niemandem gehört.

Um Nahrungsmittel herbeizuschaffen, hatten die Armenier Ausfälle ins nahe Aleppo gemacht und mit Todesverachtung gekämpft; sie waren verzweifelt, doch nicht einen Augenblick lang bereit, ihr Recht auf Unabhängigkeit aufzugeben. Auf dem Musa Dagh hatten sie sich einen winzigen Staat geschaffen – genau wie die Flüchtlinge an Bord. Wie eine Art riesige Pyramide, ein Weltwunder. Sie rezitierten Gedichte, führten Theaterstücke auf, veranstalteten tiefschürfende Diskussionen über politische und philosophische Fragen und wählten eine oberste Führung. Yossi, der sich nahezu uneingeschränkt mit Werfels Schilderung identifizierte, dachte an das gegenseitige Vertrauen, die Lieder und Tänze, mit denen die Belagerten dem Elend begegnet waren, an den kleinen, mutigen und sich zu Tode hungernden Militärstaat. Jetzt wurde ihm klar: Hier bei sich hatte er die viertausend Überlebenden einer anderen Katastrophe. Dort waren die 40 Tage, die Moses auf dem Berg Sinai zugebracht hatte und die Werfel als Symbol gedient hatten. Dort stand Gabriel Bagradian, der Held des armenischen Kampfes, der wie Moses aus einem Schilfkorb geborgen und im Haus des Pharaos aufgewachsen war; der wie Moses ursprünglich nicht zur Führungspersönlichkeit geschaffen war, ein Mann des Geistes und der Phantasie, wankelmütig, entwurzelt und heimatlos, bis ihn die Macht der Ereignisse mitriß und zur Erfüllung seiner Aufgabe zwang, durch die er zu jenem Helden wurde, der die Feste auf dem Musa Dagh befehligte. Und wie Yossi übernahm er die Verantwortung für das Leben Tausender Männer, Frauen und Kinder. Am Ende der von Werfel erdachten Geschichte bleibt der Führer allein zurück. Verraten. Er schließt sich nicht der großen Rettungsaktion an, sondern wird von der Kugel eines türkischen Soldaten getroffen und stirbt auf dem Grab seines geliebten Sohnes. – Noch nie hatte sich Yossi derart einsam gefühlt. Er war allein.

Die sanitäre Situation an Bord wurde immer kritischer. Nicht nur waren kaum noch Latrinen vorhanden, auch die Süßwasservorräte gingen zur Neige. Die Wasserleitung im Bauch des Schiffes, die die jungen Leute mit Meerwasser versorgte, machte die Hitze im Maschinenraum ein wenig erträglicher. Yossi stand auf der Brücke und verkündete übers Megaphon, womöglich aus Spaß, denn eine andere Waffe als den Humor hatte er zu dem Zeitpunkt schon nicht mehr: »Von jetzt ab ist es verboten, krank zu sein!«

Erneut tauchte über ihnen ein britischer Bomber auf, und alle flüchteten unter Deck. Wie zuvor funkte der Brite die Aufforderung, sich auszuweisen. Eigentlich war spätestens jetzt klar, daß Spielereien keinen Sinn mehr hatten. Dennoch antwortete Yossi, der Name des Schiffes sei Heilige Anna. Sie scien auf dem Weg von Iskenderun, um eine Ladung Baumwolle nach Port Said zu bringen.

Als das Flugzeug wieder verschwunden war, begannen sie fieberhaft, alles an Deck zu demontieren: Die provisorischen Aufbauten und Duschen wurden ins Meer geworfen, alles brennbare Material nach unten in den Kesselraum geschafft, um es dort zu verfeuern. Es galt, so schnell wie möglich den Eindruck eines gewöhnlichen Frachtschiffs zu erwecken, das auf seiner normalen Route unterwegs war. Es war ein Versuch, und alle hofften, er werde gelingen. Doch es kam anders. Zwei Zerstörer tauchten aus der Dunkelheit auf. Yossi wußte, nun gab es nichts mehr zu verlieren. Er rief alle Menschen an Deck. Die Briten morsten, man solle davon absehen, die Menge gegen sie aufzuhetzen. »Ihr brecht das Gesetz«, lautete ihre Botschaft. Und Yossi erwiderte, das Schiff mit dem Namen HaMeri HaIvri – »Der hebräische Aufstand« – sei unterwegs nach Eretz Israel, und die Menschen an Bord würden wie Löwen gegen jeden kämpfen, der versuche, das Schiff zu entern.

Inzwischen hatten sie Tripoli passiert, mit den beiden britischen Zerstörern beständig an ihrer Seite. Jemand kam zu Yossi auf die Brücke und berichtete, sein Freund sei ins Meer gesprungen, um schwimmend die Küste zu erreichen. Zwischen ihnen und der Küste lagen noch 17 Meilen. Yossi stürzte zum Ruder, drehte das Schiff um 180 Grad, und die Engländer versuchten zu begreifen, was vor sich ging. Über Funk teilte ihnen Yossi mit, daß ein Mann über Bord gegangen sei, *man overboard* in der Seesprache. Da beschleunigte einer der beiden Zerstörer auf volle Kraft, um den in Seenot geratenen Mann zu bergen. Der Bug des Zerstörers, der wie ein Pfeil dahinflog und dabei gewaltige Wellen schlug, hob sich einem Rennboot gleich aus dem Wasser. Yossi hockte auf seinem Seelenverkäufer mit dem stolzen Namen HaMeri HaIvri, der wie eine Schildkröte vorankroch, sah den Feind übers Wasser fliegen und murmelte bei sich: »Wie naiv war doch der Gedanke, wir könnten zur Küste durchbrechen.«

Eine halbe Stunde später teilte der Zerstörer mit: »Euer Mann befindet sich bei uns, er ist gesund und unversehrt.«

Yossi dachte nicht daran, sich zu ergeben. Das Drama ging weiter, als sei nichts geschehen – der Zerstörer kam wieder heran, ließ nicht von seiner Beute ab, berührte fast die Außenbordwand der Anna, während an Deck das Jaulen der Sirenen ertönte. Yossi verlas die Reden, die er über den Funker aus Palästina erhalten hatte, über das Recht des jüdischen Volkes auf eine Heimat. Und die Briten ihrerseits verlangten die bedingungslose Kapitulation.

Der ungewöhnlichen Bitte der Engländer, eine Botschaft direkt übermitteln zu dürfen, die von allen Flüchtlingen an Bord gehört würde, entsprach Yossi sogleich. Die Mitteilung wurde über einen leistungsstarken Lautsprecher verbreitet: »Wir wollen euch nichts tun. Aber wenn ihr euch der palästinensischen Küste nähert, werden wir angreifen. Benötigt ihr medizinische Hilfe?« Yossi gab zurück: »Wir werden gemeinsam mit unseren Passagieren über euren Vorschlag nachdenken.« Worauf die Briten ihre Drohung wiederholten: »Jeder Versuch, die Territorialgewässer Palästinas zu erreichen, bedeutet einen Verstoß gegen geltendes Recht, für den ihr verhaftet werdet.« Als Antwort hielt Yossi eine flammende Rede: »Die Menschen hier kommen aus deutschen Konzentrationslagern in ganz Europa und beabsichtigen nicht, diese gegen britische Konzentrationslager einzutauschen. Meinen Sie etwa, wir hätten diese Überfahrt mit einer Vergnügungsreise auf der Queen Mary verwechselt? Über 4000 Frauen, Männer und Kinder befinden sich unter menschenunwürdigen Bedingungen auf diesem kleinen Schiff. Sind Sie überhaupt in der Lage, sich das Elend der Frauen hier auszumalen? Das Elend der gebärenden Frauen? Sind wir denn Verbrecher? Warum verfolgen Sie uns als seien wir Raubtiere? Sir, können Sie sich tatsächlich vorstellen, daß ein Mensch aus freien Stücken bereit ist, in ein Konzentrationslager zu gehen, auch wenn es sich dabei um ein britisches handelt? Wir werden um unser Recht auf Leben kämpfen. Wir werden uns mit allen Mitteln verteidigen: Mit unseren Körpern und mit bloßen Händen, mit Flaschen, Knüppeln, Rohren und Benzin.«

Yossi wählte seine Worte mit Bedacht. Seine Ansprache sollte signalisieren, hier war von David und Goliath die Rede. Wie ein großer Redner brachte er sein Anliegen auf den Punkt und zitierte zitternd vor Wut Churchills Worte – für die es keinen passenderen Moment hätte geben können –: »Wir werden auf dem Strand kämpfen. Wir werden in den Straßen kämpfen. Wir werden an Deck der Schiffe kämpfen.«

Die Briten ignorierten all diese Anspielungen und erwiderten trocken: »Widerstand wird eure Situation nur verschlechtern.« Und dann ertönte eine andere Stimme: »Hier spricht der Kommandant. Großbritannien kämpft für die Freiheit der gesamten Welt und ihre Befreiung aus den Fängen der Nazi-Okkupation. Ihr wärt schlecht beraten, die Öffentlichkeit gegen euch aufzubringen. Britannien hat sich stets als euer treuer Verbündeter erwiesen.«

Yossi antwortete nicht darauf. Der riesige Zerstörer war inzwischen wieder nah herangekommen und kreuzte längsseits, nur wenige Meter entfernt. Die Menge an Bord schrie den britischen Soldaten zu: »Palestine! Palestine!«

Die beiden Zerstörer trieben ihre Spielchen mit dem Schiff, kamen näher und drehten wieder ab. Ihre Manöver peitschten die Wellen noch stärker auf, so daß das Schiff ins Schlingern geriet. Von nahem konnte man die britischen Offiziere mit ihren weißen Stahlhelmen erkennen. Am Horizont tauchte bereits die Küste auf. Die Anna lief jetzt mit voller Kraft voraus, machte vier Knoten in der Stunde, und einer der beiden Zerstörer umkreiste sie. Während er noch versuchte, die logistischen Probleme zu lösen, vergaß Yossi keinen Augenblick, daß fast sämtliches Holz an Bord bereits verfeuert war, daß es keine Gelegenheit zum Liegen oder Sitzen mehr gab, die Menschen krank waren und immer mehr Salzwasser in das marode Trinkwasserleitungssystem eindrang. Genausowenig jedoch vergaß er, daß er den Engländern die verzweifelte Lage an Bord nicht offenbaren durfte. So machte er weiter, schwankend zwischen Verzweiflung und der Hoffnung, daß die jüdische Armee, die von den Kindern an Bord auf Geheiß ihrer Gruppenleiter besungen wurde, ihnen von den zusehends näherrückenden Stränden Eretz Israels zur Hilfe kommen werde. Insgeheim hoffte er: Chanita soll kommen. Oder Tel Amal. Die *Haganah* soll kommen. Oder der *Etzel*. Hauptsache, irgend jemand kommt.

Die Führung des *Yischuw* jedoch war zu ebendiesem Zeitpunkt mit einer törichten Diskussion beschäftigt: Welchen Namen sollte das Schiff tragen? Aufgeregte, dringliche Telegramme trafen ein, mit der Anweisung, den provokativen Namen des Schiffes, HaMeri HaIvri, durch die

Bezeichnung Knesset Israel, die Sammlung Israels, zu ersetzen.

Amnon, alias Yossi Hamburger, war anderer Meinung. Dieser neue Name war nichtssagend. Ungeachtet der dramatischen Situation versuchte er zu argumentieren, zu überzeugen und zu erklären, daß gerade jetzt und gerade für die verzweifelten und erschöpften Menschen an Bord der kämpferische Name überaus bedeutsam sei. Aber man ließ ihm keine Wahl. Er bekam unzweideutig mitgeteilt, daß die Entscheidung feststehe. Jemand hängte sich über die Bordwand und schrieb den neuen Namen, Knesset Israel, an den Bug des Schiffes. In der Ferne waren die Höhenzüge Galiläas und der Carmel zu erkennen. Liebevoll und wortreich erklärte Yossi den Flüchtlingen, was sie da sahen, obwohl er bereits überzeugt war, daß sie schon sehr bald auf Deportationsschiffe verfrachtet würden. An Deck stehend berichtete Yossi dem Schiffskomitee, daß beim Obersten Gerichtshof in ihrem Namen ein Antrag auf sofortige Aussetzung gestellt worden sei, und daß der Anwalt der *Jewish Agency*, Dr. Bernard Joseph, der spätere Minister Dov Josef, eine Liste aller Passagiere erhalten habe und die Mandatsregierung wegen unzulässigem Freiheitsentzug verklagen werde.

Nun, da sie keine Lebensmittel, kein Trinkwasser und keinen Treibstoff mehr hatten, forderte Yossi – wie Samson unter den Philistern – in den Hafen von Haifa einlaufen zu dürfen. In seinen Funkrufen wandte er sich direkt an die Kommandostäbe der *Haganah* und der *Palmach*: »Wir treffen alle Vorbereitungen, um die Passagiere an Land zu bringen. Ihr habt zugesichert, dort zu sein. Ihr müßt massiven Widerstand organisieren. Es ist unsere Absicht, den gesamten *Yischuw* für die Einwanderung kämpfen zu lassen. Er hat sich aktiv für die Überreste des jüdischen Volkes einzusetzen.«

Im Zuge der Auseinandersetzungen würde es später drei

Tote, darunter ein sechzehnjähriger Junge, und Dutzende von Verletzten, auch viele Briten, zu beklagen geben, doch der *Yischuw* und seine Kampfeinheiten, an die sich Yossi jetzt mit verzweifelten Aufrufen wandte, war nicht gekommen. Der Kai im Hafen von Haifa lag verlassen da. Weder von der *Palmach*, noch von der *Haganah*, noch von den Menschenmassen, die zum Hafen kommen sollten, um ihre heimkehrenden Brüder und Schwestern zu empfangen, war etwas zu sehen. Dennoch befahl Yossi den menschlichen Wracks, die bei ihm waren – voller Skrupel und mit gebrochenem Herzen – Widerstand zu leisten.

In der Einfahrt zur Bucht von Haifa näherten sich die beiden Zerstörer bis auf wenige Zentimeter, und kräftige, mit Schlagstöcken bewaffnete Soldaten sprangen an Deck der Knesset Israel, um strategisch wichtige Punkte auf dem Schiff zu besetzen. Der Befehlshaber der Marinesoldaten drang in den Funkraum ein.

Haifa lag vor ihnen, die Dächer der Stadt waren schwarz von Menschen. Ohne einen Tropfen Treibstoff, ohne Proviant und Trinkwasser gelang es der Knesset Israel in einem letzten Kraftakt an der Mole festzumachen. Nun mußte nur noch die Gangway herabgelassen werden. Die beiden Zerstörer gingen längsseits vor Anker. Am Kai wimmelte es von britischen Marinesoldaten, Polizisten und arabischen Hilfspolizisten.

Während noch auf englisch der Befehl zum Angriff wiederholt aus den Lautsprechern hallte, begannen die Briten, über Leitern das Schiff zu entern. Doch sie wurden von den Menschen an Bord mit aller Kraft zurückgestoßen und fielen ins Wasser. Drei Kompanien von Marinesoldaten versuchten nacheinander, das Schiff zu stürmen – und scheiterten. Die Flüchtlinge waren wild entschlossen, zornig und verzweifelt. Die Qual der dreiundzwanzig Tage dauernden Überfahrt auf der »schwimmenden Via Dolorosa« entlud sich nun explosionsartig. Wie von Sinnen stießen die Menschen mit Enterleitern nach den Angreifern der britischen Zerstörer. Zur Linken ankerte bereits die Empire Weywood, ein Deportationsschiff, das die jüdischen Flüchtlinge nach Zypern schaffen sollte. Genau zu dieser Zeit traf noch ein weiteres, mit britischen Matrosen bemanntes Schiff ein. Yossi fragte sich fassungslos, wo die Vertreter der *Jewish Agency* blieben.

Vom Kai ertönten über Lautsprecher immer neue Aufforderungen, das Schiff zu verlassen. Ein weiterer Versuch der Briten, das Schiff einzunehmen, schlug fehl. Noch ein kurzer Aufschub für die Menschen an Bord. Ebenso wie Yossi überlegten sich auch die Engländer ihr weiteres Vorgehen.

Dann kam das Signal, das die zweite Phase des Angriffs einläutete: Ein Hagel von Gasgranaten ging über dem Schiff nieder. Hunderte von Geschossen. Binnen Sekunden herrschte unerträgliche Atemnot. An Deck befanden sich zu jenem Zeitpunkt etwa 1500 Mann – die Kämpfer –, während alle übrigen sich im Bauch des Schiffes aufhielten: 2500 Frauen und Männer, Säuglinge, Kranke und alte Menschen. Ein Teil der Gasgranaten, die auf dem Deck aufschlugen, rollten ins Schiffsinnere. Panik erfaßte alle. Wie ein Bienenschwarm drängten die Menschen nach Luft schnappend, hustend und keuchend an Deck und trampelten dabei jeden nieder, der sich ihnen in den Weg stellte. Weitere Gasgranaten gingen nieder. Die Augen tränten, die Haut brannte, Haare standen in Flammen – doch der Beschuß nahm kein Ende.

Die Briten, mit Gasmasken und Stahlhelmen geschützt, versuchten, Leitern an das Schiff zu lehnen und an Deck zu klettern, doch die Flüchtlinge kämpften, mit verätzten Lungen und versengter Haut, gegen sie an. Sie bewarfen die enternden Marinesoldaten mit allem, was greifbar war: Konservenbüchsen, Eisenteile, Nägel – und allem, was sich am Schiff demontieren ließ. Diejenigen, die den Qualm und die Flammen nicht länger ertragen konnten, sprangen schreiend aus zwölf Metern Höhe ins Meer, wo sie von Patrouillenbooten aufgelesen wurden, die, das Schiff umkreisend, auf Beute lauerten.

Pausenlos ratterten die Granatwerfer. Das gesamte Schiff war bereits von Rauch erfüllt, als eine Granate in die Kammer der Neugeborenen rollte. Die Mütter schrien auf. Yossi schaffte es gerade noch, die Granate ins Meer zurückzuschleudern, ehe sie explodierte.

Das Schiff war eingehüllt in eine Wolke aus Rauch und Gasqualm. Leere Sardinenbüchsen erwiesen sich als wenig geeignete Antwort auf Granatwerfer und Tränengas.

Die Passagiere wurden gewaltsam von Bord gezerrt, lagen mit Verätzungen am Kai und rangen mühsam nach Luft. Mit letzter Kraft kamen die übrigen aus den Laderäumen an Deck und brachen, zum Teil bewußtlos, zusammen. Sie wurden verprügelt, zu den Desinfektionsanlagen geschleift und von dort auf die Deportationsschiffe verfrachtet.

Nur zweihundert Meter trennten sie von Eretz Israel. Einige, die sich für einen Moment aus dem Griff der britischen Soldaten befreien konnten, küßten den verdreckten Kai, nur wenige Minuten, bevor sie mit Fußtritten zu den Deportationsschiffen getrieben wurden.

In jenem Augenblick erschien das junge Mädchen, die auf ihrer Brust die Tätowierung FELDHURE A. 13652 trug. Als ginge sie das alles nichts an, als gäbe es nur sie allein, kam sie mit einer alten Gitarre in der Hand auf die Brücke und sang von dort »Ruhe, sanftes Tal, wunderbares Land«. Die Briten kamen mit einem höherbordigen Schiff näher und eröffneten das Feuer. Sie wurde nicht getroffen. Vielleicht, weil ihr Körper schon nicht mehr zu verwunden war. Inzwischen gab es bereits einen zweiten Toten unter den Flüchtlingen, doch aus Haifa wurde noch immer keine Verstärkung geschickt. Der Rauch wurde stetig dichter, aber das junge Mädchen ging nicht von Bord. Auch als man sie schlug, rührte sie sich nicht. Saß da und sang.

Die Briten besetzten das besiegte Schiff und schafften die Menschen auf die Deportationsschiffe. Zuerst die Alten, dann Frauen und Mütter, die sich mit aller Kraft an ihre Kinder klammerten. Auf der Empire Weywood waren bereits britische Offiziere zu sehen, die den Flüchtlingen, deren Gesichter jedoch Haß und Abscheu ausdrückten, Kekse und Wasser reichten.

Als das Deportationsschiff gegen Abend auslief, hob Yossi den Blick. Vor ihm lag der Carmel, und die Lichter in den Häusern dort gingen eines nach dem anderen an. Ein sternenübersäter Berg. Durch das Netz aus Stacheldraht, das über ihren Köpfen gespannt war, konnte man den Berg langsam verschwinden sehen. Die Lichter wirkten wie Diamanten. Yossi war mit Lederjacke, Russenmütze und hohen Stiefeln bekleidet. Die Briten suchten nach dem Kommandanten der Knesset Israel. Niemals wären sie auf die Idee gekommen, daß dieser junge Flüchtling der Gesuchte war. Eingepfercht mit weiteren 1400 Menschen harrte Yossi in den Verschlägen aus, auf einem von insgesamt drei Deportationsschiffen. Es roch säuerlich nach verschmutzter Kleidung und nach Schweiß. Unendliche Verzweiflung und doch – ein schwacher Hoffnungsschimmer flackerte auf, dessen sich die Menschen schämten: Inmitten dieser drückenden Enge erhob sich trotz der schmerzlichen Verzweiflung die Stimme des traurigen Mädchens mit der Tätowierung FELDHURE A. 13652 auf der Brust, das seine Gitarre in der Hand hielt und geistesabwesend sang. »Hoi, mein Kinnereth«, tönte es. Dann herrschte wieder Stille.

1400 gebrochene Menschen in einem schwimmenden Gefangenenlager, das langsam und geräuschlos an den funkelnden, schwächer werdenden Lichtern Haifas vorbeizog und sich immer weiter von dem Land entfernte, das diese Menschen nicht wollte.

Aus den Laderäumen im Innern des schwimmenden Internierungslagers drang das Echo des Liedes des Mädchens an Deck, zunächst als Flüstern, dann als Aufschrei. 1400 Menschen sangen und weinten.

Was für eine Enttäuschung, sagten die Menschen. »Eretz«, sagten sie, nicht »Eretz Israel«. »Wir gehen nach Eretz«, sagten sie.

Im schwimmenden Gefangenenlager gestatteten die Briten lediglich den Gang zu den Latrinen, und auch das nur in Begleitung. Da riefen die Flüchtlinge einen Hungerstreik aus. Auf den Gesichtern der Briten spiegelten sich Abscheu und Verachtung. Doch der Streik zeigte Wirkung. Am Ende gaben die Briten der nur allzu menschlichen Forderung nach ein wenig Bewegungsfreiheit an Bord nach. Der Hungerstreik wurde abgebrochen, und man verhandelte über menschenwürdige Lebensbedingungen.

Währenddessen organisierten Yitzchak Artzi und Yossi den Widerstand gegen das Anlanden auf Zypern. Und dort angekommen konnten sie von ihrem Schiff aus in der Ferne am Strand eine Prozession von Kindern in ausgeblichenen Kleidern ausmachen; an der Spitze trugen sie eine zerrissene Fahne vor sich her. Singend zogen sie einem neuen Konzentrationslager entgegen.

Yossi war einer der letzten, die von Bord gingen. Auf Lastwagen brachte man sie sogleich zu den Lagern aus Zelten und Baracken, die etwa zehn Kilometer vom Hafen entfernt errichtet worden waren. In dem mit Stacheldraht umzäunten Lagerkomplex waren bereits zwölftausend Menschen interniert, die sich auf früheren Flüchtlingsschiffen befunden hatten. Von dort, so dachten die Briten, würden sie nicht fliehen können.

Gleich nach seiner Ankunft traf Yossi mit den Leuten der

Palmach zusammen, die als Ärzte und Krankenschwestern getarnt aus Palästina gekommen waren oder als Vertreter des JOINT im Lager weilten, jener Organisation, die von den Briten offiziell mit der Betreuung der Flüchtlinge beauftragt worden war. In einem der Zelte gab es eine geheime Funkanlage, die ins Lager geschmuggelt und dort zusammengesetzt worden war. So konnte die Verbindung zur Führung in Eretz Israel gehalten werden.

Das Lager war bestens organisiert, die Verpflegung akzeptabel. Hebräischklassen wurden eingerichtet. Auffällig war ein allgemeines erotisches Erwachen. Die Menschen, die sich jahrelang nach menschlichem Kontakt gesehnt hatten, klammerten sich in stillem Verlangen aneinander. Alles, was sie wollten, war, neues Leben in die Welt zu setzen, den eigenen Stammbaum fortzuführen, all jenen zum Trotz, die sie vom Antlitz der Erde hatten tilgen wollen: neu anfangen.

Jeden Monat verließen 750 Flüchtlinge Zypern in Richtung Eretz Israel, was in etwa der Hälfte aller Einwanderungszertifikate entsprach, die die Briten zu jenem Zeitpunkt ausstellten. Yossi hatte Glück, denn bereits zwei Tage nach seiner Ankunft im Lager erfolgte die monatliche Zuweisung der Zertifikate. So kam er als völlig legaler Einwanderer nach Eretz Israel zurück zu seiner nächsten Aufgabe.

12. Kapitel

Der Fahrt der Knesset Israel fehlte der dramatische staatsbildende Effekt, der die Exodus zu einem Symbol und einem Mythos machte. Doch diese Fahrt bewies: Keine britische Flotte kam an gegen den Willen einzuwandern, den Willen nach Hause zu kommen.

Von Haifa nahm Yossi den Bus nach Tel Aviv. Dort ging er unverzüglich ins Kassit und rief Yitzchak Sadeh in dessen Dachwohnung auf dem Rothschild-Boulevard an. Sadeh bat ihn, gleich zu ihm zu kommen. Er servierte Wein und verschiedene Käsesorten, und Yossi erzählte ihm von der Überfahrt und den Ereignissen im Hafen. Verbittert meinte er, es könne nicht angehen, daß ein Kind auf dem Schiff stirbt, während man hier herumsitze, als sei nichts geschehen. »Ich stehe zwar im Dienst der *Haganah*, aber hier spreche ich im Namen der Einwanderer, weil ich mich wie einer von ihnen fühle. Warum hat man nicht die jungen Leute aus Ein Charod geholt, um zu kämpfen? Hätte man wenigstens das getan, wäre ich vielleicht bereit gewesen, der Forderung der *Palmach* nachzugeben, und hätte den Kindern auf dem Schiff erlaubt, weiterzukämpfen.«

Von seinen Erlebnissen noch ganz eingenommen, saß Yossi da und erzählte die Geschichte der Überfahrt von Anfang bis Ende, beschrieb jeden einzelnen Tag. Sadeh hörte schweigend zu. Traurig bat er Yossi, am Freitagabend ins Kassit zu kommen.

Es wurde Freitag. Yossi ging ins Kassit, das Chezekel an diesem Abend für alle anderen Gäste geschlossen hatte. Sadeh hatte neben einigen anderen auch die Schauspieler Hanna Rovina, Aharon Messkin, Zila Binder sowie die Dichter Nathan Alterman und Avraham Shlonsky eingeladen, und Chezekel verkündete: »Ihr seid meine Gäste.« Sie aßen und tranken und schließlich bat Sadeh alle Anwesenden, sich zu setzen, und erklärte: »Ich möchte, daß ihr vom Kommandanten der Knesset Israel über seine Reise hört.« Yossi war kein großer Redner. Zögernd begann er zu sprechen, ließ die Geschichte für sich selbst sprechen. Er selbst blieb nur der Mittler. In diesem Moment befand er sich nicht mehr in einem Café in Tel Aviv, sondern an Deck des Schiffs. Viertausend Augenpaare waren auf ihn gerichtet, viertausend Stimmen sprachen aus seiner Kehle, kündeten vom Verrat der eretz-israelischen Helden und dem Heldentum der Überlebenden, die die feindlichen Soldaten bissen, schließlich zusammengeschlagen wurden und nun auf Zypern in Zelten ausharrten. Yossi sprach zornerfüllt, erzählte von den Gasgranaten, dem schwimmenden Waisenhaus und vom Widerstand, der erst gebrochen wurde, als alle kampfunfähig gemacht waren. Berichtete, wie die Menschen, ohne schwimmen zu können, aus einer Höhe von zwölf Metern ins Meer gesprungen waren und wie die Boote der britischen Polizei sie aus dem Wasser fischten. Beschrieb, wie die Menschen einer nach dem anderen von Bord geschleppt, mit DDT desinfiziert und sogleich auf Deportationsschiffe verladen worden waren.

Er sprach über die Enge an Bord. Über die hochgekrempelten Ärmel und die Nummern, die im trüben Licht tanzten, ein Ballett aus blauen Nummern. Über eine Frau, die die Soldaten erschossen und deren Kind sie in den Graben am Wegesrand warfen. Yossi erzählte, daß trotz allem jeder einzelne an Bord bereit gewesen war, auf den Planken des Schiffs zu sterben, solange nur einer das Ziel erreichte.

Yossi riß seine Zuhörer mit, während er auf seine wortkarge Art zu schildern versuchte, was ihm ein Anliegen war. Er beschrieb eine junge Frau, die sich, katholische Gebete murmelnd, versteckte, sobald sie sah, wie ihr Körper Schatten warf. Sie wog nur 33 Kilo, war leichenblaß. Ihre kalkweißen Füße waren im Schnee erfroren und kaum noch bewegungsfähig. Sie versuchte zu lächeln und sagte: »Versteh doch, auch mein Lächeln war bis jetzt tot.«

Das Schweigen im Raum war greifbar. Man konnte das Blut in den Ohren rauschen hören. Niemand rührte sich. Aus Angst, schon die kleinste Bewegung könnte es zerstören. Schließlich brachte Yossi seine tiefe Verbitterung darüber zum Ausdruck, daß man die Schlacht im Hafen den Überlebenden der Shoah überlassen hatte und niemand von der *Haganah*, der Arbeiterschaft in Haifa oder der *Palmach* zum Hafen gekommen war, um vereint den Briten die Stirn zu bieten.

»Für jemanden wie mich ist das eine traumatische Erfahrung«, gestand er ihnen. »Ich bin spätestens seit Chanita gewohnt, mit dem Maschinengewehr umzugehen, habe gekämpft. Und da erwarte ich von alten Männern, von Auschwitzüberlebenden, daß sie an meiner Stelle kämpfen? In diesem Land müßten die Überlebenden die letzten und nicht die ersten sein, die den Kampf gegen die Briten aufnehmen!«

Er schwieg einen Moment und fügte dann hinzu: »Als ich in Haifa gelandet bin, wurde ich von Leuten der *Palmach* und der *Alija Beth*, unter anderem von Yigal Alon, die selbstverständlich von meiner Ankunft aus Zypern wußten, erwartet. Wir setzten uns in ein Restaurant, und ich gab ihnen einen ersten Bericht über unsere Erlebnisse während der dreiundzwanzig Tage auf See. Sie hörten zum ersten Mal davon. Sehr erregt erzählte ich von den Auseinandersetzungen mit den Briten im Hafen, von den Gasgranaten die abgefeuert wurden und auch in die Räume im Heck drangen und das Leben der Mütter und ihrer neugeborenen Kinder bedrohten. Ich machte kein Hehl aus meiner Wut darüber, daß sie nicht dagewesen waren.

Wenn sie wenigstens eine Demonstration organisiert hätten, um die Menschen an Bord zu ermutigen ..., aber nichts dergleichen ..., diese Immigranten, diese vom Leben betrogenen Kreaturen, der letzte Rest des jüdischen Volkes, erreichten Haifa – aber Haifa war ganz mit sich selbst beschäftigt, als gehe es das alles nichts an. Im Hafen mußten die Überlebenden allein gegen die Briten kämpfen.«

Die Anwesenden hörten zum ersten Mal von dieser Odyssee. »Zur Beisetzung der bei den Auseinandersetzungen Getöteten«, sagte Yossi, »kamen nur einige wenige. Ich war dort, aber wer sonst noch machte sich die Mühe? Es war ja bloß die Beerdigung einiger Namenloser. Wie ist so etwas nur möglich?«

Nathan Alterman stand erregt auf und fing an, vor sich hinzumurmeln. Yossi fuhr fort und erzählte, wie sie den Säugling auf hoher See in einer mit Plane umwickelten und mit einem Stück Ankerkette beschwerten Konservenkiste bestattet hatten. Er sprach vier Stunden lang ohne Unterbrechung und schloß mit den Worten: »Jemand ist mir eine Antwort schuldig, warum, wenn am Strand keine Kämpfer warten, die Flüchtlinge dennoch kämpfen müssen? Diese Menschen sind Überlebende, sie kommen aus der Hölle. Warum müssen ausgerechnet sie die Opfer sein? Warum erneut? Der Befehl hätte lauten sollen: ›Leistet keinen Widerstand!‹ Denn jeder Widerstand bedeutete Blutvergießen. Es kann nicht angehen, daß die Überlebenden auf den Schiffen kämpfen und man hier am Strand in den Cafés sitzt. Yigal Alon erwiderte, das Blut der Flüchtlinge sei das Blut von Kämpfern, die sich selbst für die Befreiung ihres Volkes opfern, und mich schauderte bei diesen Worten.«

Als er geendet hatte, fühlte sich Yossi leer und erschöpft. Chezekel reichte ihm ein Glas Schnaps. Alle erhoben sich. Niemand sagte ein Wort, und ohne vorherige Absprache nahmen sie einige Taxis und fuhren in die Dolphin-Bar. Menashe Baharav spielte auf seinem Akkordeon. Hanna Rovina ließ sich in einer Ecke nieder, schloß die Augen und begann, auf russisch zu singen. Sie sang und weinte dabei. Auf russisch hatte ihre Stimme eine Intensität, die Glas zerspringen ließ.

Avraham Shlonsky fragte Yossi: »Und nun?« Und Yossi erwiderte, er werde sich unverzüglich wieder auf den Weg machen, um weitere Schiffe zu überführen. Worauf Shlonsky einen Psalm zitierte: »Meine Schöpfung ertrinkt im Meer, und ihr sprecht in Versen?« Ein Satz, den Gott der Überlieferung zufolge seinen Engeln vorhielt, als diese den Untergang der Ägypter im Roten Meer bejubelten. Yossi verstand. Der streitsüchtige Gott Israels hatte mehr Mitleid mit den Ägyptern als seine Kameraden mit jenen Menschen, die in den Mittelmeerhäfen ausharrten, um endlich einen Ort zu erreichen, den sie ihr Zuhause nennen konnten, an dem sie mit Menschen reden konnten, die vielleicht aus ihren Heimatstädten, ihrer Kindheit noch am Leben waren. Einen Ort, den sie noch nicht kannten, aber an dem sie durch neue Erinnerungen wieder zu einem Teil der Welt der Lebenden werden konnten. Alterman lauschte Shlonsky und schwieg. Am darauffolgenden Freitag veröffentlichte er in seiner Kolumne »Die siebte Spalte« das Gedicht »Aufgabenteilung«:

Da begann zu laufen das Mädchen,
vernahm des Deportationsschiffes Ruf,
doch mit einem Mal es sich entsann,
daß ich – der Yischuw! –
ihm befahl: Steh still! Rühr dich nicht!
Noch ist nicht die Zeit!

Doch eines wußte es vielleicht nicht
wird noch Rechenschaft verlangen von meinem Volk:
Welche Aufgabe an jenem Tag in seine Hände
gegeben ward, und welche ich selbst übernahm?

Und vielleicht wird es hinzufügen
der Worte zwei, drei
und sagen im Namen seiner kleinen Kameraden,
daß es Unrecht war, von ihm zu verlangen,
was der Yischuw nicht verlangt von den eigenen
Söhnen.

Ein Zeuge der Weg der Überlebenden
und ein Zeugnis die feuchten Augen des Mädchens:
Daß eine Aufgabenteilung beschlossen,
die nicht der Kräfteverteilung entsprach.

Nach dem von ihm entfachten Sturm ging Yossi nach Hause. Er wechselte die Kleider, und da es schon spät war, schlief er auf einer Bank auf dem Ben-Zion Boulevard vor seiner Behausung, denn er befürchtete, nicht zeitig genug aufzuwachen. Um fünf Uhr am nächsten Morgen würde man ihn zu seiner nächsten Aufgabe abholen: der Überführung der Exodus.

13. Kapitel

Im Juni 1947, nach der von Sadeh organisierten »Nacht der Dichter«, verließ Yossi im Morgengrauen Haifa, zusammen mit zwei Kameraden. Ein Fischerboot brachte die drei Männer zu einem kleinen griechischen Frachter, der auf sie wartete. Sie wurden in der Ankerkammer versteckt, in der sie nur durch ein Wunder unverletzt blieben, als die rostige Ankerkette mit ohrenbetäubendem Lärm eingeholt wurde. Sobald das Schiff die offene See erreicht hatte, kamen Yossi und seine beiden Begleiter rußgeschwärzt und verdreckt an Deck. Als sie italienische Gewässer erreichten, wurden sie von einem kleinen Boot nach Neapel gebracht und nahmen von dort den Zug nach Mailand.

Dort suchten Yossi und seine Kameraden die Zentrale der *Ha'apala* auf, die damals von Yehuda Arasi geleitet wurde, dem Helden der »La Spezia«-Affäre. 1946 hatte er sich unter dem Namen Dr. De Paz unter die auf der Dov Hoz eingeschlossenen Flüchtlinge gemischt, hatte vom Schiff aus den Kampf der Immigranten angeführt und reguläre Einreisepapiere an sie verteilt, auf die er Bibelverse wie »Deinen Nachkommen will ich dies Land geben« und »Mit großer Barmherzigkeit will ich dich sammeln« oder Auszüge aus der Balfour-Deklaration schrieb. Außerdem informierte Arasi Journalisten, die er kannte, und sorgte dafür, daß sie über die Affäre berichteten.

Yehuda Arasi, der charmante Abenteurer der illegalen Einwanderung, residierte in den Räumen der jüdischen Gemeinde. In ganz Italien gab es zu jenem Zeitpunkt zahlreiche Flüchtlingslager, die wegen der unvermeidlichen Kontakte zu den Behörden von Rom aus koordiniert wurden. Ada Sereni, eine vornehme, charismatische Frau, die Yossi kannte und verehrte, kümmerte sich mit großer Effizienz um die Beziehungen zur lokalen Verwaltung. Die italienische Aristokratin hatte ihr Leben Eretz Israel verschrieben, wurde Mitglied des Kibbuz Givat-Brenner und von diesem als Aktivistin der illegalen Einwanderung zurück nach Italien geschickt. Als Tochter des ehemaligen königlichen Leibarztes verfügte sie über gute Beziehungen zum Adel und der gehobenen Gesellschaft. Selbst die Kommunisten, die Ada Sereni als mutige Untergrundkämpferin respektierten, nutzten ihre Kontakte, um zu helfen.

Yehuda Arasi, der Begründer der TTG-Einheit, erwarb eine luxuriöse schwarze Dienstlimousine vom Typ Packard, um bei den autonärrischen Italienern Eindruck zu schinden. Der gebrauchte, zwölfzylindrige Packard stammte aus dem Besitz des Papstes. Die Italiener kannten das Fahrzeug, und wo immer es auftauchte, erregte es ehrfürchtige Aufmerksamkeit – auch ohne den Papst. Am ersten Abend in Mailand erzählte Yossi Yehuda Arasi und Ada Sereni die Geschichte der Knesset Israel und der Ereignisse im Hafen von Haifa. Yehuda war erschüttert und bezeichnete die Überfahrt als »Akt der Anarchie und Verantwortungslosigkeit«. Viertausend Menschen auf einem derart maroden Schiff zu transportieren ... Was wäre geschehen, wenn alle ertrunken wären?

Yossi konnte ihm nicht zustimmen. Ihre Auseinandersetzung war grundsätzlicher Natur. Arasi befürwortete den Einsatz kleiner Schiffe, während Yossi, genau wie Shaul Avigur, so viele Menschen wie möglich in kürzester Zeit retten wollte. Seiner Meinung nach kam der Größe der Schiffe dabei entscheidende Bedeutung zu.

Am Ende war es der wachsende Druck seitens der Flüchtlinge, der den Ausschlag gab: Was immer auch geschah, sie wollten nach Eretz Israel immigrieren.

So beschlossen sie, daß Yossi auf das große Schiff warten sollte, zu dessen Überführung er entsandt worden war. Bis zur Ankunft des Schiffes, dessen Auslaufen sich in den Vereinigten Staaten verzögerte, zog sich Yossi in ein kleines, unweit von Mailand gelegenes Dorf in Norditalien zurück, das den Eretz-Israelis als Stützpunkt für ihre diversen Unternehmungen diente. In der Vergangenheit hatte sich dort ein Waffenlager der Jüdischen Brigade befunden, und nun wurde das Gelände für die Zusammenführung der Flüchtlingsströme vorbereitet. Auch wurden dort eine größere Menge Waffen gelagert, die Beute aus organisierten Raubzügen in den Lagern der britischen Armee. Die Waffen wurden in Kompressoren und Walzen italienischer Planierraupen versteckt, die die gewerkschaftseigene israelische Baugesellschaft *Sollel Bone* bestellt hatte. Dies vollzog sich in einer nur zu diesem Zweck eingerichteten Werkstatt, in der Yossi nun bei allen anfallenden Arbeiten und Vorbereitungen half.

Als er eines Tages im April 1947 gerade mit dem Beladen beschäftigt war, wurde ihm mitgeteilt, daß Shaul Avigur ihn sehen wolle. Sie trafen sich in einem Café in Mailand. Shaul war ein untersetzter Mann, der wie ein Mönch in der Verkleidung eines erfolglosen Geschäftsmannes wirkte. Doch der Schein trog. Dieser starke Mann, der kraft seiner Weltanschauung und nahen Verbindung zu einigen Köpfen des *Yischuw* der Führungsspitze angehörte, war geprägt von schmerzlichen, explosiven Erinnerungen, die ihn zu einer außergewöhnlichen Persönlichkeit machten. Avigur, ein Pionier, der seiner Zeit voraus war, ein furchtloser Kämpfer mit Weitblick, lebte und handelte tagtäglich im

Schatten einer dunklen Wolke, die nicht von ihm wich: der Erinnerung an die untergegangene Patria. Seit jener Katastrophe ging Avigur jede Aktion im vorhinein immer wieder durch, prüfte und kontrollierte alles ein weiteres Mal. Er, der Praktiker, der als Vertreter Ben-Gurions Entscheidungen traf und umsetzte, kam nach Mailand, um Yossi zu treffen.

Entgegen seiner sonstigen Gewohnheit, sich mit Yossi bei einem halben Glas Wasser zu beraten, lud er ihn diesmal zu einem »richtigen« Kaffee ein. Allerdings »ohne Kuchen«, wie er sofort einschränkte, um ja kein Volksvermögen zu verschwenden. Eine derartige Geste eines Mannes, der bereitwillig Millionen für die Rettung der Überlebenden ausgab, doch einige Lire für ein Stück Kuchen als Verschwendung betrachtete, war bemerkenswert, und Yossi ahnte, daß etwas Entscheidendes im Gange war. Avigur berichtete, ein großes amerikanisches Schiff namens President Warfield habe endlich den Hafen von Portovenere erreicht. Dann fügte er wie beiläufig hinzu, daß Yossi der Kommandant dieses Schiffes sein solle.

Die Besatzung aus Freiwilligen, die für den *Mossad leAlija Beth* arbeiteten, hatte in Baltimore zusammen mit dem jungen Kapitän Ike Aharonowicz den alten Vergnügungsdampfer repariert und auf dem Potomac River nach Norfolk gebracht, wo er umgerüstet wurde. Dann verbreiteten sie das Gerücht, auf dem Weg nach Hongkong zu sein, und machten heimlich die Leinen los. Doch das Schiff lief auf Grund, weshalb sie erneut Reparaturen vornehmen mußten. Nach weiteren Verzögerungen stahl sich der altersschwache Flußdampfer ein zweites Mal unbemerkt aus dem Hafen und überquerte den Atlantik.

Zwei Stunden nach dem Treffen mit Avigur saßen Signora Sereni, Shaul und Yossi in Arasis Packard. In Portovenere erwartete sie ein Schiff von scheinbar enormen Ausmaßen. Mehrere Passagierdecks türmten sich aufeinander und wurden von einem gewaltigen Schornstein überragt. Das Schiff wirkte zweifellos größer und intakter als all die anderen, mit denen sie es bislang zu tun gehabt hatten. Avraham Sakai, der für die Vorbereitungen zur Überfahrt verantwortlich war, empfing sie. Shaul forderte die Mannschaft auf, die neben drei Eretz-Israelis hauptsächlich aus amerikanisch-jüdischen Freiwilligen und eben Ike Aharonowicz bestand, sich mit Yossi bekanntzumachen.

Die Vorbereitungen zum Auslaufen nahmen weitaus mehr Zeit in Anspruch als vorgesehen. Die Uhr tickte, das Rad der Weltgeschichte drehte sich: Da das Wetter zunehmend schlechter und die Situation der Menschen in den Durchgangslagern immer kritischer wurde, drängte die Zeit. Die Flüchtlinge, die unter unerträglichen Bedingungen zu Tausenden auf engstem Raum lebten, waren mit ihrer Geduld am Ende.

Da das Geplänkel mit den Italienern, die ein doppeltes Spiel spielten, ausgereizt war und man Komplikationen befürchten mußte, beschlossen sie, die Flüchtlinge nicht in Italien, sondern in Frankreich an Bord zu nehmen, um die dort für sie günstigere politische Lage zu nutzen. Bis vor kurzem war Léon Blum, ein jüdischer Sozialist, der selbst Häftling in Buchenwald gewesen war, das provisorische Staatsoberhaupt Frankreichs gewesen. So bot sich die Chance, die President Warfield aus einem französischen Hafen auslaufen zu lassen, obwohl die Franzosen – mit Ausnahme der ehemaligen kommunistischen und sozialistischen Résistancekämpfer – die Zusammenarbeit mit den Briten der Unterstützung der Überlebenden der Shoah vorzogen.

Der erste Maschinist, ein Pole, machte Yossi darauf aufmerksam, daß sie nicht genügend Treibstoff hatten, um den südfranzösischen Hafen Port de Bouc zu erreichen. Die Engländer verfolgten jeden ihrer Schritte, beobachteten mit Ferngläsern von den hohen Dächern der umliegenden Gebäude das Treiben an Bord, bedienten sich ihrer Kollaborateure unter der einheimischen Bevölkerung und gingen »zum Angriff« über, noch bevor konkreter Anlaß dazu bestand: Sie erteilten der Ölgesellschaft Shell, die unter dem Einfluß des britischen Geheimdienstes stand, die ausdrückliche Order, das Schiff nicht mit Treibstoff zu versorgen. Daraufhin startete Ada Sereni eine ebenso einfache wie gewagte Betankungsaktion: Auf einer felsigen Hügelkuppe oberhalb des Ankerplatzes der President Warfield erstreckte sich ein Olivenhain. Sereni sorgte dafür, daß gegen Abend einige Dutzend Tankwagen unter den Bäumen auffuhren. Auf der riesigen Plantage erregten die Laster kein Aufsehen. Durch einen langen Schlauch wurde das Dieselöl bis hinunter in die Schiffstanks gepumpt, damit das Schiff zumindest den französischen Hafen erreichen konnte.

Rund um die Decks brachten sie Leitern und große Flöße an, um ein Entern der britischen Soldaten zu erschweren. Öl wurde bereitgestellt, das verspritzt werden sollte, um die britischen Zerstörer attackieren und auf Abstand halten zu können, wenn sich das Schiff der Küste Palästinas näherte.

Im Gegensatz zur Knesset Israel war die President Warfield bestens ausgerüstet und in der Lage, eine Geschwindigkeit von 18 Knoten zu machen. Neben Küchen und großen Sälen gab es auch eine Belüftungsanlage an Bord.

Während der Fahrt zur französischen Küste beschloß Yossi, ein Ausreißmanöver zu veranstalten, um ihre Beobachter loszuwerden. Bei dichtem Nebel stoppten sie die Maschinen und verlangsamten die Fahrt. Der schwerfällige italienische Zerstörer, der sie im Auftrag der Briten verfolgte, zog ahnungslos vorüber, worauf sie die Motoren wieder anließen, das Schiff um 90 Grad Steuerbord in Richtung Küste wendeten und mit voller Kraft voraus davonstampften. So gelang es ihnen, den Zerstörer abzuschütteln.

14. Kapitel

Am 11. Juli 1947 verließ die President Warfield Sète. Zuvor hatte sie im Hafen von Port de Bouc im Süden Frankreichs gelegen, wo die Crew mit Schmarjahu Zameret zusammentraf, einer weiteren lebenden Legende. Schmarja war seit etlichen Jahren mit der Einwanderung der Flüchtlinge in Palästina beschäftigt und verfügte über reiche Erfahrung. Er hatte ein Floß beschafft, das mit ausreichend Dieselölfässern beladen war, um mit diesem Treibstoff über das Mittelmeer zu kommen. Inzwischen hatte Yossi erfahren, daß es sich nicht um 4000, sondern vielmehr um 4500 Flüchtlinge handelte, die mit dem Schiff fahren sollten. Auch wenn man ihm noch nicht gesagt hatte, in welchem Hafen die Flüchtlinge an Bord gebracht werden würden.

Obwohl das Schiff beeindruckend groß schien, war es alles in allem ca. hundert Meter lang. Die Aktion selbst warf komplizierte logistische Probleme auf: Züge und Lkws mußten angemietet, Durchgangslager organisiert werden, in denen die Immigranten gesammelt und systematisch in Gruppen eingeteilt werden sollten. Es galt, Gruppenleiter, Unterbefehlshaber und Wachen auszubilden. Das ganze Unternehmen über würde man sich in offenem Gelände bewegen, den wachsamen Blicken des Feindes ausgesetzt, der ihnen Tag für Tag auflauerte. So mußte ein minutiöser Plan ausgearbeitet werden, um diesen starken, skrupellosen

Feind auszumanövrieren und die Menschen, noch bevor sie an Bord waren, auf die Gefahren der Landung vorzubereiten. Gleichzeitig warteten alle darauf, daß die notwendigen Arbeiten an Bord des Schiffes selbst endlich abgeschlossen würden.

In Port de Bouc war Yossi mitgeteilt worden, daß das Schiff in den nahe gelegenen Hafen von Sète überwechseln sollte, von wo aus die Überfahrt beginnen würde. Die französische Regierung hatte die Durchreise von zwei Immigrantengruppen aus Deutschland gebilligt; jede Gruppe zählte 1250 Personen. Die Organisatoren sammelten die Transitvisen an zwei zuvor festgelegten Grenzstationen nach dem ersten Gebrauch ein und benutzten dieselben Ausweise in zwei verschiedenen Nächten erneut, wodurch sich die Zahl derer, die die Grenze passierten, verdoppelte.

Bei ihrer Ankunft in Frankreich wurden die Menschen auf Züge verteilt und in Vorbereitungslager in Südfrankreich gebracht. Flüchtlinge, die bereits zuvor aus Lagern in Italien und aus Kleinstädten im Süden Frankreichs eingetroffen waren, hatte man in etwa einem Dutzend Lager in der Umgebung von Marseille untergebracht. In diesen Lagern harrten 1282 Frauen und alte Leute, 1561 Männer, 1017 Jugendliche und 655 Kinder aus, bereit, das Schiff zu besteigen. In den Lagern, die mit stillschweigender Duldung der Franzosen errichtet wurden, waren eretzisraelische Ausbilder am Werk, darunter Sha'ul Biber und Micha Peri, die die jungen Leute trainierten, ihnen beibrachten, selbständig die Aufsicht über die Lager zu führen und auch die alten Menschen auf die Reise vorzubereiten.

Yossi machte sich auf, die Lager zu inspizieren. Es war ihm wichtig, die Menschen zu sehen. Sie kennenzulernen. Er wollte sicherstellen, daß sie tatsächlich auf das Unternehmen vorbereitet waren und daß sie jede Hilfe bekamen, die irgend möglich war. Wieder und wieder sah er die Trauer, den Hunger und den Schmerz, der in ihren Blicken lag, sah die Überreste des jüdischen Volkes.

Und in einem dieser Lager im Umland von Marseille waren Hunderte von Kindern zusammengelegt, die meisten von ihnen Waisen. Die Augenpaare all jener Kinder, die schon bald die Exodus besteigen sollten, sind eng mit dieser Geschichte verwoben. In ihren Augen ist Geschichte zu lesen. In diesen Augen sind die Träume, die Erkenntnisse, der Stoff und der Text zu lesen, aus dem diese Geschichte gemacht ist, die von Elend, Leid, aber auch von Hoffnung handelt, so gering sie auch gewesen sein mag. Die Augen der Kinder, die dem Gott ihrer Väter zürnten, weil sie spürten und ihre Augen verrieten, daß er sie verlassen hatte; die Augen der Kinder, die jetzt voller Hoffnung, Stolz und neuer Kraft auf Yossi gerichtet waren, den eretz-israelischen Offizier, auf den sie warteten.

Diese Augen, schwarz, blau und unergründlich, diese durchdringenden Augen – vermögen doch die wahre Geschichte der Exodus zu erzählen; die Geschichte, durch die das Schiff zu einem Symbol wurde.

Mehr als achttausend Augen, die bereits das Unvorstellbare gesehen hatten, würden später an Bord sein. Und Yossi, der von den Kindern mit Beschlag belegt wurde, war seiner nicht mehr so sicher, denn neben ihnen fühlte er sich klein, und für sie versuchte er, wie ein Held zu wirken, weil sie wollten, daß er einer war: der mythische Soldat eines Phantasiestaates. Die Begegnung mit dem, was er sein Leben lang »die Waisenhäuser« nennen würde, war schicksalhaft. Die Exodus als der Beginn des neuen Staates Israel war nicht mit dem Zeitpunkt jener leidenschaftlichen Rede Salman Schzars später vor dem HaBima-Theater gleichzusetzen, sondern mit dem Entschluß jener Menschen mit ihren unvergeßlichen Augen, die Fahrt auf der Exodus zu wagen.

Yossi hatte ein sonderbares Gefühl, als er beim Besuch

dieses Lagers keine Erwachsenen vorfand: keine Väter, keine Mütter. Nur Kinder. Alle allein. Einige von ihnen hatten überlebt, weil sie es geschafft hatten, sich als Nichtjuden auszugeben. In den Klöstern versteckt, hatten sich die älteren Kinder der jüngeren, die kaum Polnisch sprachen, angenommen und sie einem geheimen Code folgend beschützt. Selbst die Nonnen, die die Kinder aufgenommen hatten, wußten nicht, worin dieser Code bestand und wie er funktionierte. Yossi war tief bewegt von dieser eigentümlichen Form von Eintracht unter Ausgestoßenen. Sie hatten sich gegenseitig gerettet, in den Wäldern bei den Partisanen. In den Klöstern hatten alle – die Nonnen wie die Kinder – gleichermaßen Hunger gelitten. Brennholz war nicht aufzutreiben gewesen. Angesichts der schlechten Bedingungen, die in den Verstecken und an den Zufluchtsorten herrschten, hatte stets die Gefahr bestanden, daß die nichtjüdischen Kinder der Versuchung erliegen könnten, für ein Stück Brot ein jüdisches Kind zu opfern. Deutsche Soldaten hatten vor den Klöstern gelauert, da sie dort versteckte jüdische Kinder vermuteten. Yossi erfuhr, daß die älteren Kinder in den Klöstern insgeheim Nachtwache gehalten hatten, um zu verhindern, daß die jüngeren im Schlaf jiddisch redeten und sich so verrieten.

Die Eintracht der Kinder, in deren Mitte Yossi jetzt saß, erschien ihm wie ein geheimes, nicht zu entschlüsselndes Dokument. Alles, was er wollte, war wirklich zu ihnen vorzudringen und ihren Geheimcode zu knacken, damit er verstand, wie diese Kinder zu trösten waren. Dabei wurde ihm das Ausmaß der Verantwortung, die ihm auferlegt worden war, immer bewußter. Und obwohl Vertrauen das letzte war, was diese Kinder irgend jemandem gegenüber aufbrachten, hatte es doch den Anschein, als sei es genau das, was sie beschlossen hatten ihm zu geben. Die Kunst zu überleben, war ihnen zur leidvollen Profession geworden. In ihrem kurzen Leben hatten sie nur eines gelernt: abzuwägen, wem Glauben zu schenken war und wem nicht. Manchmal entschied diese Wahl über Leben und Tod, manchmal war die Entscheidung falsch, und niemand blieb, um von den Folgen zu berichten. Ein großer Teil des Buches widmet sich so auch dem Versuch, die Frage zu beantworten, warum die Kinder dennoch beschlossen, Yossi Vertrauen zu schenken.

Sie begegneten auch anderen Repräsentanten des neuen Israel, die dazu erzogen worden waren, die jüdische Geschichte zu verabscheuen. Sie trafen auf nicht wenige dieser Eretz-Israelis, die in ihnen nur menschliches Gewürm sahen. Die glaubten, wer überlebt hatte, habe eine moralische Schuld auf sich geladen. Für einige der Eretz-Israelis waren sie nicht mehr als eine Ware, die es galt, nach Palästina zu befördern. Doch hinter den unzähligen Augenpaaren verbargen sich zahlreiche Einzelschicksale wie hinter einer Maske. Selbst wenn sie sich zusammenscharten, waren die Kinder verlassener als jedes andere Kind, dem Yossi jemals begegnet war. Sie erinnerten ihn an seine Kindheit in Jerusalem, an seine Einsamkeit, seine Mutter, an die Trennung von ihr, die er sich selbst auferlegt hatte.

Die Kinder klammerten sich aneinander, einige von ihnen hatten die Eltern mit eigenen Augen sterben sehen oder ihnen nachgeschaut, als sie für immer verschwanden. Den Nonnen war aufgefallen, daß die jüdischen Kinder einem Neuankömmling eine geheime Losung zuflüsterten, fanden aber nicht heraus, wie die Kinder einander identifizierten, woran sie sich erkannten und was die Geheimlosung war. Vielleicht, so dachte Yossi, war es ja das Schma Israel gewesen. In Wahrheit jedoch kamen diese Jugendlichen, damals noch Kinder, im wesentlichen aus säkularen Elternhäusern, waren Sprößlinge der assimilierten jüdischen Intelligenzija in Polen. Denn ihren eigenen Kindern hatten die Rabbiner nicht erlaubt, von den Nonnen aufgenommen und gerettet zu werden. Ihnen hatten sie erlaubt, für das zu sterben, was sie die »Heiligung des Namens« nannten. Daher waren nur diese Kinder übriggeblieben. Die anderen waren tot.

Die Kinder erzählten Yossi, wie die Älteren sie ermahnt hatten, sich nicht übertrieben oft zu bekreuzigen, um keinen Verdacht zu erregen. Sie erzählten, ein Mädchen habe laut gerufen: Vater, wo bist du, Vater, hol mich hier raus, oder dieser Tod wird mich umbringen. Denn sie identifizierte die weißen Gewänder der Nonnen mit dem Tod. Und während sie erzählten, hielten die Kinder die ganze Zeit über ihre Blicke auf Yossi geheftet, als wollten sie sehen, wann er zerbrechen oder sie schlagen oder wie sie werden würde.

Eine Art geheimnisvolles, herausforderndes Lächeln begleitete ihren Bericht des Grauens. Kein Selbstmitleid, keine Prahlerei, sondern ein schlichtes Resümee. Eine Art Rekonstruktion der Notwendigkeit, geliebt zu werden. Das Unsagbare auszusprechen. Und danach jahrzehntelang zu schweigen. Ihre eigenen Kinder würden diese Geschichten schon nicht mehr zu hören bekommen.

Chaim Guri gab seinem ersten Dokumentarfilm den Titel *Der einundachtzigste Schlag*. Ein Titel, der der Zeugenaussage Miki Goldmanns während des Eichmann-Prozesses entlehnt war. Dieser hatte erzählt, wie er achtzig Peitschenhiebe bekommen habe – und hinzugefügt, als man ihm nicht glauben wollte, daß ein Mensch achtzig Peitschenhiebe überleben könne. Dieses grundsätzliche, furchtbare Mißtrauen, das den Flüchtlingen zu eigen war, bezeichnete er als »den einundachtzigsten Schlag«.

Für die Kinder war es eine Form des Werbens: die Enthüllung der Höllengemälde an den Wänden ihres jämmerlichen Paradieses, und dies ausgerechnet vor jemandem, von dem sie glaubten, daß er sie verstehen würde. Sie begriffen offenbar, daß die Provokation eine Form von Triumph ist. Sie wollten, um seinetwillen, daß er sich des Vertrauens würdig erwiese, das sie ihm entgegenbrachten – daß er sie liebte. Was verstand denn ein eretz-israelischer Offizier vom Verstecken einer Brotscheibe? Von Läusen? Was verstand er von Gebeten in einer Kirche, in der es ringsum von Deutschen wimmelte und man voller Inbrunst zu einem Gott beten mußte, der nicht der eigene war?

Yossis Begegnung mit den »Waisenhäusern« im Lager, vor dem Auslaufen der Exodus, rief einen Kindheitsschmerz in ihm wach, der ihn ein Leben lang begleiten sollte. Denn jedes Kind verlangt doch nach einer Mutter, die es küßt, einem Vater, der ihm den Weg zeigt. Zugegeben, diese Kinder hatten gütige Nonnen kennengelernt, die das eigene Leben für ihre Rettung riskierten, Partisanen, Bauern, die ein Gewissen hatten und ihnen halfen, doch sie kannten auch all die anderen. Einige unter ihnen hatten den eigenen Eltern nicht verziehen, meinten mit kindlicher Intuition zu spüren, daß die Eltern sie im Stich gelassen hatten. Einige nahmen sich deshalb das Leben, wegen des angeblichen Verrats durch die Eltern, obwohl diese doch im KZ ermordet worden waren. Gemeinsam aber war allen, daß sie für immer mit dem Schuldgefühl zu leben hatten, nicht geliebt worden oder einer solchen Liebe nicht wert gewesen zu sein, weshalb diejenigen sie im Stich gelassen hatten, die sie hätten lieben müssen.

Yossi fiel es leicht, sich mit ihnen zu identifizieren. Er brauchte nicht den mythischen, eretz-israelischen Sabre zu spielen, schweigsam und stark. Recht schnell lernten die Kinder die Spielregeln, blieben jedoch trotzdem auf der Hut. Die erste Religion, mit der viele von ihnen in Kontakt gekommen waren, war die christliche. Ein Junge war böse auf den Gott seines Großvaters, der sie verlassen hatte, und liebte Jesus, der ihn gerettet hatte. Und ein Mädchen schilderte, wie es sich mit den christlichen, anti-jüdischen Gebeten identifiziert habe und trotzdem verwundert feststellen mußte, daß es auf sich selbst zornig gewesen sei.

Ein anderes junges Mädchen erzählte, daß sie seit ihrem elften Lebensjahr auf der Suche nach Verwandten sei. Sie suche eine Frau, die einmal bei ihrem Vater gearbeitet habe. Zu der hatte sie sich zunächst geflüchtet. Diese Frau hatte ihr die Haare blond gefärbt und sie in ein Waisenhaus geschickt. Von dort war sie geflohen, hatte sich in modrigen Kellern versteckt gehalten und war schließlich krank geworden. »Ich kam ins Krankenhaus«, sagte sie, »als kleine Christin. Eine der Nonnen hatte Mitleid mit mir. Ob sie etwas ahnte? Ich werde es nie erfahren.« Sie kam in ein Kloster. Dort waren weitere Juden, die sie sofort als Jüdin erkannten. Bei Kriegsende erschien eine große, elegant gekleidete Frau, um sie mit nach Lodz zu nehmen. Sie sagte, vor dem Krieg sei ihr Name Rivka gewesen. Das Mädchen glaubte ihr nicht. Die Frau wiederholte, du bist Rivka. Du bist Rivka. Die Nonnen hatten Mitleid mit der Kleinen und erklärten der Frau, nun sei Chorprobe und sie müsse daran teilnehmen, doch die Frau ließ sich nicht erweichen, gab den Nonnen Geld und nahm das Mädchen mit. Rivka weinte und schwor den Nonnen, sie werde ins Kloster zurückkehren. Sie kehrte nicht zurück. Sie erreichte das Lager, um von dort an Bord der Exodus zu gehen. Sie schrieb einen Brief an das Kloster, steckte ihn in eine Flasche und warf sie ins Meer. Jahre später gelangte der Brief an sein Ziel. Und es kam auch eine Antwort, doch da diente Rivka bereits in der israelischen Armee. – Wer jene Frau war, die sie aus dem Kloster geholt hatte würde sie niemals erfahren.

Yossi war ständig auf der Suche, feilschte mit allen möglichen Händlern und kaufte Süßigkeiten für die Kinder. Diese zeigten ihm, als Gegenleistung, die Dinge, die sie mit sich herumschleppten: Rosenkränze, Kreuze. Jeder schien irgendeinen Talisman bei sich zu tragen. Wie der Mann, der an Bord der Knesset Israel die Schallplatte mit der »Kleinen Fuge« von J. S. Bach an sich gepreßt hielt. Mit diesen

»Talismanen« würden sie bald auch nach Israel kommen. Alles, was wir wußten, sagten sie später einmal, war, daß wir anders waren, verstoßen von unseren Eltern, verachtungswürdig in den Augen Gottes.

Sie fragten Yossi: Was ist das – Freiheit? Was macht man mit Freiheit? Wie sieht sie aus? Wird man uns wieder trennen? Sie waren aufeinander angewiesen. Waren sich selbst eine Familie. Sie erinnerten sich, wie bei Kriegsende einige Überlebende sie gefunden hatten und mitnehmen wollten. Die Kinder mißtrauten diesen Fremden, die so plötzlich aufgetaucht waren, und wollten nicht mit ihnen gehen. Es gab unzählige Juden, die ihre Kinder in den Lagern verloren hatten und in die Klöster kamen, um von dort Kinder mitzunehmen, als seien es die eigenen.

Die Kinder wollten reden. In den Jahren 1946 bis 1947, bevor ihr Schuldgefühl, überlebt zu haben, sich zu einem Zwang auswuchs, auf immer zu schweigen, hatten sie das Bedürfnis, zu reden. Sie verspürten zum ersten Mal den Drang, stotternd ein wenig von dem preiszugeben, was ihnen widerfahren war.

Die meisten konnten sich nur mit Mühe daran erinnern, wie ein richtiges Haus von innen oder ein Bett im Schlafzimmer aussahen. Was Wärme oder Liebe war. Wie eine Stadt aussah, in der man wohnte, und nicht bloß eine, in deren Außenbezirke man sich einschlich. Sie kannten die Welt nur als Durchreisende, waren wie Passagiere auf einem Boot mit gläsernem Boden, das auf einem Meer aus Kloake trieb. Auf der Flucht, die sie zwei Jahre lang durch ganz Europa geführt hatte, hatten sie alles mögliche getan: Mit Goldzähnen von Toten gehandelt, Ringe, Eier und Kondome verkauft. Und sich dabei aneinander festgehalten.

Yossis ruhige Stärke und seine Sanftheit waren für sie eine Antwort auf das stumme Bedürfnis nach Rache, das im Herzen eines jeden von ihnen nistete. Jegliches Wertesystem war in ihnen zerbrochen. Zu überleben bedeutete, Gesetze zu ignorieren. Sie wollten wissen, ob es etwas gab, für das man aufhören sollte, weiterzukämpfen. Ob es etwas auf der Welt gab, für das es sich nicht nur zu überleben, sondern zu leben lohnte. Und dort, bei Yossi, fanden sie ein offenes Ohr. Sie sagten ihm, es sei unmöglich, jemandem, der nicht dort gewesen sei, zu erklären, was sie erlebt hatten. Denn niemand würde es verstehen oder verstehen wollen. Keiner würde es glauben. Er antwortete, daß er vielleicht nicht verstehen würde, aber daß er verstehen wolle, bereit sei, zu verstehen.

Ein arisch aussehendes junges Mädchen, klein und zierlich, erzählte ihm von ihrer Flucht aus dem Ghetto. Sie saß Yossi gegenüber, der ihr das bißchen Schokolade gab, das er noch in der Tasche hatte. Ihr klarer Blick schien ihn zu durchleuchten, bis zu seinen Fußwurzelknochen. Ihr Körper war wie von einer instinktiven Angst getrieben, und gleichzeitig saß in ihren hochgezogenen Mundwinkeln ein unterdrückter, doch nicht gänzlich unversöhnlicher Zorn. Sie sprach langsam; draußen senkte sich bereits der Abend herab, und die Menschen entzündeten die Petroleumlampen.

Sie erzählte, nach der Flucht aus dem Ghetto sei sie ziellos mit der Straßenbahn umhergefahren. Nachts habe sie sich immer in Treppenhäusern versteckt und von dem Verkauf des Brotes gelebt, das sie für die polnischen Häftlinge im nahe gelegenen Lager stahl. Um als Polin zu gelten, gab sie zu verstehen, sie brächte Brot für ihren Vater, obwohl sie mit eigenen Augen gesehen hatte, wie er hingerichtet worden war. Aus der fahrenden Straßenbahn heraus signalisierte sie jungen Juden, sie sollten fliehen. Einer von ihnen verliebte sich in sie. Er floh aus dem Kommando, zu dem er gehörte, und suchte nach ihr. Er wurde gefaßt, verriet sie jedoch nicht. Einige Male wurde ihre Identität aufgedeckt, und sie mußte fliehen. Sie gab sich als Deutsche aus, behauptete, ihr Haus sei zerstört und ihre Eltern von den Russen an der Ostfront getötet worden. Zum Glück sprach sie deutsch noch aus ihrer Kindheit in Galizien. In der Nähe von München traf sie einen älteren Mann, dem sie vertraute und der sie vergewaltigte. Sie infizierte sich mit irgendeiner Krankheit, wandte sich an einen Arzt, der den Verdacht hegte, sie könne Jüdin sein, jedoch Mitleid mit ihr zeigte und ihr die Flucht ermöglichte. Bei Kriegsende kam sie in ein Durchgangslager und fand Aufnahme in einem Waisenhaus des *Chaluz*. Danach war sie ein Jahr zu Fuß unterwegs, bis sie Italien erreichte. Von dort ging sie weiter oder fuhr bei Gelegenheit auf Lastwagen mit und gelangte so nach Frankreich. Und jetzt wartete sie darauf, an Bord der President Warfield zu gehen – und war gerade einmal siebzehn Jahre alt.

Bei einem von ihnen veranstalteten Generalappell luden sich die Kinder Rucksäcke auf die schmalen Schultern und versuchten, dem Soldaten aus Eretz Israel den Eindruck zu vermitteln, sie seien bereit. Yossi sagte über sie: Sie sind das eigentliche Thema der Geschichte! Und in reichlich blumigen Worten, derer er sich nicht im geringsten schämte, drückte er damals aus, was er bis auf den heutigen Tag spürt: daß die Aufgabe, die er übernommen hatte, heilig war. Er sah, wie die Menschen überallhin Brotlaibe mit sich schleppten, immer Brot. Auch auf dem Schiff, wenn sie hungrig waren, hoben sie das Brot auf und aßen nicht davon. Er sah, wie sie alte Kleidungsstücke und vielleicht Goldzähne aufbewahrten, Dinge, die sie die ganze Zeit über bei sich getragen hatten, Dinge von zu Hause, nicht unbedingt aus dem wirklichen, sondern aus dem erdachten, ein Kreuz, ein Rosenkranz, ein Leuchter, ein Ring, eine kleine Menora, ein vergilbtes Foto.

Noch während der Vorbereitungsphase, in einer der Baracken des Lagers, traf Yossi einen Jungen, der den Toten die Schuhe ausgezogen und mit dem Geld, das er dafür bekam, Brot gekauft hatte, aber auch Zeitungen, um damit die Toten zuzudecken. Er erzählte, bei der Deportation der Juden von Plassow, im Mai 1944, habe er gesehen, wie die Juden zu den Waggons getrieben wurden und daß dort eine Musikkapelle gestanden habe, deren Mitglieder Schlafanzüge trugen. Die Kapelle spielte fröhliche Tangoweisen. Nachdem auch die Musiker ins Lager verschickt worden waren, habe man Grammophone herbeigeschafft, die aus den geplünderten Häusern der Juden stammten, und darauf Walzer und Märsche abgespielt.

Eines der Kinder war der Sohn eines Rabbiners. Er war gerettet worden und in einem Kloster aufgewachsen. Als man ihn fand, hatte er über seinem Schicksal den Verstand verloren. Ein anderer Junge erzählte, wie ihn seine Eltern, als er neun Jahre alt war, aus einem fahrenden Zug voller Juden geworfen hatten, eingezwängt in einen Koffer, der mit Löchern versehen war, damit er Luft zum Atmen bekam. Christliche Bauern hatten ihn gefunden und aufgezogen. Er war mit einem kleinen Kreuz ins Auffanglager gekommen, das er im Namen seiner Pflegeeltern nach Jerusalem bringen sollte. Ein anderer beschrieb, wie er bei der Befreiung unter einem Berg von Leichen hervorgekrochen sei und geschrien habe: Wer lebt? Wer lebt? Ist hier einer, der noch lebt?! Worauf wandelnde Skelette aus den Leichenbergen hervorgekommen und über die Nahrungsmittel hergefallen seien, die die Befreier mitgebracht hatten.

J. Polak stammte aus einer wohlhabenden, gebildeten Familie in Warschau. Während des Krieges, als er in verschiedenen polnischen Arbeitslagern interniert war, hatte er verheimlichen können, daß er Jude war. Nach der Befreiung war er nach Polen zurückgekehrt und hatte nicht ein einziges Mitglied seiner Familie mehr gefunden. Die Polen, die das Haus seiner Eltern in Besitz genommen hatten, fielen über ihn her, weil er ein Mörder sei. Er floh nach Frankreich. Und alles, was er jetzt noch wollte, war, etwas über die Universität auf dem Mount Skopus zu erfahren.

15. Kapitel

Inzwischen waren auf jedem der vier Decks vier Stockwerke mit Schlafkojen gebaut worden. Ein Teil der Flüchtlinge kam an Bord, um bei den Arbeiten zu helfen. Die Standhaftigkeit, die die Juden bei der Erstürmung der Knesset Israel und auch später auf dem Deportationsschiff bewiesen hatten, als sie mit Yossi gemeinsam jiddische Lieder sangen, stärkte ihm den Rücken für diese neue Reise. Er hatte wie sie die Enge ertragen, war wie sie erniedrigt worden. Nicht einmal das Privileg, einer seit sechs Generationen in Eretz Israel ansässigen Familie zu entstammen, hatte ihn davor bewahrt, wie ein *Gachalitcz*[2] behandelt zu werden. Yossi erklärte, er sei bereit, einfach alles für diese Menschen zu tun. »Als ich sie sah, wußte ich, daß uns nichts aufhalten würde. Ich kehrte zum Schiff zurück und hatte nur eines vor Augen: die Blicke der Kinder.«

Als Yossi noch Chaim Weizmanns Leibwächter und Vertrauensmann war, hatte er von ihm eine Geschichte gehört, die sich in den späten dreißiger Jahren zugetragen hatte: Der Außenminister der britischen Mandatsregierung, John Shaw, ein Mann, der nicht gerade den Ruf genoß, ein

[2] *Gachalitcz* – jiddische Bezeichnung für Neueinwanderer, die sich dem GACHAL (hebr. Abk. f. *Giyus chutz laAretz* – Einheiten aus Auslandsfreiwilligen) anschlossen.

»Freund Zions« zu sein, fuhr nach Tiberias, um das Denkmal eines britischen Generals zu enthüllen. Es war ein glühend heißer Tag, das Licht gleißend hell und die Luft flirrte. Die Beduinen und Araber fanden im Schatten ihrer Häuser und Zelte Schutz vor der unbarmherzigen Sonne. Nicht ein Fahrzeug war auf der dampfenden Asphaltstraße zu sehen. Shaw spürte, wie ihm schwindlig wurde. Auf Höhe des Kibbuz Afikim hörte er auf einmal Gesang. Ein fröhliches, überschwengliches Lied. Er hielt an, um sich das Wunder anzusehen. In einer Bananenplantage unweit der Straße sah er Dutzende junger Neueinwanderinnen aus Deutschland, deren blasser Teint noch unter kräftiger Sonnenbräune erkennbar war. Sie arbeiteten unermüdlich, pflückten bei glühender Hitze Bananen und sangen voller Begeisterung in einer Sprache, die sie kaum beherrschten. Hellsichtig und nicht ohne Bedauern sagte sich Shaw damals: Wie es aussieht, werden die Juden siegen.

Mitten in den Vorbereitungen für die Einschiffung verlangten die Franzosen plötzlich Visa. Nach einigen Mühen erklärte sich der kolumbianische Konsul schließlich bereit, die nötigen Visa gegen eine erkleckliche Geldsumme auszustellen. Als er hörte, um wie viele Menschen es sich handelte, meinte er: »Es ist wohl besser, ihr stempelt die Dokumente selbst ab.« Für diese Aufgabe wurden all jene mobilisiert, die – um zu überleben – in den deutschen Lagern Dollar- und Pfundnoten gefälscht hatten; Falschgeld, das die Deutschen als Teil ihres Handelskriegs gegen die Alliierten eingesetzt hatten. Für die Visa benötigte man von jedem Flüchtling umgehend ein Foto. Also wurden alle zehn Straßenfotografen von Marseille angeheuert und in die Durchgangslager gebracht, um die Flüchtlinge, die an Bord gehen sollten, abzulichten, bevor Tausende von Ausweispapieren in Druck gingen. Wie schon auf der Knesset Israel kam es dabei vor, daß ein Fünfzigjähriger einen Ausweis mit dem Foto eines Kindes erhielt und umgekehrt. Aber wem sollte dies auffallen, wenn ein Meer von Menschen mit Ausweispapieren in der Hand an ihm vorüberströmte?

Die französischen Beamten der niederen Dienstgrade machten sich erneut ihre Gedanken. Die Idee, die Juden mit den kolumbianischen Visa nach Kolumbien schicken zu können, amüsierte sie. Die Kolumbianer bekamen einen mächtigen Schreck und stellten klar, daß ein Visum eine Sache, seine Verwendung eine andere sei. Durch Vermittlung der örtlichen Kommunisten wurde nach einer Woche eine streng vertrauliche Sondergenehmigung zum Auslaufen erteilt. Das Schiff zog von Hafen zu Hafen, von Ort zu Ort, mit der Option, im Falle von Schwierigkeiten Barcelona anzulaufen.

Die Mannschaft stand nun vor einem komplizierten logistischen Problem: Wie konnte man 4515 Menschen aus den Durchgangslagern bei Marseille zum Hafen von Sète bringen? Die sich abzeichnende Lösung bestand aus 178 gemieteten Lastwagen, doch in genau dem Augenblick schlossen sich die LKW-Fahrer der großen Streikwelle an, die Frankreich in jenen Wochen lahmlegte. Die Kommunisten zeigten sich geneigt, der Bitte der Eretz-Israelis zu entsprechen und den Streik zu brechen. Eine Spende in die Streikkasse von rund einer Million Francs war beiden Seiten von Nutzen. So fanden sich also hundertfünfzig Lastwagenfahrer der »britischen Armee« ein, um die Flüchtlinge zu transportieren. Die übrigen standen für den Fall bereit, daß Reparaturen anfielen. Exakte Planung und ausgeklügelte logistische Berechnungen waren unumgänglich. Die Fahrzeuge, die irgendwann tatsächlich von der britischen Armee »ausgeliehen« worden waren, hatten bereits unzählige Kilometer auf Europas Straßen hinter sich. Immer wieder gab es Pannen. Außerdem stellten sich unterwegs unzählige Male Probleme mit geldgierigen Polizisten ein. Die endlose Kolonne mußte sich zeitweise auf unterschiedliche Routen aufteilen, um nicht aufzufallen. Doch es gab neben diesen Hindernissen noch ein weiteres: Die ganze Aktion mußte auch noch im Schutz der Dunkelheit durchgeführt werden. Die LKWs waren mit Planen abgedeckt und die Menschen bekamen bei der herrschenden Platznot nur mit Mühe Luft. Das Fahren bei Nacht war für die Fahrer keine leichte Aufgabe, zumal Gerüchte über das undisziplinierte Verhalten einiger Flüchtlinge auf einem früheren Transport kursierten. Yossi dachte an Sadeh und Wingate. Wieder einmal mußte der Tag mit Hilfe der Nacht besiegt werden.

Für einen Moment hätte man meinen können, das ganze jüdische Volk ströme zum Mittelmeer. Auf seinem Weg zum Schiff sah Yossi Wagen, aus deren Fenstern offensichtlich handgefärbte, blauweiße Fahnen in kindlich-euphorischem Stolz geschwenkt wurden. Die Passagiere wußten sehr wohl, welch schwerer Weg ihnen bevorstand. Doch die Jahre hatten sie zu Überlebenskünstlern gemacht, die Wege fanden, zugefrorenen Flüssen, morastigen Feldern, steilen Abhängen, der feindlich gesonnenen Bevölkerung, einem grausamen Feind, Krankheiten, Verwaisung und dem Verlust der eigenen Kinder zu trotzen, und so zogen sie voller Stolz, Freude und Hoffnung gen Eretz Israel.

Es gab jedoch auch Zwischenfälle: Bevor sie zum Schiff gebracht wurden, stahl sich ein junger Mann aus dem Lager, um in der nahen Kleinstadt auf dem Schwarzmarkt Lebensmittel zu verkaufen. Yossi hörte davon, als der junge Mann gerade zur Strafe von seinen Kameraden verprügelt wurde. Er eilte herbei und griff sich den Dieb. Geduldig, wenn auch mit unverhohlenem Zorn, erklärte ihm Yossi, daß seinetwegen das gesamte Unternehmen hätte scheitern können; daß sie im Untergrund agierten und von allen entsprechende Disziplin erwartet werde. Und daß seine Unternehmung das Leben aller gefährdet habe. Die selbsternannten Richter waren wütend auf Yossi, weil er sie davon abgehalten hatte, ihr Urteil zu vollstrecken. Sie meinten, daß nur Bestrafung solche Menschen schrecke. Doch Yossi hatte gelernt, daß keine noch so schwere Strafe die existentielle Demütigung aufwiegen konnte, die dieser junge Mann empfand.

In der Nähe des Schiffs stellten sich die Flüchtlinge in Gruppen auf. Die Schiffsführung musterte sie wie bei einem Appell, schritt langsam die Menge ab und betrachtete sie. Dies waren die Überreste jener Menschen, von denen die Deutschen stolz behauptet hatten, sie in exakt 45 Minuten aus den Güterwaggons in die Krematorien schaffen zu können.

Nur wenige Stunden, bevor die Flüchtlinge an Bord gingen, waren die letzten Pritschen errichtet und das Problem der Fluchtwege gelöst worden. In diesem Punkt unterschied sich die President Warfield von der Knesset Israel. Die Gänge waren schmaler und weniger steil. Mitten in diesem – wie Ben-Gurion es auszudrücken pflegte – »Staat auf dem Weg« dachte Yossi über Transportmethoden nach, wie er sie als Kind in den arabischen Vierteln rund um die Altstadt gesehen hatte: Er erinnerte sich an die arabischen Frauen, die riesige Tonkrüge auf dem Kopf durch die Gassen trugen, oder an jene, die den Laden seines Vaters mit Waren belieferten. Zusammen mit der Mannschaft wandte er eine dieser alten arabischen Methoden aus Jerusalem an; mit Hilfe einer Stange trugen sie Wassereimer aus den Küchen zu den einzelnen Decks.

Um an Bord zu gelangen, teilten sich die Menschen in Gruppen zu je dreißig auf.

Eigentlich sollten um acht Uhr morgens die Anker gelichtet werden. Doch die vielen Pannen unterwegs, die eingeschränkte Sicht bei Nacht, die zum Teil mit erheblicher Verspätung eintreffenden LKWs, die Kojen, die auf einem der vier Decks zusammenbrachen, und der britische Aufklärer, der zu allem Überfluß bereits um zehn Uhr über dem Schiff kreiste, sorgten für eine beunruhigende Verschiebung im ursprünglichen Zeitplan, und für große allgemeine Enttäuschung.

16. Kapitel

Um übermäßiges Gedränge zu vermeiden, brachte man die Menschen in Etappen an Bord. Immer noch trafen Lastwagen ein, so daß erst gegen Mittag alle Flüchtlinge eingeschifft waren. Die Hafenpolizei kontrollierte gewissenhaft jeden Passagier. Unter dem nicht nachlassenden Druck der Briten kam es zu einigen Problemen mit der französischen Polizei, die mit völlig untypischer Sorgfalt Unstimmigkeiten zwischen den Dokumenten und ihren Trägern beanstandete.

Jeder Flüchtling bekam seinen Schlafplatz zugewiesen, dazu Wasser und Verpflegung für den ersten Tag an Bord. In ihre beste Khakikleidung gewandet, hießen Yossi und seine Kameraden die Immigranten bei einer den Umständen entsprechend feierlichen Zeremonie auf dem Schiff willkommen. Pro Kopf war nur ein Bündel mit persönlicher Habe an Bord zugelassen. Viele waren gezwungen, sich von Dingen zu trennen, die alles waren, was sie auf dieser Welt besaßen. Einige weinten still vor sich hin, andere waren wütend. Unterdessen verlieh Mordechai Rossmann, der Sprecher der Flüchtlinge, durch eine bewegte Rede seinem Gefühl, an einer persönlichen wie nationalen Mission teilzunehmen, Ausdruck: »Wir besteigen heute ein Schiff, das Kriegsschiff des jüdischen Volkes im Kampf um seine Existenz.«

Über dem Schiff kreisten erneut britische Bomber. Die französischen Behörden änderten mit einem Mal ihre Haltung und teilten mit, es läge keine Erlaubnis zum Auslaufen vor.

Die President Warfield blieb – der Willkür der großen Politik ausgeliefert – mit 4515 Menschen und der Besatzung an Bord im Hafen von Sète vor Anker. Irgendwann gab Yossi Order, alle Ausweispapiere, auch die kolumbianischen Visa, zu verbrennen, und teilte in seiner gewohnt ruhigen und direkten Art mit: »Diese Menschen haben keine Staatsangehörigkeit, keine Papiere und kein Herkunftsland. Niemand wird das Schiff verlassen.«

Die Anweisung, das Auslaufen hinauszuzögern, blieb in Kraft. Der Hafenkommandant befahl Yossi, das Schiff hinter die Schwenkbrücke in ein anderes Hafenbecken zu verlegen, mit dem Hintergedanken, es dort leichter von allem abriegeln zu können. Yossi weigerte sich und verlangte, umgehend mit dem Präfekten zu sprechen. Gemeinsam mit Rossmann und Ike Aharonowicz begab er sich zu ihm und machte ihm klar, daß sie unverzüglich auslaufen müßten und die Franzosen sie nicht länger daran hindern sollten, da andernfalls »Blut fließen werde«. Sie sprachen über die Kleinkinder an Bord, machten auf die begrenzte Menge Treibstoff aufmerksam und ergingen sich in Schilderungen der Epidemien, die schon bald auf dem Schiff auszubrechen drohten. Als weiteres Überzeugungsmittel – oder, wie die Historikerin Aviva Chalamish schreibt, »um eine entspannte Atmosphäre zu schaffen« – luden die drei den Präfekten und seine Beamten zu einem üppigen Mahl mit erlesenem Wein ein. Der Präfekt wirkte verstört, befürchtete ganz offensichtlich ein Blutbad und sicherte seine Hilfe zu.

Gleichzeitig insistierte der Hafenkommandant jedoch erneut auf seinem Standpunkt, das Schiff habe keine Auslauferlaubnis, weshalb er die Kesselbrenner demontieren lassen wollte, um so das Schiff endgültig stillzulegen. Auf dem Rückweg zur President Warfield sagte sich Yossi immer wieder, daß er zwar keine Waffen hatte, daß aber die Augen der Kinder an Bord so gut wie Kanonen wirkten. Dabei war er sich der Tatsache sehr wohl bewußt, daß zwei britische Zerstörer bereits an der Hafenausfahrt warteten, um ihnen »Geleit« zu geben. Kaum zurück an Bord, teilte ihm Shmarjahu Zameret mit, er solle umgehend in ein kleines Café am Hafen kommen.

Yossi betrat das Café und wartete neben dem Telefon, bis es klingelte. Am anderen Ende der Leitung war Shaul Avigur, der ihn darüber informierte, daß der britische Außenminister Ernest Bevin im Laufe des Tages zu einem Treffen mit seinem französischen Amtskollegen nach Paris kommen werde, um Druck auszuüben und die Masseneinwanderung von Juden nach Palästina um jeden Preis zu unterbinden. Avigur fügte hinzu, daß Bevin die Ehre Großbritanniens in die Waagschale geworfen habe, um ein Auslaufen des Schiffes zu verhindern. Der Mann sei außer sich, fluche. Das Ganze sei ihm inzwischen zur Obsession geraten, sagte Avigur. Bevin habe es sich zur Aufgabe gemacht, die Einwanderung zu stoppen und den Juden eine Lektion zu erteilen. Er betrachte dies inzwischen als eine Angelegenheit von höchstem nationalem und sicherheitspolitischem Stellenwert. Avigur berichtete weiter, Bevin habe eine frei erfundene Version in die Welt gesetzt, nach der die Masseneinwanderung nach Palästina eine Verschwörung reicher New Yorker Juden sei, ein teuflischer amerikanisch-jüdischer Plan, um Profit zu machen. »Aber«, fügte Shaul Avigur hinzu, »Venia Pomeranz (Avigurs Adjutant, Anm. d. Verf.) kommt gerade von einem Treffen mit dem französischen Arbeitsminister Daniel Meyer und hat sich mit ihm auf eine endgültige Abmachung geeinigt: Ihr müßt bis zum Morgen aus dem Hafen verschwunden sein, koste es, was es wolle. Wenn nicht, wird man euch festnehmen, und die ganze Aktion ist ein für allemal gescheitert.«

Yossi beruhigte Avigur und versicherte, er werde alles in seiner Macht Stehende tun.

Sobald er wieder auf der President Warfield war, machte er sich selbst ein Bild von den örtlichen Gegebenheiten, beurteilte die Lage und verlangte, sofort einen Lotsen aufzutreiben. Ihm war klar, daß sich keiner von ihnen im Labyrinth der Hafenbecken zurechtfinden oder in der Lage sein würde, das Schiff ohne Hilfe aus dem Hafen herauszumanövrieren. Tatsächlich fand sich ein Lotse, der für einen hohen Preis bereit war, ihnen im Schutz der Dunkelheit bei der komplizierten Ausfahrt zu helfen. Zunächst sollte der Mann bis 23 Uhr an Bord sein. Dann hieß es, er komme gegen zwei Uhr morgens. In dieser Phase war das Oberkommando, in Abstimmung mit Shaul Avigur, bereit, den Lohn des Lotsen auf eine Million französische Francs zu verdreifachen.

Auf Anordnung der Behörden befanden sich noch immer zwei französische Zollbeamte auf dem Schiff, die der Reverend John Grauel zu einem Drink einlud. Um Mitternacht waren die beiden schon ausgelassener Stimmung, als Grauel ihnen noch einige Flaschen zusteckte, ehe sie sich fröhlich und dankbar auf den Weg machten.

Es war bereits nach zwei Uhr und der Lotse noch immer nicht in Sicht. Beni, der erste Offizier, machte die Springleinen los, und sie warteten weiter, doch vergebens. Inzwischen zeigte die Uhr schon drei Uhr morgens. Die ersten Fischerboote verließen den Hafen. Yossi war aufgebracht. Das ganze Unternehmen stand nun auf Messers Schneide. Eine gewagte Entscheidung mußte getroffen werden. Yossi wies Ike an, auf der Stelle auszulaufen, ob mit oder ohne Lotsen. Aus seiner Sicht verständlich, widersetzte sich Ike und behauptete, dies sei unmöglich. Er gab zu bedenken, daß er weder Lotse sei noch den Hafen von Sète, der eigentlich für Fischerboote ausgelegt sei, kenne, und fügte hinzu, er weigere sich, eine solche Verantwortung zu übernehmen. Statt dessen schlug er vor, noch ein wenig zu warten. Yossi willigte ein, und sie warteten. Die Dämmerung brach an, und der Lotse kam nicht.

Da verkündete Yossi, er übernehme die volle Verantwortung und befahl Ike: »Tu alles, was in deiner Macht steht, du bist nicht verantwortlich. Wenn es schiefgeht, werde ich es auf mich nehmen.«

Sogleich wurden die Maschinen angelassen, doch die Schiffsschraube grub sich im seichten Wasser in ein Hindernis ein und hielt das Schiff fest. Einer der amerikanischen Freiwilligen tauchte hinab, kehrte zurück und erklärte, als die 4515 Menschen an Bord kamen, habe sich durch das übermäßige Gewicht das Schiff abgesenkt und die Schraube in Tauen verfangen. Yossi warf einen Blick auf die Uhr. Avigurs Worte hallten in seinen Ohren wider. Er wußte, daß sie um jeden Preis aus dem Hafen verschwinden mußten. Die Maschinisten versuchten, die Maschine wieder anzuwerfen. Dann ließen sie die Schiffsdiesel unzählige Male vor und zurück laufen, um die Schraube freizubekommen. Yossi stand dabei und wartete darauf, daß sie das Unmögliche möglich machten und sei es, daß sie die Drehzahl noch weiter hochfuhren, wenn es sein mußte, auch in den roten Bereich. Das Wunder geschah: Das Tau riß, und das Schiff machte einen Satz nach vorn.

Im Hafen von Sète gab es ein halbes Dutzend Molen, die sich in unterschiedlichen Windungen bis zum Hafenausgang erstreckten. Ohne Lotsen an Bord suchte sich das Schiff seinen Weg und rammte sie ausnahmslos alle. Die Flüchtlinge erwachten durch die Erschütterungen, verstanden nicht, was vor sich ging, bewahrten jedoch vorbildliche Ruhe und Gelassenheit. Nur zwei Wellenbrecher, die die Hafenausfahrt begrenzten, trennten sie jetzt noch von der offenen See. Um zwischen ihnen hindurchzukommen, mußte das Schiff eine weite Linkskurve beschreiben. Ike befahl: »Ruder hart Backbord«, doch in der allgemeinen Aufregung warf der Steuermann das Ruder nach rechts herum. Das Schiff lief auf Grund, erbebte – und saß fest.

Es war bereits Morgen. Taghell. Shmarjahu Zameret und seine Leute am Ufer sahen, daß das Schiff manövrierunfähig war. Sofort riefen sie Shaul Avigur in Paris an und teilten ihm mit, das Schiff sei bei dem Versuch, den Hafen zu verlassen, auf eine Sandbank gelaufen. Für Avigur kam dies dem *Tish'a beAv* gleich, dem düstersten Trauertag der Juden. Wochen und Monate hatte er die ganze Aktion gewissenhaft vorbereitet, und nun schien alles verloren. Yossi hingegen fand, daß die Ausfahrt aus dem Hafen in Anbetracht aller vorherigen Schwierigkeiten bislang äußerst erfolgreich verlaufen war. Das Ganze war schließlich eine beispiellose Aktion. Sollte man nach einem solch gewaltigen Sieg etwa aufgeben und gleichmütig die Niederlage hinnehmen?

Anstatt zu resignieren, gab Yossi, der sich des Risikos sehr wohl bewußt war, neue Anweisungen. Die Mannschaft führte seine scheinbar widersprüchlichen Befehle aus und unternahm einen letzten Versuch. Wieder wurde volle Kraft gegeben und die Schiffsdiesel in den roten Bereich hochgefahren, bis sich das Schiff langsam vor und zurück zu bewegen begann, als bahne es sich seinen Weg durch ein Meer aus Beton. Yitzchak Sadehs und Yossi Harels so unterschiedliche Tugenden hielten sich die Waage, und so gelang in dieser Mischung aus Abenteuerlust und Verantwortungsbewußtsein das eigentlich Unmögliche: die Sandbank ganz allmählich, Zentimeter für Zentimeter, abzutragen. Bei 115 Umdrehungen in der Minute führten sie einen rabiaten und verzweifelten Kampf gegen die Gesetze der Mechanik. Es ging um Leben und Tod, denn jeden Augenblick konnte das Schiff seinen Dienst verweigern und 4515 Menschen ihrem Schicksal ausliefern.

Nach eineinhalb Stunden kam die President Warfield endlich frei und glitt aus dem Hafen. Sobald sie die offene

See erreicht hatten, stoppten sie die Maschinen und stiegen ins Schiffsinnere hinab, um zu überprüfen, ob an Kiel oder Rumpf Schäden entstanden waren. Dem Funker Azriel Enav gelang es, über die Leitung Tel Aviv – Rom eine Verbindung mit Paris herzustellen. Der Funkspruch an Shaul Avigur wurde abgesetzt. Alle warteten gebannt: Micha Peri, dem die Flüchtlinge anvertraut waren, Zwi Katzenelson (»Miri«), verantwortlich für die Versorgung, und Sima Shmukler, der als gelernte Krankenschwester die Leitung der Krankenstation übertragen worden war. Die gesamte Schiffsführung wartete.

Erst später hörte Yossi, daß Avigur vor Sorge wie betäubt gewesen sei und leichenblaß auf eine Wand gestarrt habe. Er konnte gar nicht glauben, daß die Nachricht wahr sei, nachdem ihm erst kurz zuvor mitgeteilt worden war, das Schiff sitze auf einer Sandbank fest. Minuten später dann war er der glücklichste Mensch überhaupt, auch wenn er, wie es seine Art war, niemandem seine Gefühle offenbarte.

Das Schiff nahm nun Kurs aufs offene Meer und traf, wie erwartet, kurze Zeit später auf die beiden dort lauernden britischen Zerstörer. Dies war das erste Mal, daß die Briten versuchten, einen europäischen Hafen abzuriegeln. Doch auch das erste Mal, daß es den Männern der *Alija Beth* gelang, die Blockade zu durchbrechen.

17. Kapitel

Die President Warfield war mit guten Funkgeräten und Kurzwellenempfängern ausgestattet. Es war Sommer und die See spiegelglatt. Unter Führung von Mordechai Rossmann, der auch bei der Ausrüstung des Schiffes geholfen hatte, begann sich das Komitee der Flüchtlinge gleich nach dem Auslaufen nützlich zu machen. An Bord herrschte lebhaftes Treiben: Es gab Hebräischunterricht, und es fanden Gesangsabende statt. Musiker spielten abwechselnd auf einem der beiden Oberdecks. Jugendliche führten Theaterstücke auf und übten sich in Disziplin. Kaum hatte das Schiff die offene See erreicht, machten bereits Meldungen über ein breitgefächertes kulturelles Angebot die Runde, sogar Vorträge über Schopenhauer gab es.

Und es gab auch eine erste Liebesgeschichte. Die junge Frau, die Yossi erzählt hatte, wie sie ein Jahr lang Straßenbahn gefahren und in der Nähe von München vergewaltigt worden war, lernte am ersten Tag der Reise einen jungen Mann kennen. Dieser war, offenbar zusammen mit seinem Onkel, zuvor in einem anderen Lager bei Marseille gewesen und darum nicht im »Waisenhaus« untergebracht gewesen, wie Yossi das Jugendlager nannte. Der junge Mann war zwanzig und sehr blaß, hielt einen Block und Bleistift umklammert und zeichnete pausenlos.

Er entdeckte die junge Frau, starrte sie lange an und sagte plötzlich: »Diese Augen, ich erinnere mich an sie. Du bist die, die mir aus der Straßenbahn heraus Zeichen gemacht und mich vor der nahenden Gefahr gewarnt hat.«

Die junge Frau, die sich heute Alisa nennt, sagte: »Stimmt. Und du hast schöne Augen.«

Yossi ging vorbei, und sie verstummten. Dann bat sie den jungen Mann, die Zeichnungen sehen zu dürfen. Er, der sich heute Yosef nennt, sagte, daß sie nicht gut seien. Alisa sah sie sich an und meinte, er habe Talent, seine Zeichnungen aber seien zu traurig. Er erwiderte, er wisse schon nicht mehr, wie man lacht. Sie sagte, auch sie hätte es vergessen, habe es aber wieder gelernt.

Zwei Tage später trafen sie sich wieder. Das Schiff schlingerte ein wenig. Es herrschte kein richtiger Sturm, aber die See war aufgewühlt. Der junge Mann lief an Deck umher, suchte und fand sie schließlich an ein Schott gelehnt, sitzend und lesend. Er ging auf sie zu, und sie blickten einander lange an. Dann fragte sie ihn, ob er eine Freundin habe. Er sagte, ja, aber sie sei tot. Alisa war eifersüchtig und meinte, sie habe nie einen Freund gehabt, weder lebendig noch tot. Der junge Mann zeichnete sie. Sie kämmte sein Haar und erzählte ihm, wie die von Läusen zerfressenen, ausgehungerten Juden in den Zügen das Prinzip des Perpetuum mobile begriffen: Die Läuse fraßen die Menschen, und diese verspeisten die Läuse.

Der junge Mann lächelte. Sie sagte, jetzt erinnere sie sich auch, ihn aus der Straßenbahn heraus gesehen zu haben, weil er einen Fahrradsattel bei sich trug. Da lächelte er ein zweites Mal, was ihn selbst erstaunte. Er erklärte ihr, auf dem Fahrradsattel habe er Kinder an der Ghettomauer hochgehoben, damit sie die Mauerkrone erreichten und mit Jugendlichen auf der arischen Seite Gold gegen Brot tauschen konnten. Alisa sagte, er sei sehr nett, aber wenn er eine tote Verlobte habe, könne sie ihn ihr nicht ausspannen. Er sagte, die Zeit werde das ihre tun.

Unter den Passagieren war auch eine Frau namens Esther R., eine Schauspiellehrerin, die auf die beiden jungen Leute aufmerksam wurde. Sie gewann beide für ihre Theatergruppe. Er malte die Kulissen für eine Aufführung des »Dibbuk« und Alisa spielte die Leah. Yossi erinnerte sich, daß Weizmann sich in Hanna Rovina verliebt hatte, als diese die Leah spielte. Yossi hatte ihn heimlich zu der Rovina gebracht, damit seine Frau Vera nichts davon erfuhr, und beide aßen zusammen Mittag; Chezekel, der Wirt des Kassit, sorgte für Essen und Wein und servierte höchstpersönlich. Weizmann und Hanna Rovina strahlten.

Esther mochte die beiden jungen Leute und drängte Yosef, sich von seiner toten Verlobten zu trennen. Sie und Sirka S. inszenierten Theaterstücke, während andere zuweilen apathisch wie Kadaver auf ihren Pritschen lagen. Sie sangen und waren lustig, obwohl sie außer dem Schmerz, über den sie ihre Witze machten, eigentlich nichts wirklich komisch fanden. Sie spotteten der Hölle. Später verstand man in Israel eine solche Form von Humor nicht mehr. Die Shoah erstarrte zu einem geheiligten, unter Phrasen begrabenen Mythos, der dem mörderischen Schrecken, über den man auch seine Späße machen konnte, nicht gerecht wurde. Die beiden Frauen beschlossen, dem jungen Mann das Lachen beizubringen. Esther war eine wahre Lippenakrobatin, und zunächst lernte er, nur mit den Lippen zu lachen. Nicht wirklich also. Am Ende lachte er beinahe und verstand, daß er Alisa liebte.

Es gelang ihnen, die Nachrichten der BBC zu empfangen, die sogleich in ein halbes Dutzend Sprachen übersetzt und in Form improvisierter Zeitungen, die die Flüchtlinge selbst erstellten, an Bord verbreitet wurden. Bei Malta wurde die britische Eskorte um weitere zwei Zerstörer verstärkt. Jeden Tag kam ein Zerstörer hinzu.

Auf dem Schiff verlief das Leben in geordneten Bahnen.

So geordnet, daß einige gläubige Juden begannen, Forderungen zu stellen. Selbstverständlich hielt Yossi sie nicht davon ab, an Deck zu beten, doch den Forderungen nach koscherer Küche und Kochverbot am Schabbat konnte er nicht nachkommen. Er hatte gedacht, sie würden alle gemeinsam beten. Doch nein, sie bildeten getrennte Grüppchen. Sie beteten, wie Yossi es aus der Schule in Jerusalem kannte, wo er gelernt hatte, daß Juden im Tempel zwar dicht gedrängt standen, aber dennoch Distanz zum Nebenmann wahrten. Yossi fragte die Betenden, ob jede Gruppe einen eigenen Gott habe, worauf sie ihn mit einer Mischung aus Erstaunen und Mitleid ansahen. So blieb es bei dem getrennten, zuweilen in feindseliger Atmosphäre vollzogenen Gebet: Nicht einmal an Bord ruhte der Kampf zwischen den einzelnen chassidischen Höfen, zwischen den Chassiden und ihren orthodoxen Widersachern, zwischen ganz gewöhnlichen Gläubigen und den Orthodoxen.

Es gab Menschen, die, wenn sie an Deck kamen, um frische Luft zu schöpfen, Schwindelanfälle erlitten und sich unwohl fühlten. Die einen weinten, andere versuchten, fröhlich zu sein. Der Reihe nach kamen sie nach oben auf das oberste Deck, duschten, aßen und tranken etwas Wasser. In endlosen Schlangen standen sie für die Latrinen an. Kranke wurden von Ärzten versorgt, die sich zuhauf unter den Flüchtlingen fanden.

Alisa lernte die Rolle der Leah auswendig und gehörte auch zu den Mitbegründern der Schiffsbücherei. Die Menschen brachten Bücher, die sie mit ihrer wenigen Habe quer durch Europa geschleppt hatten, und stellten diese nun der Bücherei zur Verfügung, damit möglichst viele sie lesen konnten. Es gab auch welche, die selbst schrieben. Ihr Liebster – so nannte Alisa inzwischen ihren neuen Freund – zeichnete weiter. Seine Zeichnungen waren jetzt weniger verschlossen und düster. Nur für sich schrieb er: »Ich habe gesehen, wie ein Deutscher meiner Mutter mit einer Axt den Kopf abschlug. Ich glaube, jetzt hat ihr Blut aufgehört, in meine Zeichnungen zu sickern.« Alisa freute sich für ihn und fragte, wann er von seiner Verlobung entbunden sei. Er küßte sie und stürmte nach unten. Sie stand in der Tür zur Bücherei und weinte.

Politische und literarische Debatten wurden ausgetragen, die nicht selten in Geschrei und hitzigen Wortwechseln endeten. Eine Gruppe junger Frauen und Männer setzte sich scharfzüngig und erregt mit dem »Zynismus als Wert« auseinander. Sie diskutierten über Rebellion ohne eigentlichen Anlaß, wie sie in Turgenjews Werk *Rudin* beschrieben wird; über Selbstmord als Ideal. An Bord der »Ausschwitz auf dem Meer« wurde der Nihilismus als höchster Wert diskutiert. Das berühmte »für das Dagegensein«, das allem Nihilismus entgegensteht. Leidenschaftlich wurde über den Unterschied zwischen allgemeinen moralischen und ethischen Werten gestritten, die – so erklärten eifrige verschwitzte Redner – persönlicher Entscheidung unterlägen, während Moral als die Grundlage menschlichen Zusammenlebens betrachtet werden müsse. Anhand von Plechanows Werk »Über die Persönlichkeit in der Historie«, aus dem die Marxisten unter ihnen inbrünstig zitierten, wurde der Unterschied zwischen historischer Zwangsläufigkeit und dem individuellen Einfluß der Persönlichkeit auf den Lauf der Geschichte diskutiert. Gestaltet der Mensch die Geschichte, oder ist es die Geschichte, die ihn formt? Dieses Dilemma fesselte Yossi, den die Geschichte zu dem gemacht hatte, der er war, der sich ihrer aber zum Wohl der ihm anvertrauten Menschen trotzdem bediente. Bemühe ich mich etwa um ihre Anerkennung? wunderte er sich über sich selbst.

Es war sonderbar, dieses Schiff mit seinen dahinsiechenden und doch vor Lebenslust sprühenden Menschen zu betrachten. Ein junger Intellektueller verlas, wenn er nach seinem Namen gefragt wurde, lauthals die Nummer auf seinem Arm und behauptete, er sei nichts weiter als eine Nummer, da man ihm seinen Geburtsnamen für immer genommen habe. Er zitierte Anatole France' Ausspruch, in Paris herrsche völlige Gleichheit: Reiche könnten ebenso wie Arme unter Brücken schlafen. Dabei lachte er, als säßen sie an einem zauberhaften Frühlingsabend in einem Café in Saint Germain, tränken Cognac und plauderten über das Leben.

Eine Frau lag unter Deck und wollte sterben. Nachdem sie ganz Europa durchquert hatte, waren ihre Beine wie versteinert, und sie weinte: »Amnon, du Hebräer, sag mir, was wird werden? Was wird aus uns? Haben wir überhaupt eine Zukunft? Kann es für verbrannte Seelen eine Zukunft geben? Wie fügt man aus Asche gemachte Seelen wieder zusammen? Wie steigt man als Ikarus auf und kehrt als Sphinx zurück? Wie sieht der Adler in der judäischen Wüste aus? Wird er zwischen der Nummer auf dem Arm und der im Herzen zu unterscheiden wissen?«

Am dritten Tag der Überfahrt setzten bei einer Frau die Wehen ein. Man hob sie auf eine Planke, breitete ein Laken aus, und zwei Ärzte nahmen sich ihrer an. Sie gebar einen Sohn, bekam jedoch starke Blutungen und starb am nächsten Morgen. Yossi bestattete sie in den Fluten, genau wie das Neugeborene auf der Knesset Israel. Zusammen mit dem amerikanischen Reverend Grauel hielt er die Trauerrede und sagte, als die Juden aus Ägypten auszogen, beerdigten sie ihre Toten in der Wüste, zogen dann aber weiter. Sie hüllten die Leiche in eine Plane, breiteten eine Fahne darüber, beschwerten sie mit einem Stück Ankerkette und ließen sie ins Wasser gleiten. Jemand sagte Kaddish. Vielleicht war der Tod der jungen Mutter ein solch traumatisches Erlebnis, weil sie unmittelbar vor den Toren von Eretz Israel gestorben war. Denn dort, im Land, hätte sie nicht sterben müssen, sagten sie. Menschen, die über Jahre nichts als Tod um sich herum gesehen hatten und dennoch immer weiter gegangen waren, empfanden zum ersten Mal Verantwortung für den Tod der Frau. Sie ist unser erstes Opfer, sagten sie. Es wurde allen erlaubt, zur Bestattungszeremonie an Deck zu kommen. Die ganze Zeit über stand der Ehemann der Toten, von zwei Matrosen gestützt, da und weinte. Nachdem sie die Hölle überlebt hatten, stellte der Tod seiner Frau etwas dar, was er nicht mehr verstand. Hier ist doch Eretz Israel, sagte er. Hier, mitten auf dem Meer, dies ist Eretz Israel. Warum ausgerechnet jetzt?

Sie gaben sich alle Mühe, das Neugeborene, das den Tod seiner Mutter überlebte, zu füttern. Milch gab es nicht, also bekam der Säugling Ananassaft. Eine sechzigjährige Frau kümmerte sich aufopferungsvoll um das Kleine, doch es half alles nichts. Es lebte nur drei Monate und starb später in Haifa.

Es war S., die mir erzählte, sie habe auf die Rettungsschiffe gewartet. In den achtziger Jahren führte S. ein Café in Tel Aviv. Wenn ich dort zu Gast war, kam sie aus der Küche, fragte, wie der Kaffee oder das Essen sei, und sah, daß ich den Blick nicht von der Nummer auf ihrem Arm losreißen konnte. In der Küche war es heiß, und wenn sie von dort kam, waren ihre Arme schweißbedeckt und die Nummer funkelte wie eine Medaille. Ihr Humor war verschmitzt, aber nicht derb, von stiller Resignation und jener Vitalität einer Frau gezeichnet, die jede Stunde ihres Lebens als Geschenk betrachtet.

Auf meine Frage, warum sie so müde wirke, antwortete sie, sie sei immer müde, weil sie die Nacht nicht geschlafen habe. Ich fragte, warum nicht, und sie sagte: »Ich schlafe nachts niemals.« Als ich nach dem Grund fragte, antwortete sie, daß sie unter einem Alptraum leide, der sie nicht loslasse, wollte aber nicht näher darauf eingehen.

Zwei Wochen später betrat ich zufällig das Café, als keine Gäste da waren. Ihr Sohn servierte uns französischen Cognac in Wassergläsern. Und plötzlich erzählte sie unaufgefordert, sie sei als Sechzehnjährige in Auschwitz gewesen und zur Zwangsarbeit eingeteilt worden. Als sie eines Morgens aufwachte, stellte sie fest, daß sie und die anderen Mädchen in ihrem Block an Pocken erkrankt waren. Ein SS-Offizier bemerkte die Bläschen und ließ alle zehn sofort antreten. Sie mußten sich ausziehen und von einem Arzt untersuchen lassen. Es gab keinen Zweifel, daß ihr Schicksal besiegelt war, denn der Arzt schüttelte den Kopf. Man würde sie »durch die Schornsteine schicken«. Die Mädchen verharrten noch regungslos, als die SSlerin, wie sie die kleine, verwelkte Frau nannten, die zum Vergnügen Kinder erschoß, für einen Moment den Kopf abwandte. Und in dem Augenblick kam eine Frau, die sie nicht kannte, die sie nie zuvor gesehen hatte, und später nie wieder sehen würde, blitzschnell hinter dem Block hervorgestürmt. S. weiß bis heute nicht, warum die Fremde ausgerechnet sie packte und gewaltsam in die Baracke zerrte, ehe sie verschwand. S. spähte durch einen Spalt in der Tür. Die SSlerin richtete den Blick wieder auf die Gruppe und zählte erneut durch. Jetzt waren es nur noch neun Mädchen. Binnen Sekunden hatte sie sich ein gesundes Mädchen gegriffen, das gerade vorbeikam, befahl ihm, sich auszuziehen und zu den anderen zu stellen, und trieb die Mädchen unter Schreien und Schlägen fort. Keines von ihnen kam zurück, sagte S., und jede Nacht träume ich davon. Ich träume von dem Mädchen, das an meiner Stelle ging. Wer war sie, wer war die Frau, die mich rettete? Warum riskierte sie ihr Leben? Gibt es überhaupt ein Warum? Macht jedes Warum einen Sinn?

18. Kapitel

Die Vorbereitungen der Briten, die Funksprüche und die geringe Entfernung, in der die Kriegsschiffe zur President Warfield kreuzten, machten Yossi unmißverständlich klar, daß es früher oder später zur Auseinandersetzung kommen würde. Die amerikanische Crew war inzwischen gut eingespielt. Nach einiger Zeit wurde das Schiff von insgesamt sechs Zerstörern eskortiert, die sich in einem Abstand von einer Seemeile um die President Warfield gruppierten. Die moderne Flotte bestand größtenteils aus Schiffen der Baureihe C, mit langrohrigen Bordkanonen. Die gewaltigen Zerstörer wirkten neben der Exodus wie Riesen, die über einen Zwerg herfallen wollten. Yossi gab Anweisung, nicht mehr als 11 bis 11.5 Knoten Fahrt zu machen, und hoffte, den Briten bliebe die Höchstgeschwindigkeit des Schiffes von fast 19 Knoten verborgen, die er sich für eine letzte Anstrengung aufheben wollte.

Doch es gab etwas, das er nicht wußte, nicht wissen konnte. Noch Jahre später, als er Trupps des militärischen Abschirmdienstes befehligte und eine der bedeutendsten Einheiten der israelischen Armee reorganisierte, als er mit unterschiedlichen Geheimaufgaben betraut wurde, Schiffe in die Luft sprengte, Einrichtungen des Feindes mit ausgeklügelten Methoden zerstörte und sogar den Beinamen »der mannhafte Offizier« erhielt, weil er einen Betrug aufdeckte, der die israelische Geschichte veränderte, hier jedoch nicht näher behandelt werden soll – Jahre später also war er noch immer um genaue, wenn nötig, rücksichtslose Planung bemüht, da ihm die fehlende Information auf der Exodus stets unvergeßlich ist: Er wußte nicht, daß die Briten das Schiff bestens kannten. Ihm war nicht bewußt, daß jeder Matrose an Bord der Zerstörer, die ihn verfolgten, eine genaue Skizze des Schiffs vorliegen hatte und wußte, wo sich was an Bord befand und welche Geschwindigkeit der Feind in Wirklichkeit erreichen konnte. Aber die President Warfield hatte 1942 eine Reise angetreten, war für einige Zeit in den Dienst der britischen Marine gestellt worden und hatte Soldaten über den Ärmelkanal gebracht – eine Aufgabe, zu der sie gerade noch fähig gewesen war.

Die ganze Zeit über stand Yossi in ständigem Kontakt zum *Mossad leAlija Beth*. Den Funksprüchen entnahm er, daß man in Palästina bereits über das Schiff sprach. Die Bevölkerung wußte, daß sich etwas Schicksalhaftes abspielte. Sammelaktionen wurden durchgeführt, die – nebenbei bemerkt – nur wenig einbrachten. Die Meldungen behagten Yossi gar nicht, denn er wußte, daß in einem solchen Fall auch die Briten informiert waren und alles daransetzen würden, möglichst weit vor der Küste anzugreifen. Immerhin hatten sie die internationalen Seerechtsbestimmungen schon einmal verletzt und versucht, das Schiff in einem fremden Hafen festzusetzen. Er wußte, daß es leichter für die Briten war, mit dem Schiff auf hoher See fertig zu werden als in Küstennähe, wenn viele der Flüchtlinge versuchen würden, an Land zu kommen.

Am Morgen wurde mitgeteilt, das Schiff sei in Haganah Ship Exodus 47 umzubenennen. Yossi und seine Kameraden waren empört und funkten an den Stab der *Haganah* zurück: »Was ist das für ein Name? Alle hier sind dagegen. Die Menschen wollen einen Namen mit mehr Aussagekraft. Vielleicht ›Der jüdische Aufstand‹ oder aber einen

Namen, der sich auf die Flüchtlinge selbst bezieht. Denn nach allem ist bisher erst ein einziges der *Alija Beth*-Schiffe nach einem Immigranten, der während der Auseinandersetzungen auf der ›LaNegev‹ ums Leben kam, benannt worden.«

Doch die Führung des *Yischuw* ließ nicht mit sich reden und wies Yossi an, den Befehl auszuführen. Man war zu jenem Zeitpunkt bemüht, den Kampf mit den Briten um die illegale Einwanderung zu entschärfen und auf eine staatspolitische Ebene zu heben, weshalb die Führung auf dem Namen Exodus beharrte. Und ausgerechnet dieser konturlose Name, der nichts von Protest oder Aufruf zum Widerstand hatte, ausgerechnet er blieb haften und drang ins Bewußtsein der Weltöffentlichkeit. Exodus wurde zu einem Symbol. Nur die Briten hielten und halten bis heute daran fest, das Schiff President Warfield zu nennen, nach dem Eigner der Baltimore Steam Packet Company. Um dessen Nichte zur Frau nehmen zu können, hatte der englische König Edward VIII zugunsten seines Bruders, des späteren Königs George VI, auf den Thron verzichtet. Yossi mußte lächeln. Trotz allem haftete dem Schiff also etwas beinahe Königliches an. Doch dann rief er sich in Erinnerung, daß Atara Storman die wahre Königin war und diese Frau nur die Gattin eines Prinzen, der auch noch auf die Krone verzichtet hatte.

Der junge Mann mit dem Skizzenblock und die junge Frau mit ihrem Kummer, die auf dem Schiff ein Paar wurden, saßen in einem Winkel zusammen, als der junge Mann feierlich das Eheversprechen löste, das er seiner toten Verlobten gegeben hatte. Eine alte Frau gab ihm ein Bonbon, das sie im Saum ihres Rocks versteckt hielt. Zwei Menschen, die wie er aus Wilna stammten und nun ihr kleines Schloß bewohnten – fünfzig auf fünfzig Zentimeter mal zwei –, räumten vorübergehend ihre Bleibe. Das junge Paar kroch verschämt in die Schlafhöhle, ehe eine Nachbarin eine Leine spannte und mit Socken und einem Hemd den Eingang verhängte. So verlobten sie sich. Danach warf Yosif seinen Block ins Meer. Bis zu ihrer Ankunft in Haifa und später dann in Hamburg und im Lager Pöppendorf zeichnete er nur noch sie und seine Mutter in jungen Jahren. Er erinnerte sich, daß seine Mutter ein lilafarbenes Satinkleid und einen Ring getragen hatte, dessen Form er wieder und wieder zu rekonstruieren suchte.

Auf dem Schiff gab es eine alte Ukrainerin mit knochigen Wangen. Die Frau hatte zwei Waisen bei sich, die sie gerettet und heimlich nach jüdischer Tradition erzogen hatte, obwohl sie die religiösen Ge- und Verbote des Judentums so gut wie nicht kannte. Auch die Eltern, die in ihrer Nähe wohnten, hatte sie kaum gekannt. Eines Tages hatten diese ihr die Kinder gebracht und sie angefleht, die beiden zu retten. Die einfache, kinderlose Frau übernahm eine Aufgabe, die sie nur mit Mühe, aber mit Würde bewältigte. Da sie sich vor ihren Nachbarn mehr fürchtete als vor den Deutschen, zog sie weg. Den ganzen Krieg über sorgte sie für die nun verwaisten Kinder, gab ihnen auch noch zu essen, wenn alle hungerten, und sparte sich das Wenige vom Mund ab.

Irgendwann erhob sich plötzlich einer der Mitreisenden – einer der vielen, die ihre Kinder verloren hatten und nun in jedem Winkel, in Speisekammern, Klöstern und hinter dem Ofen in der Küche nach ihnen suchten, planlos, der inneren Not gehorchend, einer jener einsamen, verbitterten Juden, die sich nach ihren eigenen Kindern sehnten und die beiden Waisen der Ukrainerin mit begehrlichen Blicken betrachteten. Der Mann behauptete, dies seien seine Kinder.

Anfangs standen ihm viele zur Seite. Der eigene Schmerz machte sie blind. Die alte Frau erschrak und war, um der leiblichen Eltern, aber auch um ihrer selbst willen zutiefst verletzt. Denn sie liebte die Kinder. Sie protestierte und bekam zu hören: »Mit welchem Recht widersetzt du dich? Du bist keine Jüdin.« Was sie noch schmerzlicher traf.

Die junge Frau, die sich später Alisa nannte, umarmte sie und sagte unter Tränen: »Ich habe mit eigenen Augen gesehen, wie ihre Eltern erschossen wurden.« Doch der aufgebrachte Mann gab nicht nach und schrie auf sie ein, bis sie ohnmächtig wurde. Ein anderer Flüchtling trat vor und sagte, er habe die Eltern der Kinder persönlich gekannt. Am Ende zogen sich die nach Kindern hungernden Menschen zurück und brachten der alten Frau sogar Essensreste als Geschenk. Später kam die Ukrainerin mit den beiden Kindern, die ihre Familie waren, ins Land und wurde als deren rechtmäßige Mutter anerkannt. Sie sorgte dafür, so beerdigt zu werden, daß die beiden Waisen irgendwann einmal neben ihr bestattet werden konnten.

Yossi wollte, daß alle Erfahrungen, die sie auf der Knesset Israel gemacht hatten, auf der Exodus umgesetzt würden. An den Latrinen wurde ein ständiger Bereitschaftsdienst eingerichtet. Junge Leute reichten den Benutzern Toilettenpapier und machten die primitiven Aborte sauber. Die Kloake wurde so geschickt wie möglich abgeleitet, damit kein unerträglicher Gestank entstand. Die Hygiene an Bord war annehmbar. Wenn die Frauen Unterwäsche zum Trocknen über die Seitenwände der Pritschen hängten und damit den wenigen vorhandenen Freiraum blockierten, erschienen Ordner, die die Flüchtlinge nicht nur auf ihr Fehlverhalten hinwiesen, sondern ihnen auch halfen. Die Mannschaft stand den Passagieren Tag und Nacht zur Verfügung, wodurch die meisten der stündlich neu auftretenden Probleme gelöst werden konnten. Das war nicht immer einfach. Es kam auch zu Beschwerden, Verbitterung und kleinen Aufständen. Doch im allgemeinen war die Lage unter Kontrolle. Alle an Bord hatten von vornherein gewußt, unter welchen Bedingungen sie die Reise antraten.

Vor Port Said gingen sie auf Kurs Nord und »grasten« die Küste von Süd nach Nord ab. An einem nebligen Morgen bemerkte Yossi in Höhe des Nildeltas, daß die britischen Schiffe zurückfielen. Da er nicht an Wunder glaubte, beriet er sich mit dem neben ihm stehenden Offizier. Sie überprüften unverzüglich die Wassertiefe und fanden heraus, daß die Exodus bei ihrem geringen Tiefgang näher unter Land laufen konnte als die britischen Zerstörer. Die Engländer, die das Schiff kannten, waren sich dessen bewußt und daher bemüht, nicht in die flachen Gewässer in Küstennähe zu geraten, wo die Exodus im Vorteil war. Sie wußten aber auch, daß kein jüdischer Kommandant versuchen würde, Tausende jüdischer Flüchtlinge in Ägypten an Land zu bringen.

Yossi gab Anweisung, das Steuer herumzulegen und Kurs Richtung Nord zu halten. Auf dem Weg nach Gaza passierten sie El-Arish im Norden der Sinaihalbinsel. Da Yossi und Ike den Briten nicht trauten, wurde die gesamte Mannschaft in Alarmbereitschaft versetzt. Die kämpfenden Einheiten bezogen ihre Stellungen, bereit, mit Konservenbüchsen bewaffnet an Deck zu kommen, die Dampfstrahler zu öffnen und die Taue zu kappen, mit denen die großen Flöße festgemacht waren, die das Entern der Soldaten verhindern sollten. Die Exodus lief nun in ungefähr 25 Seemeilen Entfernung zur Küste, vor und hinter sich je einen britischen Zerstörer, während zwei weitere zwischen der Exodus und der Küste kreuzten. Noch bevor sie El-Arish erreichten, gab Yossi den Befehl, alle Maschinen zu stoppen, um die Reaktion der Briten zu testen.

Das Schiff verlor an Fahrt. Auch die Briten stoppten ihre Maschinen, doch ihre großen Schiffe reagierten behäbiger, so daß ein deutlicher Abstand entstand, der allerdings schnell wieder geschlossen wurde. Leider war weder der Strand von El-Arish noch der nördliche Teil des Gazastreifens dazu geeignet, 4515 jüdische Flüchtlinge anzulanden.

Vom Oberkommando kam der Befehl, unverändert Kurs Richtung Nord zu halten. Man solle versuchen, die Menschen am Strand von Bat-Yam an Land gehen zu lassen. Yossi lehnte diese Idee ab, da die Küste vor Bat-Yam sehr felsig war. Selbst wenn es ihnen gelingen sollte, sich dem Strand bis auf zwei- oder dreihundert Meter zu nähern, bestand die Gefahr, bei einer scharfen Wende auf eine Sandbank zu geraten, war also zu riskant. Die *Palmach* hatte Yossi zwar versprochen, zwei Trupps zum Strand zu schicken, doch für all jene, die bei dem Landungsversuch starben, würde das schon keinen Unterschied mehr machen. Letztlich sah der Stab der *Haganah* ein, daß Yossis Einschätzung, der Strand von Tel Aviv sei geeigneter, zutreffend und sein Einwand daher berechtigt war, und bestimmte als möglichen Landeort den Küstenstreifen vor dem damaligen Hotel Kete-Dan.

Geplant war, daß die *Palmach*-Einheiten die Stadt für kurze Zeit abriegeln und die Briten durch Provokationen ablenken sollten. Doch vom Schiff aus waren weder die *Palmach* noch die Briten zu sehen. Der Funkcode der Exodus war einfachster Art und konnte von den Engländern mit Leichtigkeit dechiffriert werden. Folglich kannten sie die Pläne und starteten ihren Angriff auf hoher See, kaum daß das Schiff El-Arish hinter sich gelassen hatte. Yossi ließ Funkkontakt mit der Zentrale aufnehmen. Die Geräte der Exodus ermöglichten direkte Funksprüche nach Tel Aviv, und über die dortige Sendestation der *Haganah* konnte der Funkverkehr so verstärkt gesendet werden, daß er an allen Radiogeräten überall im Land empfangen werden konnte. Im Hauptquartier wurde eine Rede vorbereitet. Yossi funkte Einzelheiten über das Schiff und seine Passagiere und übermittelte eine kurze Schilderung der bisherigen Überfahrt mit ihren Leiden und Schrecken.

Für die Dauer der Sendung kam an diesem 18. Juli 1947 der Verkehr in Tel Aviv und allen anderen Städten im Land, in den Kibbuzim und Moshawim zum Erliegen. Das Volk Israel lauschte Yossi. An jenem Freitag, weit außerhalb der palästinensischen Hoheitsgewässer, näherte sich einer der Zerstörer der nach Norden laufenden Exodus, tauchte das Schiff in gleißendes Scheinwerferlicht und gab Anweisung, die Maschinen zu stoppen. Wie vorgesehen flüchteten sich die Menschen unter Deck. Jeder an Bord wußte nach zahlreichen Übungen, wo sein Platz war und welche Aufgabe ihm zufiel.

Sie stoppten nicht. Im Gegenteil. Die Matrosen warfen das Steuer herum und lenkten das Schiff zurück aufs offene Meer. Die Briten zeigten sich wenig beeindruckt, lieber griffen sie auf hoher See an, statt an Land gegen die Einheiten der *Palmach* zu kämpfen. An dem Angriff nahm neben den fünf Zerstörern Charity, Chieftain, Childers, Chequers und Cardigan auch der Kreuzer Ajax teil. Ein detaillierter Einsatzplan, in dem Position und Aufgabe jedes Schiffs genau festgelegt waren, lag allen Kommandeuren des britischen Flottenverbandes vor. Als der Enterbefehl *board now* erging, schoß einer der Zerstörer plötzlich vor und kam längsseits. Mit Hilfe von Seilen und Enterleitern versuchten die Marineinfanteristen, die Exodus zu überrumpeln, auf die Kommandobrücke zu gelangen und das Schiff so unter ihre Kontrolle zu bringen. Die schlechte Manövrierfähigkeit des ehemaligen Flußdampfers President Warfield erschwerte das Entern allerdings erheblich. Dennoch war der Kampf aussichtslos. Fünf Zerstörer der C-Klasse und ein Kreuzer, allesamt Kriegsschiffe modernster Bauart und gerade erst in Dienst gestellt, umkreisten und rammten mit voller Kraft einen maroden Seelenverkäufer. Das Schiff erbebte, Paneele fielen herab, Kombüsen brachen auseinander, mehrstöckige Pritschen stürzten ein, Menschen kauerten dicht gedrängt in den Ecken, und die Marinesoldaten Seiner Majestät unternahmen einen Enterversuch nach dem anderen.

Die Exodus, deren Aufbauten zum Teil die Decks der Zerstörer überragten, war durch ihre Höhe nicht ungeeignet für eine solche Form der »Seeschlacht«. Doch das Schiff war altersschwach und größtenteils aus Holz gebaut, und so gelang es drei britischen Marinesoldaten schließlich, die Kommandobrücke zu besetzen. Das Heulen der starken Kriegsschiffssirenen war ohrenbetäubend. Weitere Soldaten kamen über, bis sich gegen 4.45 Uhr bereits vierzig bewaffnete Marineinfanteristen auf den Oberdecks der Exodus befanden. Einige wurden von jungen Kämpfern verwundet, andere ins Wasser geworfen. Zwei Zerstörer waren inzwischen von den massiven Rammversuchen gezeichnet und durch den Hagel von Fässern und Leitern und der riesigen Flöße, die die Flüchtlinge auf die Kriegsschiffe fallen ließen, beschädigt.

Bill Bernstein, einer der amerikanischen Freiwilligen, der das Schiff mit überführt hatte, wurde von einem britischen Matrosen attackiert und mit dem Gewehrkolben bearbeitet, bis er zusammenbrach und starb. Auch seine amerikanischen Kameraden wurden erbarmungslos niedergeknüppelt. Sie lagen bewußtlos an Deck oder versuchten, sich kriechend in Sicherheit zu bringen.

Die drei Engländer, die als erste bis auf die Kommandobrücke vorgedrungen waren, wurden allerdings dort eingeschlossen und von jungen Leuten, die darauf trainiert worden waren, mit Schrauben, Konservenbüchsen und faulen Kartoffeln bombardiert. Die frische Luft an Deck verlieh ihnen Mut. Sie sahen den Himmel. Die Exodus stampfte weiter Richtung Norden. Im Verlauf des Kampfes spürten die Flüchtlinge, wie sie durch die frische Luft und den Geruch des Meeres wieder zu Kräften kamen. Die Mädchen waren mit Wasserschüsseln und feuchten Lappen immer in ihrer Nähe, um Blut und Schweiß der jungen Männer fortzuwischen.

Ike wechselte schnell zum Behelfsruder im Heck des

Schiffes, setzte die Hydraulik des Hauptruders außer Kraft und steuerte von dort aus die Exodus, während die drei Marinesoldaten auf der Kommandobrücke festsaßen und keine Gewalt mehr über das Schiff hatten. Immer wieder versuchten sie, die Tür aufzubrechen, gaben Schüsse ab und warfen Rauchbomben, doch vergebens. Die Jungen, die sie belagerten, ließen sich nicht in die Flucht schlagen. Yossi sagte ihnen: »Die Menschen in den Lagern haben gekämpft, um in Würde zu sterben. Hier, verehrte Herren, kämpft ihr, um zu leben.«

Andere packten die Rauchgranaten und warfen sie zurück in den verriegelten Steuerstand, ehe die Geschosse explodierten. Einer von ihnen, Heinrich Bauer, der während des Krieges in einer Kleinstadt nahe Frankfurt bei einer Frau Unterschlupf gefunden hatte, hatte von ihr gelernt, auf dem Dachboden stehend amerikanische Blindgänger ins Freie zu schleudern. Jetzt brachte er seinen Kameraden bei, die noch nicht explodierten Granaten der Briten zu nehmen und ins Meer zu werfen.

Das Schiff taumelte. Die Rammversuche nahmen kein Ende. »Der Angriff der Briten«, rief Yossi durch ein Megaphon, damit die Kommandeure der britischen Kriegsschiffe seine Worte hörten, »findet in internationalen Gewässern statt, und wir sind nicht verantwortlich zu machen, wenn dabei Soldaten getötet werden. Sollte jemand zu Tode kommen, seid ihr verantwortlich und nicht wir!« Danach verschaffte sich Reverend Grauel Zutritt zum Steuerstand. In der Hand hielt er die aus einer amerikanischen Flagge gemachte Krawatte. Er wies sich aus und forderte die drei Briten auf, die Brücke zu verlassen. Verletzt, gedemütigt und besudelt von den Kartoffeln und Konservenbüchsen, mit denen sie beworfen wurden, weigerten sich die Marinesoldaten, seiner Aufforderung Folge zu leisten. Vielleicht, dachte Yossi, weil sie Angst vor dem Zorn der aufgebrachten Menschenmenge an Deck hatten.

Die Exodus verlor zunehmend an Fahrt. Die Rammstöße hinterließen ihre Spuren. Noch immer wechselten sich die Zerstörer ab, einer rammte, während der andere abdrehte. Dabei unternahmen die Marineinfanteristen erneute Versuche, das Schiff zu entern, und sprangen von Plattformen, die an Drehkränen frei in der Luft hingen, auf die Decks der Exodus. Die meisten dieser Angriffe konnten abgewehrt werden. Wer nicht auf sein Schiff zurückgestoßen oder ins Meer geworfen wurde, wurde entwaffnet. Yossi wollte die Kommandobrücke zurückerobern. Ike gelang es zwar auf bewundernswerte Weise, das Schiff vom Heck aus zu steuern, doch für die Funktionstüchtigkeit des Schiffes war die Kommandobrücke unersetzlich. Über dem Maschinenraum wurden Netze gespannt, um das Eindringen von Gasgranaten zu verhindern. Mit Hilfe eines einfachen Armeekompasses änderte Ike den Kurs auf Nord-Ost. Er und Yossi wollten nun um jeden Preis die Küste mit voller Geschwindigkeit erreichen.

Die Briten ließen sich nicht aus dem Konzept bringen. Inzwischen gab es bereits zahlreiche Verletzte auf der Exodus, und es herrschte allgemeines Durcheinander. Kinder wurden verwundet und stürzten, Öl ergoß sich über das Deck, und Menschen rutschten aus. Viele der Verletzten bluteten. Die hölzernen Außenbordwände des Schiffs begannen auseinanderzubrechen. Einige britische Soldaten gelangten aufs Oberdeck, außer sich vor Wut, dreckstarrend von Abfällen und rußigem Dampf, feuerten sie in alle Richtungen und droschen auf die jungen Kämpfer und die ihnen zur Hilfe eilenden Mädchen ein.

Drei Stunden dauerte die Schlacht nun schon. Das Schiff schlingerte wie betrunken. Soldaten mußten sich übergeben. Wasser drang durch die zersplitterten Außenbordwände ins Schiff. Der zweite Offizier berichtete Yossi, daß Hunderte von Menschen zu ertrinken drohten, da sie es nicht mehr rechtzeitig an Deck schaffen würden. Auf Yossis Schultern lastete eine schwere Verantwortung. Ihm blieb nur die Alternative, entweder um eine Feuerpause zu bitten oder den Kampf fortzusetzen.

Gegen fünf Uhr morgens suchten die Briten die Entscheidung. Die Zerstörer kreisten die Exodus ein, zielten mit dem Bug auf das Schiff und rammten es abwechselnd mit voller Kraft und aus allen Richtungen. Die Flüchtlinge an Bord liefen kopflos hin und her und warfen mit allem, was gerade zur Hand war. Waffen hatten sie keine, davon hatte sich Yossi zuvor überzeugt, der die Schlacht mit Hilfe seiner Boten lenkte. So behielt er die ganze Zeit den Überblick. Wieder ertönten Schüsse, und weitere Menschen wurden von Kugeln getroffen. Alles in allem waren bereits mehr als zweihundert Verletzte zu versorgen. Von beiden Seiten des Schiffes rammten nun zwei Zerstörer gleichzeitig ihren Bug in die hölzernen Aufbauten der Exodus. Das Schiff erbebte und bekam Schlagseite. Einheiten von Marineinfanteristen nutzen die Situation und ließen sich zu Dutzenden wie Affen an Seilen von ihren prachtvollen Kriegsschiffen auf die Decks des alten Flußdampfers herab. Yossi gab Anweisung, und die Exodus nahm mit Volldampf Kurs auf Haifa. Die plötzliche Wende und der Zickzackkurs, den Ike am hinteren Steuer fuhr, hinterließen eine mächtige Heckwelle und warfen einige der Soldaten über Bord.

Strategie und Taktik der Briten waren bis ins kleinste Detail ausgearbeitet. Die Pläne befinden sich noch heute in den Akten der Admiralität. In der Zwischenzeit hatte sich der Zustand der Verletzten an Bord weiter verschlechtert. Als ein britischer Offizier sah, wie ein Mann eine Axt gegen einen Marinesoldaten schwang, schoß er und behauptete später, aus Notwehr gehandelt zu haben. An Deck bildete sich eine Öllache, und Dampf entwich aus einer undichten Leitung. An der Unterseite des Rumpfes klafften Risse, und immer mehr Wasser drang ins Schiffsinnere. Als

Yossi und Ike weitere Eimer besorgten und die Schöpftrupps verstärkten, um das Wasser so schnell wie möglich aus dem Schiff zu schaffen, hörte Yossi durch den unter Deck herrschenden Lärm hindurch ein Kind schreien. Er eilte nach oben. Ein britischer Soldat, der sich in unmittelbarer Nähe seines Schiffes abseilte, hatte auf einen fünfzehnjährigen Jungen geschossen, der als Verbindungsläufer an Deck eingesetzt war. Reverend Grauel sprang hinzu und kappte das Seil, worauf der Soldat ins Meer stürzte. Der Junge brach zusammen und starb. Tief unten im Schiff, umgeben von Tausenden von Menschen, inmitten eines Wirrwarrs aus Schreien und gellenden Sirenen, half der jüngere Bruder des Jungen beim Wasserschöpfen. Er erschrak, stürmte wie von Sinnen nach oben und fand die Leiche seines Bruders mit einem Loch in der Stirn.

Die Menschen liefen wie verschreckte Tiere durcheinander, ließen Leitern auf die Soldaten fallen, die in Wellen zu Hunderten das Schiff enterten. Am Horizont tauchte Tel Aviv auf und dahinter Netanya. Die Schlacht befand sich auf ihrem Höhepunkt. Einige schrien, man solle eine Neunziggradwende machen und auf die Küste zuhalten. Doch Yossi hatte bereits begriffen, daß nicht die *Palmach*, sondern Tausende britischer Soldaten die Exodus am Ufer erwarteten. Er wollte, einzig auf feierliche Versprechungen vertrauend, keine weiteren Menschenleben riskieren. In den Meldungen, die er weiterhin erhielt, war von der *Palmach* keine Rede mehr. Abgesehen davon drohten bei einem Anstranden des Schiffes in seinem jetzigen Zustand ohnehin eine Katastrophe und der Verlust zahlloser Menschenleben. 4515 Menschen mit einem auseinanderbrechenden Schiff anzulanden, wäre einem Selbstmordunternehmen gleichgekommen.

Viel später, als der Amerikaner Bernie Marks sich im Gefängnis vor dem britischen Oberbefehlshaber als Kommandant des Schiffes auswies, erklärte ihm der Engländer, daß die Exodus, hätten die Rammstöße nur wenige Minuten länger angehalten, stärker leckgeschlagen und die Aussicht auf Überlebende gering gewesen wäre, da sich im Innern des Schiffes schließlich Tausende von Menschen drängten.

Yossi Harel kämpfte also an zwei Fronten: Gegen einige seiner eigenen Kameraden unter der Besatzung, die weiterkämpfen wollten, egal, wie groß die Zahl der Opfer wäre. Und gegen die Briten, deren Druck sich zusehends verstärkte, die scharf schossen und Gasgranaten schleuderten, das Schiff enterten, zurückgeworfen wurden und erneut enterten. Inzwischen gab es auf der Exodus schon siebzehn britische Gefangene. Erst später erfuhr Yossi aus den Klagen, die Ike und seine Mitstreiter gegenüber der *Palmach*-Führung vorbrachten, daß unter anderem der völlig abwegige Vorschlag gemacht wurde, einige der gefangengenommenen Briten wie Fender an die Außenbordwände des Schiffes zu hängen, damit die Angreifer ihre Rammversuche einstellten. Man kann nur mutmaßen, wie die Briten beim Anblick ihrer am Rumpf der Exodus hängenden Soldaten reagiert hätten.

Das Schiff schwankte jetzt so stark, daß man sich kaum noch auf den Füßen halten konnte.

Als sie am nächsten Morgen gegen neun Uhr schon auf Höhe von Kfar Witkin waren, bat Yossi um ein Gespräch mit Dr. Yehoshua Cohen, dem leitenden Schiffsarzt, einem wunderbaren Mann, der sich viele Verdienste um die illegale Einwanderung erworben hatte und Yossis Vertrauen genoß. Yossi brauchte einen verläßlichen Bericht über die Lage der Verwundeten. Dr. Cohen trat mit blutverschmierten Händen auf Yossi zu und antwortete: »Wenn wir kein Plasma für Bluttransfusionen bekommen, werden sechs oder sieben sofort sterben, und wer weiß, wie viele danach.«

Mehr brauchte Yossi nicht zu hören. Für ihn war nur eins von Bedeutung: alle an Bord lebend in Sicherheit zu bringen. Erschöpft, aber bei klarem Verstand, wußte er, was zu tun war, wußte, daß die Entscheidung schwerfallen würde und daß er sie wie immer allein treffen mußte. Später sagte er einmal: »In jenen Augenblicken fühlte ich mich wie einer der Flüchtlinge. Auch hier im Land hätte man nicht gewagt, Greise, Frauen und Kinder an die vorderste Front zu stellen. Mit welchem Recht und in wessen Namen hätte ich so etwas tun können?«

Er ließ den Blick über das Schiff schweifen, das wie ein unheimliches, blutbesudeltes Schlachtfeld wirkte, und wurde unendlich traurig. Schweren Herzens, aber in vollem Bewußtsein der möglichen Folgen gab er den Befehl, die Maschinen zu stoppen. Dann trat er zu einem gefangenen britischen Offizier und bat ihn, Kontakt mit dem Flottenkommandeur aufzunehmen, damit Plasmakonserven in ausreichender Zahl geschickt würden. Außerdem ließ Yossi übermitteln, die Decks der Exodus seien von Blut überspült. Die Zerstörer umzingelten das Schiff jetzt wie eine Meute blutdürstiger Haie. Nachdem der Oberkommandeur des Flottenverbandes die Meldung erhalten hatte, wurde wenige Minuten später von einem der britischen Kriegsschiffe aus ein Boot mit einem Arzt, der Plasma und Verbandsmaterial bei sich trug, zu Wasser gelassen. An Bord der Exodus begann er unverzüglich, die Verwundeten zu versorgen. Dabei liefen die Schiffe weiter Richtung Norden – auf Haifa zu.

Monate später, als die »jüdischen Kriege« begannen, beschrieb Ike den von Yossi angeordneten Abbruch des Kampfes als »Feuerpause« und behauptete, er habe am Morgen jenes Freitags vorgeschlagen, zum Strand von Kiryat Chaim durchzubrechen. Ein solcher Plan wäre jedoch, selbst wenn Yossi und die Befehlshaber an Land davon gewußt hätten, nicht zu realisieren gewesen. Die aufgewühlte See, die zahllosen Verwundeten, der Zustand des Schiffes, die Position der britischen Kriegsschiffe: All dies hätte mit Sicherheit dazu geführt, daß bei einem Landungsversuch aus Kiryat Chaim – der Stadt der Lebenden – ein Kiryat Metim – eine Stadt der Toten – geworden wäre.

Lieutenant-Commander Baily, der Kommandeur des Zerstörers Childers, der die Hetzjagd auf die Exodus angeführt hatte, beschrieb Jahre später, was er in jener Nacht sah: »Die President Warfield bot einen phantastischen Anblick, als sie mit Volldampf durch die Nacht stampfte. Zwei riesige Fahnen mit dem Davidstern flatterten am Masttop, von unseren 20-Inch-Suchscheinwerfern beleuchtet. Ihre jammernde Sirene klang wie eine verwundete Kuh, die vor einem unbekannten Schrecken flieht.«

19. Kapitel

Mit der Schlacht um die Exodus erreichte der gerechte Kampf um die Einwanderung nach Eretz Israel seinen Höhepunkt. Yossi Harel war sich wohl bewußt, daß Gerechtigkeit ein heikler Begriff ist. Die Befehle, die er während des Kampfes gab, waren vorsichtig und mit Zurückhaltung überlegt. Er sprach mit den Menschen von Angesicht zu Angesicht, erklärte jeden Befehl sorgfältig und mit großer Geduld. Mit allen gemeinsam zog er in die Schlacht, war jedoch nicht bereit, einen aussichtslosen Kampf zu führen und zum Verursacher eines zweiten Massada zu werden, selbst wenn er damit einen nationalen Mythos für die Generation der neuen Hebräer erschaffen hätte. Diejenigen – und es gab sie –, die sich auf Kosten der Flüchtlinge politischen Vorteil verschaffen wollten, scheiterten an Yossis felsenfesten Überzeugungen. Er wußte, welche Tragweite das heldenhafte Vermächtnis von Menschen hatte, die für eine gerechte Sache fielen, weigerte sich jedoch, die Überreste des jüdischen Volkes auf dem Altar eines solchen Mythos zu opfern. Auch und vielleicht vor allem aus diesem Grund hatte ihm Shaul Avigur, den die Katastrophe der Patria nicht ruhen ließ, stets vertraut. Er schirmte Yossi ab, umging die Anweisungen führender Stellen und gab ihm sowohl in jenen schicksalhaften Stunden wie auch später volle Rückendeckung, getreu seiner Überzeugung, daß der *Yischuw* gezwungen werden mußte, für die Einwanderer zu kämpfen, und nicht andersherum.

Einige der *Palmach*-Mitglieder an Bord der Flüchtlingsschiffe waren innerlich hin- und hergerissen zwischen der Treue zu ihrem Oberbefehlshaber Yigal Alon, der für den Kampf auch Opfer in Kauf nehmen wollte, und dem Mitleid, das sie angesichts der Kinderaugen empfanden, in die sie tagtäglich blickten. Yossi wußte, daß die Briten den Eindruck entstehen lassen wollten, die Zionisten nutzten das Leid der Flüchtlinge für ihre eigenen Zwecke aus. Er, wie die meisten anderen vom *Mossad leAlija Beth*, beharrte darauf, daß nicht der Immigrant allein die Fackel des Zionismus tragen sollte. Die zionistische Bewegung kämpfte, um diesen Menschen, auch wenn sie keine Zionisten, sondern jüdische Flüchtlinge waren, politische Souveränität und ein Zuhause zu geben. In dieser Hinsicht sah sich der Zionismus nicht als Ideal, sondern als Instrument zur Rettung von Menschenleben. Den Scharfmachern hielt Yossi bei jeder Gelegenheit entgegen, sein Befehl habe nicht gelautet, ein Schiff voller Leichen in Eretz Israel anzulanden. »Wir haben gekämpft, solange dies sinnvoll war. Noch ein paar Rammstöße der Zerstörer, und das Schiff wäre schlichtweg gesunken.«

Die enttäuschten Befehlshaber der *Palmach*, die sich später bei Ben-Gurion sogar über Yossis ihrer Meinung nach unverhältnismäßige Zurückhaltung beschwerten, verstiegen sich zu der Behauptung, der Widerstand der Immigranten sei eines der letzten verbleibenden Kampfmittel gegen die Fremdherrschaft gewesen. Ein Krieg der Juden um ihre nackte Existenz. Alon gab das Motto aus: »Ungeachtet aller Verluste muß Widerstand geleistet werden.«

Später, im Zuge der durchgeführten Untersuchungen, stellte Yossi unmißverständlich klar: »Meine Überlegung war ganz einfach. Widerstand – ja. Und wir haben Widerstand geleistet. Ich habe den Befehl über das Schiff übernommen, um Überlebende nach Eretz Israel zu bringen, und nicht, um Flüchtlinge zu Kämpfern zu machen, geschweige denn, um Verwundete, die die Shoah überlebt haben, auf dem Weg von Netanya nach Haifa an Bord sterben zu lassen. Es wäre sinnlos gewesen, das Leben dieser Menschen für etwas zu riskieren, das wir bereits bewiesen hatten: Der Widerstand lag im bloßen Auszug aus Europa und dem physischen Aufbegehren an Bord der Exodus.«

Yossi sah die blassen, verstörten Kinder, die wie alte Männer gekleidet waren. Den Namen des Schiffes hatten sie auf ein großes Laken gemalt. Beim Einlaufen des zerschundenen Schiffes in den Hafen von Haifa sang der Chor: »Gesät haben wir, aber noch nicht geerntet.«

Die Menschen waren am Boden zerstört. Es gab drei Tote und über zweihundert Verletzte, von denen siebenundzwanzig sofort in Krankenhäuser eingewiesen werden mußten. Yossi erhielt den Befehl, zunächst die Besatzungsmitglieder, die für die Überführung der beiden Pans – jener Flüchtlingsschiffe, die bereits in Europa warteten – benötigt wurden, von Bord gehen zu lassen. Er gab Anweisung, die vorhandenen Waffen unter der Kommandobrücke zu verstecken. Auch für die übrigen Besatzungsmitglieder wurden Verstecke geschaffen. Untereinander losten die Männer aus, wer von ihnen an Bord bleiben sollte, um die Flüchtlinge nach Zypern zu begleiten, und wer nach Hause zurückkehren konnte. Das Los, die Flüchtlinge zu begleiten, fiel auf Micha Pari.

Im Hafen begann das Verladen der Flüchtlinge auf die britischen Deportationsschiffe. Es gab kaum Luft zum Atmen. In panischer Angst sprangen Menschen ins Meer. Von Polizeibooten aus, die die Exodus umkreisten, schlugen die Briten mit Knüppeln nach den Flüchtlingen. Die beiden Liebenden aber saßen an Deck, und Alisa bat inständig um Hilfe: »Mein Bräutigam ist verletzt.« Er wurde verbunden, und sie streichelte ihn. Er weinte um ihretwillen und wurde von einem aufgebrachten britischen Soldaten geschlagen, der gerade damit beschäftigt war, Konservenbüchsen einzusammeln.

Die Briten konzentrierten sich jetzt darauf, die Flüchtlinge auf die Deportationsschiffe zu bringen, trieben sie vor sich her. Frauen, Kinder, Männer, alle schrien. Doch vergebens. Ohne Erbarmen holte man die Menschen von der Exodus und verfrachtete sie angewidert auf die wartenden Schiffe, trieb sie wie Vieh zwischen zwei Reihen britischer Soldaten mit aufgepflanztem Bajonett hindurch. Und das alles unter den Augen der UNSCOP-Delegation, die durch einen Funkspruch der Exodus in den Hafen von Haifa bestellt worden war, um das Schiff zu besichtigen.

Manche behaupten, das Ganze sei ein von der Führung des *Yischuw* im Vorfeld geplantes Schauspiel gewesen – zu Ehren der Delegationsmitglieder. Ebensogut könnte man behaupten, was ja zuweilen von arabischer Seite oder von deutschen Extremisten zu hören ist: Es sei alles eine einzige Erfindung, und die Juden hätten sich die Shoah, die überhaupt nicht oder aber nur in geringem Maße stattgefunden habe, ausgedacht, um die gesamte Welt finanziell zu melken und den Arabern einen Staat zu rauben. Die Delegation benötigte jedoch keinerlei Erklärungen. Das Bild, das sich ihnen bot, war deutlicher als alle Worte. Nur Reverend Grauel hielt ihnen zu Ehren eine beißende, bewegende Rede.

Adam M. traf mit der Exodus ein und blieb an Bord, bis das Schiff am 18. Juli 1947, eingehüllt in eine Tränengaswolke, im Hafen von Haifa festmachte. Ein großgewachsener Mann mit blondem Haar, das heute schlohweiß und schütter ist, mit grauen Augen, die einen durch die Gläser seiner Brille aufmerksam anblicken, und einer kleinen Falte in der Unterlippe, die mit den Jahren ausgeprägter wurde.

Der vom Meer aufsteigende Dunst hüllte die Stadt ein. Auch den Berg. Das Privileg, in Haifa bleiben zu dürfen, genossen nur die Toten und die Schwerverletzten. Und Adam M. war weder schwer verwundet noch tot. Durch die Nebelschwaden betrachtete er den Rücken des Carmelgebirges und hoffte, daß das, was er sah, eines Tages sein Zuhause sein würde. Wie alle anderen an Bord wollte auch er neu geboren werden und versuchen, ein zweites Leben zu beginnen – frei von Alpträumen. Keiner der Soldaten auf dem Schiff schritt ein, als ihre Kameraden ihn mit aufgepflanztem Bajonett hinter sich herschleiften und ihn mit ihren Schlagstöcken bearbeiteten. Er wurde mit Fußtritten ins Innere des Deportationsschiffes befördert, lag dort in einem mit Stacheldraht abgedeckten Käfig auf dem kalten Eisenboden und gelangte nach drei Monaten nicht enden wollender Qualen und Torturen ins Lager Pöppendorf bei Hamburg.

Hamburg war Adams Vaterstadt. Aber Hamburg war auch die Stadt, in der sie ihm den Kopf rasiert und ihn mit Steinen beworfen, ihn deportiert und seinen Vater ermordet hatten. Früher hatte er die Stadt mit ihren prächtigen Häusern geliebt; den Geruch der Nordsee, wenn die Fischerboote mit ihrem Fang in den Hafen zurückkehrten; das Sprachengemisch, das er am Eingang zu schummrigen Bars hörte; die leichten Mädchen, die ihm Bonbons anboten und deren rote Lippen er gerne betrachtete; das bläuliche Licht der nördlichen Sommernächte und die kühle Brise, die von der Alster und vom Meer herüberwehte.

Jetzt saß er im britischen Lager Pöppendorf, das schon den Nazis als Lager gedient hatte. Es erstreckte sich nicht weit von den Wäldern entfernt, in denen er sich damals, nach der Kristallnacht, der hübschen Mädchen wegen der Jugendbewegung *HaBonim* angeschlossen und heimlich Hebräisch gelernt hatte. Dort verliebte er sich auch in ein Mädchen, dessen Namen er später vergaß. Doch wie man sie mit verbundenen Augen und kurzgeschorenem Haar in irgendeine Höhle im Wald führte, bevor sie dann spurlos verschwand – daran erinnerte er sich noch. Hamburg würde in seinen Augen immer ein unreiner Ort bleiben.

Nach einem halben Jahr im Lager Pöppendorf kam Adam M. frei, wurde auf einem Lastwagen zurück nach Hamburg gebracht und gelangte von dort über Schweden schließlich nach Haifa, die Stadt, von der er bis dahin nur einen flüchtigen Blick hatte erhaschen können. Neueinwanderer, die vor ihm eingetroffen waren, verkauften bereits Kurzwaren und Players-Zigaretten auf dem Kings Way, wie damals die »Unabhängigkeitsallee« in der Unterstadt von Haifa noch hieß. Lange betrachtete Adam voller Erregung die zu Pyramiden aufgetürmten Wassermelonen. Schließlich kaufte er eine, ließ den Verkäufer ein Stück herausschneiden, biß hinein und sagte, wie er später mit einem Lächeln erzählte, das ein Lachen oder aber ein Weinen sein konnte: »Mit dieser Melone verlobe ich mich mit dir!«

In einem arabischen Haus, dessen Bewohner teilweise geflohen oder ins Wadi Rushmiya vertrieben worden waren, richtete man einen Jugendclub ein. Dort fing Adam an zu unterrichten, und dort begegnete er Chedwa, der Leiterin. Sie beschlossen zu heiraten und zogen nach Petach Tikwa. Adam M. begann zu studieren. Er mußte fast zehn Jahre nachholen, die ihm seit seiner Zeit an der polytechnischen Hochschule in Hamburg fehlten. Sie bekamen zwei Söhne und eine Tochter.

In der Nacht vom 15. auf den 16. Oktober 1973 wurden beide Söhne im Sinai getötet. In ein und demselben Panzer. Viele Tage lang suchte Adam M. in der Wüste nach den Leichen. Ganz allein, von der Sonne verbrannt und nur durch einen Strohhut geschützt. Mit versteinerter Miene, ohne auch nur eine Träne zu vergießen. Und er gab nicht auf. »Diejenigen, die mit der Exodus kamen«, sagte er, »haben gelernt, nicht aufzugeben.« Schließlich fand er den Panzer.

Die Leichen waren verkohlt, und nur aufgrund der Zähne, die er zu Dr. Achselrod brachte, wußte Adam, daß es sich um seine Söhne handelte. Dann starb seine kleine Tochter an Leukämie und bald darauf auch seine Frau Chedwa an gebrochenem Herzen.

Adam M. begrub sie alle, einen nach dem anderen. Ein Hiob mit deutschem Akzent, Brille und dünnem, schlohweißem Haar, in dem der Wind spielte. Adam M. schrieb damals, er sei der vierte Tote der Exodus und habe sein Leben bis jetzt nur für die anderen Opfer gelebt. Auf zwei handgeschriebenen Seiten beschrieb er den Bergrücken des Carmel, wie er ihn mit einem flüchtigen Blick am 18. Juli 1947 gesehen hatte. Er schrieb, wenn er – wie es eigentlich hätte sein sollen – auf der Exodus gestorben wäre, würden seine Kinder jetzt noch leben.

Am nächsten Tag, als schon keine Flüchtlinge mehr an Bord der Exodus waren, schlüpften Yossi und seine Kameraden aus ihren Verstecken. Sie zogen Dockerkleidung an, bekamen Ausweise und eine Aufenthaltsgenehmigung für den Hafenbereich und entkamen von den Briten unbemerkt, machten sich auf den Weg zu ihrer nächsten Aufgabe.

Gleich nachdem Yossi und Azriel Enav ihre Angehörigen in Tel Aviv aufgesucht hatten, begaben sie sich zu einer Zusammenkunft mit Yitzchak Sadeh. Sie erzählten ihm von der Überfahrt und dem Kampf um die Exodus. Shaul Avigur telegraphierte aus Paris, die britischen Deportationsschiffe seien verschwunden und niemand wisse, welche Route sie genommen hatten, da sie auch auf Zypern nicht eingetroffen seien. Die drei Männer waren besorgt. So vergingen drei Tage, bis die Regierung Seiner Majestät endlich mitteilte, man habe beschlossen, die Flüchtlinge in ihren Ausgangshafen zurückzubringen. Der britische Außenminister Bevin wollte der französischen Regierung, die das Schiff hatte auslaufen lassen, eine Lektion erteilen. Doch dies war nicht der einzige Grund. Jahre später gestand der britische Oberbefehlshaber des Flottenverbandes ein, daß das British Empire seinen Verpflichtungen nachgekommen sei und Absprachen und Zusagen eingehalten habe, die es den Arabern gegenüber gemacht hatte. In einer anderen britischen Erklärung, die die furchtbaren Zustände auf den Deportationsschiffen rechtfertigte, heißt es, die Lage auf den Flüchtlingsschiffen sei noch schlimmer gewesen. Selbstverständlich wurde verschwiegen, daß auf den Deportationsschiffen der meiste Platz den Aufsehern zur Verfügung stand und für die Flüchtlinge nur eine große überfüllte Halle zum Schlafen blieb, in der es kaum genug Luft zum Atmen gab.

Yossi war zu dem Zeitpunkt bereits in Tel Aviv. In einem Telegramm versuchte Shaul Avigur zu klären, wie viele Menschen Yossis Einschätzung nach in Frankreich von Bord gehen würden. Yossi antwortete, daß über 85 Prozent auf den Schiffen blieben. Tatsächlich gingen in Frankreich nur einige wenige an Land, während alle anderen an Bord blieben. Die Affäre um die Exodus war damit jedoch noch nicht ausgestanden. Gefangen im politischen Machtkampf zwischen Frankreich und Großbritannien, waren es die Flüchtlinge, die beschlossen, in Frankreich nicht von Bord zu gehen. Auf der Empire Rival und den beiden anderen Deportationsschiffen sangen und randalierten die geprügelten Menschen. Die fluchenden Soldaten wagten sich nur noch mit entsicherter Waffe zu den Juden. Der Gesang und die Tänze brachten die Männer ebenso um den Verstand wie einst die jüdischen Mädchen aus Deutschland, die der Außenminister der britischen Mandatsregierung, Sir Shaw, an jenem bleiernen Sommertag im Jordantal gesehen hatte. Unterernährt, krank und von Wut und Rachegelüsten erfüllt vegetierten die Menschen in den schwimmenden Konzentrationslagern die meiste Zeit dahin, litten vor der französischen Küste tief im Innern der Schiffe unter der glühenden Hitze des Sommers.

In einer für niemanden vorstellbaren Aktion, die ironischerweise »Unternehmen May West« genannt wurde – nach jener legendären amerikanischen Striptease-Tänzerin, die auch den Rettungswesten der Flugzeugbesatzungen ihren Namen gab –, wurden die Flüchtlinge auf Anordnung Bevins nach Deutschland geschafft und nach erbittertem, mehrere Tage währenden Widerstand im Hafen von Hamburg von Bord gebracht. Doch das Schlimmste wartete noch auf sie: Nach monatelanger Irrfahrt unter unerträglichen Bedingungen, hin- und hergerissen zwischen Hoffnung und Verzweiflung, sahen sich die unglücklichen, völlig erschöpften Flüchtlinge erneut deutschen Polizisten mit Schlagstöcken und Schußwaffen ausgeliefert.

Geplant war, die Menschen im Schutz der Nacht in das Lager zu überstellen, damit die Schande nicht öffentlich würde. Doch dank ihres erbitterten Widerstands mußten die Flüchtlinge am hellichten Tag und in Gegenwart amerikanischer Pressefotografen von Bord gebracht werden. Die Tatsache, daß sich niemand auf der Welt über die Bilder erschüttert zeigte, erstaunte und bestärkte nicht nur die Briten.

Die Absicht war, jeden einzelnen in seinen Geburtsort »zurückzuschicken«. Auch dieses Vorhaben stieß bei den Flüchtlingen auf Widerstand, und als man begann, ihre Personalien aufzunehmen, gaben sie sich Namen wie Greta Garbo, Errol Flynn, Hermann Attlee und Adolf Bevin. Auf die Frage nach ihrer Herkunft, kamen solche und ähnliche Antworten: »Mein Name ist Echad Ha'am. Ich war in Haifa im Meer baden, als die Briten kamen und mich verschleppten.« Und als der Dolmetscher sie, eine Anweisung übersetzend, aufforderte, sich durchzählen zu lassen, fügte er auf jiddisch hinzu: »Antwortet ihm mit einem klaren, deutlichen Nein!«

Ein allgemeines Fasten wurde ausgerufen und weltweit verkündet. Dies sorgte zwar für einiges Aufsehen – doch nicht in dem Umfang, den sich die Emigranten erhofft hatten. Juden überall auf der Welt schlossen sich dem Hungerstreik an. Die englischen und amerikanischen Intellektuellen schwiegen. Die Vertreter der Kirchen schwiegen. Izzy Stone, ein amerikanischer Journalist, der nicht schwieg und die Odyssee der Deportationsschiffe begleitete, berichtete, die Briten hätten während der beiden Tage, die das Ausladen der Menschen in Anspruch nahm, deutsche Marschlieder gesungen.

Trotz allem drang die Geschichte ganz allmählich ins Bewußtsein der Menschen in aller Welt. Der Name Exodus erhielt eine eigene Bedeutung. Die Inhaftierung jüdischer Emigranten in einem deutschen Lager begann Wellen zu schlagen. Ihr Weg hatte Jahre zuvor in dem Land begonnen, in dem sich das Lager Pöppendorf befand, und dort beendeten sie ihn nun auch.

Nach mehreren Monaten löste die *Haganah* ihr Gelübde ein und holte die Überlebenden der Exodus ins Land. Einige wanderten, mit legalen Zertifikaten versehen, ein. Die übrigen kamen im Rahmen der sogenannten *Alija Daleth*, also mit gefälschten Ausweisen.

20. Kapitel

Yossi war und blieb sein Leben lang ein Mann der Tat. Ereignisse verinnerlichte er und setzte sie danach in Handlungen um. Seine Gefühle sperrte er weg, seine Kreativität erwachte in der Aktion, und er übertraf sich selbst, wenn Dinge von ihm verlangt wurden, die die Maßstäbe, an denen er sich selbst maß, um ein vielfaches überstiegen. Ob er wollte oder nicht, er war gezwungen, sich selbst gerecht zu werden – der Aufgaben würdig, die ihm auferlegt wurden. Jahre später in Amerika sollte er lernen, daß der Mensch, in Emersons Worten, »ein Gott in seinen Ruinen« ist und nicht ein Schaufenster seines Narzißmus und der Hingabe an den eigenen Zauber.

Die Führung des *Mossad leAlija Beth* betrachtete die Realität nüchtern, auch deshalb, weil sie sich seit 1934 mit ihr beschäftigte. Man wußte nur zu gut um das Phänomen, das der amerikanische Historiker David Wyman in seinem schonungslosen, wichtigen Werk *Das unerwünschte Volk* beschreibt, die Preisgabe der Juden durch die gesamte Welt.

Wyman war ein namhaftes Mitglied einer Gruppe von Menschen, die entschieden gegen das Urteil kämpfte, das die »aufgeklärte« Welt über die Juden verhängt hatte, während die Deutschen die Drecksarbeit verrichteten.

Im Jahre 1938 waren die Nazis, unter dem Zepter Adolf Eichmanns in der Wiener Zentralstelle, noch bemüht, Europa mittels Transfer von Juden zu reinigen. Doch die Welt wollte diese nicht. Mit tatkräftiger Unterstützung der Amerikaner übten die Briten Druck auf die europäischen Staaten aus, die von Eichmann verschickten Juden nicht ins Land zu lassen. Die Maschinerie des Todes, die bis ins Detail auf der Wannsee-Konferenz im Januar 1942 ausgetüftelt wurde, stellte wohl eine Ausgeburt der Nazilehre dar, doch in Gang gesetzt wurde sie erst, als sich kein einziger Ort mehr fand, an den man die Juden hätte ausweisen können.

Als in Amerika, in einer für das Land schweren Zeit, die Rettung von zwanzigtausend jüdischen Kindern zur Debatte stand, erhob sich öffentlicher Protest gegen ein solches Unternehmen. Die Cousine Präsident Roosevelts schrieb damals, diese zwanzigtausend »reizenden« Kinder würden eines Tages erwachsen und zu zwanzigtausend häßlichen Erwachsenen werden. Unmittelbar danach wurden Tausende englischer und irischer Kinder, die aus Großbritannien evakuiert worden waren, mit offenen Armen aufgenommen.

Der Eindruck, den die amerikanische Politik gegenüber den Juden auf mich gemacht hat ist äußerst negativ:

In dem populären amerikanischen Roman über die Geschichte des Zweiten Weltkriegs, William Manchesters *The Splendor and the Dream*, wird die Vernichtung der Juden nicht mit einem Wort erwähnt. Dafür sind Frank Sinatras Beitrag zu den Kriegsanstrengungen nicht weniger als fünf Seiten gewidmet. Der stellvertretende Außenminister, Breckinridge Long, der von Roosevelt mit der Flüchtlingspolitik betraut war, tat alles in seiner Macht stehende, um die Rettung der Juden zu behindern, sei es mittels einer gnadenlosen Bürokratie, die auch vor Fälschungen nicht zurückschreckte, durch Vorspiegelung falscher Tatsachen, Kolportage oder aber durch Verleumdung der Juden als fünfte Kolonne oder Trojanisches Pferd. Das Ziel war eindeutig: Es sollten so wenige Juden wie möglich gerettet werden. In einem Dokument des Außenministeriums heißt es unmißverständlich, sollten Juden in großer Zahl gerettet werden, ließe sich das Problem ihrer Repatriierung nach dem Krieg kaum lösen. In einem anderen Schriftstück des State Department kommt mehr oder minder dieselbe Befürchtung zum Ausdruck: »Immer schon hat uns die Möglichkeit Sorgen bereitet, die deutsche Regierung könnte einwilligen, eine beträchtliche Anzahl von Juden gegen Zahlungen oder andere Zuwendungen freizusetzen. Wir stünden vor der schwierigen Frage, was mit ihnen anzufangen wäre.« Weshalb allen Beteiligten unmißverständlich klar war, daß – wie ein Beamter des amerikanischen Finanzministeriums es ausdrückte – beide großen Demokratien, Großbritannien und die Vereinigten Staaten, »were deeply committed not to save the Jews«. Tagungen wie die sogenannte Bermuda-Konferenz wurden lediglich abgehalten, um auf Zeit zu spielen und nichts zu tun. Unter dem Druck einer jüdischen Lobby wurde 1944 ein Rettungskomitee gegründet, das *War Refugee Board*, an dessen Spitze ein wunderbarer Mann namens John Pehle stand. Die für die Arbeit des Komitees und vor allem die von dem Schweden Raoul Wallenberg organisierten Rettungsaktionen nötigen finanziellen Mittel brachten jüdische Organisationen auf. Roosevelt verfügte die Gründung des Komitees nicht aus Liebe zu den Juden, sondern weil er befürchtete, die erklärte Politik des amerikanischen Außenministeriums gegen die Rettung von Juden könnte vom Senat oder der Presse aufgedeckt werden. Die Regierung konnte sich breiter Unterstützung in ihrem Land sicher sein. Im Mai 1943 äußerte Joseph Goebbels in Reaktion auf die Haltung der Welt:

»Wie man die Judenfrage im einzelnen löst, ob man später zur Schaffung eines Judenstaates irgendwo auf einem

Territorium der Erde schreiten wird, das mag dahingestellt sein. Aber es ist sonderbar, daß all die Staaten, die in ihrer öffentlichen Meinung für die Juden eintreten, sich doch immer weigern, die Juden von uns in Empfang zu nehmen. Sie sagen, es seien großartige Kulturpioniere, Genies der Wirtschaft, Genies des Staatsdenkens, Genies der Philosophie und Dichtung, aber wenn man ihnen diese Genies dann anvertrauen will, dann schließen sie die Grenzen ab: »Nein, Nein! Haben wollen wir sie nicht!« Das ist, glaube ich, ein einzigartiges Beispiel in der Weltgeschichte, daß man Genies ablehnt.«

Die romantische und wirtschaftliche Verbundenheit der Briten mit den Arabern, die im Krieg mehrheitlich auf seiten Nazi-Deutschlands standen, ging weit über eine bloße ideelle oder wirtschaftliche Verpflichtung hinaus. Die Briten gingen mit Begeisterung gegen die Juden zu Werke. Ein Teil der Kabinettssitzungen der britischen Regierung während des Krieges war dem Kampf gegen die Juden gewidmet, die der Nazibesatzung zu entfliehen suchten. Lord Moyne, der britische Kolonialminister für den Nahen Osten mit Amtssitz in Kairo, der bald darauf (im November 1944) von jüdischen Terroristen ermordet wurde, ließ verlauten, sollte Großbritannien auch nur einen Zentimeter von der Ausweisung jüdischer Immigranten abweichen, werde künftig eine Flut von Flüchtlingen Palästina überschwemmen. Er schrieb an die Regierung in London, die Nazis wollten die Politik Seiner Majestät im Nahen Osten durch die Überstellung nicht benötigter Juden unterminieren.

Den Plan, Nahrungsmittelpakete an Fallschirmen über den Ghettos abzuwerfen, in denen Juden verhungerten, verwarf die amerikanische Regierung mit der Begründung, eine solche Aktion unterlaufe die Anordnung, der feindlichen Zivilbevölkerung keinerlei Erleichterungen zu gewähren. Für nichtjüdische Polen hingegen wurden Nahrungsmittel abgeworfen: Sie galten als Feinde Deutschlands.

In den Kriegsjahren rückten die Vereinigten Staaten nur in ganz wenigen Fällen von ihrer antijüdischen Einwanderungspolitik ab. Erst nach wiederholten Appellen, zumindest während des Krieges weitere Juden ins Land zu lassen, gab die Regierung schließlich nach und gewährte 982 Juden, die nicht über ein Visum ihrer Heimatländer verfügten, die Einreise. In Berlin, der Hauptstadt des Reiches, im Schatten des Führerhauptquartiers und der allgegenwärtigen Kontrollen, gelang es deutschen Widerstandskämpfern mitten im Krieg mit Hilfe des Schwedischen Roten Kreuzes und Einzelpersonen zwischen drei- und fünftausend Juden zu retten, von denen die meisten das Kriegsende erlebten. In den Vereinigten Staaten dagegen galten jüdische Immigranten als Staatsangehörige eines verfeindeten Staates, weshalb man sie in einem Militärcamp bei Port Antonio im Norden des Bundesstaates New York internierte. Der Kontakt zu Familienangehörigen wurde ihnen untersagt, und vor ihrer Einweisung ins Lager zwang man sie, eine eidesstattliche Versicherung zu unterschreiben, daß sie nach dem Krieg dorthin zurückkehren würden, was die Amerikaner »ihre Heimatländer« nannten! Jüdische Organisationen baten die Vereinigten Staaten, den Flüchtlingen zumindest die Rechte von Kriegsgefangenen zuzugestehen, doch auch dieser Vorschlag wurde brüsk abgelehnt.

In Auschwitz wurden 1944 Überstunden bei der Vernichtung der Juden gefahren. Es war offensichtlich, daß das Ende des Krieges näher rückte. Als ein Spitzenwert von elftausend Menschen pro Tag erreicht wurde, entstand die Notwendigkeit am Gas zu sparen. Die Güterzüge mit den Juden trafen schneller ein als das Gas. Ökonomieprofessoren in Berlin wurden gebeten zu prüfen, wie sich Zyklon B einsparen ließe. Im Sommer 1944 war das Leben eines jüdischen Kindes nicht einmal zwei Fünftel eines amerikanischen Cent wert – die Kosten, die bei seiner Vergasung entstanden. Eine Expertenkommission empfahl daher auf der

Grundlage wirtschaftlicher Berechnungen und Erwägungen, die Kinder direkt in die Verbrennungsöfen zu werfen.

In jenem Sommer, als die Regierungen Großbritanniens, der Vereinigten Staaten und Rußlands bereits genauestens im Bilde waren, als man über die deutschen Todesfabriken bis ins Detail informiert war, weigerten sich Briten und Amerikaner noch immer, die Gaskammern zu bombardieren. Wyman beschreibt in seinem Buch, daß sich die Amerikaner der Aufforderung jüdischer Organisationen, die Gleise nach Auschwitz oder wenigstens die Eisenbahnbrücken zu bombardieren, mit der Behauptung widersetzten, für die Bomber sei es schwierig, auf derartige Distanz von ihren Stützpunkten in England aus zu operieren. Erst bei Kriegsende sollte sich herausstellen, daß der gesamte Norden Italiens als riesiger Luftwaffenstützpunkt gedient hatte. Leichte und schwere Bomber hatten Auschwitz überflogen und die Raffinerien und Industrieanlagen angegriffen, die sich neben und innerhalb des Lagers befanden. Am 20. August 1944 warfen nicht weniger als 127 »fliegende Festungen«, begleitet von einhundert anderen Bombern, insgesamt 1336 Zweizentnerbomben auf die Fabrikgelände von Auschwitz ab, keine acht Kilometer von den Todeslagern entfernt. Die Flugabwehr der Deutschen war dürftig und wenig effektiv. Bei ihrer Rückkehr berichteten die Piloten von exakten Treffern. Als die Buna-Werke, die im Anlagenkomplex von Auschwitz lagen, bombardiert wurden, lautete das erklärte Ziel: ein Sieg über den Feind um der Demokratie willen. Als sich die jüdischen Organisationen von der Argumentation der Alliierten, daß eine Bombardierung der Eisenbahntrasse wenig nütze, da sich diese immer wieder reparieren ließe, überzeugt zeigten und statt dessen vorschlugen, die Gaskammern anzugreifen, lehnten die Amerikaner entschieden ab. Die vier Anlagen mit den Gaskammern und den Krematorien hoben sich auf der Fläche deutlich ab. Jede der Anlagen hatte eine Länge von gut einhundert Metern und die Schornsteine waren weithin sichtbar. Die Alliierten hatten von entflohenen slowakischen Häftlingen Pläne des Lagers bekommen, und Luftaufnahmen lagen ihnen in ausreichender Zahl vor.

Im Herbst 1944 gelang es einer Gruppe jüdischer Frauen, die in der Munitionsfabrik in Monowitz arbeiteten, Sprengstoff an Mitglieder der im Lager tätigen Untergrundbewegung weiterzuleiten. Das Pulver wurde den Häftlingen übergeben, die im Bereich der Gaskammern und Krematorien arbeiteten. Am 7. Oktober, bei einem Aufstand, der den sicheren Tod bedeutete, sprengten diese Häftlinge eines der Krematorien in die Luft. Den jüdischen Frauen in Auschwitz, so sagt Wyman in seinem Buch, gelang, was die mächtigen Armeen der Alliierten nicht einmal gewagt hatten.

In den Jahren 1943 und 1944, als der *Mossad leAlija Beth* tätig zu werden versuchte, übten die Alliierten Druck auf die neutralen Staaten aus, keine Juden aufzunehmen. Sie verlangten von ihren Repräsentanten in der Schweiz, keine Informationen über die Todesmaschinerie der Deutschen durchsickern zu lassen. Nachdem sich die deutsche Armee aus Nordafrika zurückgezogen hatte, weigerten sich die Amerikaner, in den leeren Kasernen, die die Deutschen bei Bengasi und Tobruk in Libyen hinterlassen hatten, Juden unterzubringen. Sie fürchteten, daß nach dem Krieg die Verantwortung für das Schicksal dieser geretteten Juden den Amerikanern zufiele. Hunderte von Landungsbooten vom Typ Liberty Ships, die in nur achtundvierzig Stunden gebaut wurden und für den einmaligen Einsatz bestimmt waren, die amerikanischen Truppen in Europa mit Soldaten, Waffen und Proviant zu versorgen, kehrten leer zu ihren Stützpunkten zurück. Die Kapitäne baten darum, Juden als Ballast auf den leeren Booten verwenden zu dürfen, denn einige Tausend Juden wogen immerhin einige Hundert Tonnen, doch selbst das lehnten die Amerikaner entschieden ab.

In der nüchternen Betrachtungsweise, die Yossi und die Führung des *Mossad leAlija Beth* teilten, gab es keinerlei Zweifel hinsichtlich der Aufteilung von Gut und Böse. So war die Welt nun einmal. Versperrt. Ohne Ausweg. Die Alliierten waren in ihren Entscheidungen nicht zu beeinflussen. In diesem Punkt gaben sie, die Männer des *Mossad*, sich keinerlei Illusionen hin. Sie interessierte nur eine Sache, für die die Exodus als Motto und Symbol stand: Juden zu retten, solange dies noch möglich war, »denn wenn wir sie nicht retten, wird es niemand tun«. Wenn man damit beschäftigt ist, Leben zu retten, darf man sich keinen Gefühlen hingeben. Man darf weder ängstlich sein noch den Helden spielen. Levi Eschkol, bald darauf israelischer Ministerpräsident, sagte einmal, Israel müsse sein wie »Schimschon Gibar, der Nachbachdiker« – sowohl Simson der Held, sein Haargeflecht, sein Heldentum als auch sein hilfloses Elend.

Wir sind zu klein, um klein zu sein, und schwach genug, um stark zu sein.

Die Exodus war ein Seelenverkäufer, trug aber auf ihrem Oberdeck einen riesigen Schornstein, den die Habenichtse mit Stolz betrachteten, fast so als wollten die Passagiere im nachhinein dokumentieren, welchen Schornsteinen sie entflohen waren, weshalb sie diesen als Zeichen mit sich brächten, als Epigramm, als etwas Greifbares für all die, die mit der Erinnerung an die »andere Welt«, der sie entronnen waren, würden weiterleben müssen.

Was die Retter an Bord der Exodus in jenen Stunden beschäftigte, war die Frage, wie man all diese menschlichen Wracks auf einem Deck versammeln könnte, um ihnen feierlich mitzuteilen, daß am Abend ein Konzert gegeben werde – die Fünfte von Beethoven –, mit der Bitte, ordentlich gekleidet zu erscheinen. Und siehe da: Die Juden rafften sich aus ihren fünfzig mal neunzig Zentimeter großen Verschlägen auf, putzten sich die Zähne, kämmten sich, wobei einer dem anderen einen kleinen Spiegel hinhielt, und erschienen mit strahlenden Gesichtern, den Schabbat zu empfangen.

Nach der Niederlage mit der Exodus erhielt Yossi den Auftrag, 15 236 Menschen durch das Schwarze Meer zu geleiten, jenes Meer, in dem Anfang der dreißiger und in den vierziger Jahren Tausende jüdischer Flüchtlinge ertrunken waren. Yossi spürte, daß er zu diesen gesunkenen Schiffen eine besondere Beziehung hatte. Er kannte damals keine Einzelheiten, niemand kannte sie, aber er wußte von der Struma, jenem Schiff mit weit über siebenhundert jüdischen Flüchtlingen an Bord, die zu Beginn der vierziger Jahre nach Palästina emigrieren wollten. Er wußte, daß die Struma eine jämmerliche Nußschale gewesen war. Die Ausfahrt aus dem Hafen Konstanza war vermint, und es hatte erhebliche Probleme mit der Schiffsmaschine gegeben. Auf offener See, während der Fahrt, hatte man versucht, sie zu reparieren. So war die Struma stotternd bis zum Bosporus getuckert, wo sie von den türkischen Behörden aufgebracht und an einer abseits gelegenen Mole im Hafen von Kuschta festgemacht wurde, wo sie für zehn Wochen in Quarantäne liegen sollte. Der Hochkommissar in Jerusalem teilte unmißverständlich mit, die Menschen an Bord seien in Palästina unerwünscht. Über siebenhundert ausgehungerte Passagiere, in Begleitung eines bulgarischen Kapitäns, der nicht den Mut hatte auszulaufen, versuchten die Weltöffentlichkeit auf sich aufmerksam zu machen. Wie die Armenier auf dem Musa Dagh schwenkten sie Bettlaken, auf die sie »Helft uns!« und »SOS« geschrieben hatten, doch niemand kam. Niemand eilte ihnen zu Hilfe. Die Briten sagten: Vielleicht befinden sich ja Spione unter ihnen? Von seinem Amtssitz in Kairo übte Lord Moyne Druck auf die Türken aus, das Schiff ins Schwarze Meer zurückzuschicken. Türkische Polizisten rangen mit den Flüchtlingen, drängten sie gewaltsam in den Bauch des Schiffes und sperrten sie dort ein, ehe das Schiff auf das dicht verminte Meer hinausgeschleppt wurde. Auf Moynes Geheiß kehrte die Struma ins Schwarze Meer zurück. Ohne präzise Seekarten hatte sie nicht die geringste Chance. Von der Strömung abgetrieben, explodierte das Schiff etwa zehn Kilometer vor der Küste, auf Höhe des türkischen Dorfs Sila, und sank. Nur einem der Menschen an Bord, einem Mann namens David Stoliar, gelang es, schwimmend das Ufer zu erreichen und sich zu retten. Er behauptete später, die türkischen Behörden hätten, wenn ihnen daran gelegen gewesen wäre, Boote ausbringen können, um einen Teil der Flüchtlinge zu retten. Doch niemand war erpicht darauf, es sich mit den Briten zu verderben.

Yossi wußte, daß in den Jahren 1935 bis 1945 allein auf dieser Route mehr als 2400 Juden umgekommen waren; heute weiß man, daß ihre Zahl doppelt oder sogar dreimal so hoch war. Was sich ihm unauslöschlich eingeprägt hatte, war die Geschichte der Mafkura, des Schiffes, dessen Route er selbst in jener Nacht gefolgt war, als er ohne russischen Lotsen die beiden Pans durch das minenübersäte Meer geführt hatte.

Die Mafkura war, neben ihren Schwesterschiffen Morina und Bulbul, eines von drei kleineren Schiffen. Am 4. August 1944, gegen 20.30 Uhr, wurde das Signal zum Auslaufen der drei Schiffe aus dem Hafen von Konstanza gegeben. Noch bevor das offene Meer erreicht war, tauchten auf der Mole deutsche Soldaten auf, die die Juden fotografierten und sich dabei vor Lachen bogen. Die Hoffnung und die damit verbundene Freude, endlich in See zu stechen, waren so groß, daß die Menschen an Bord, selbst wenn sie dieses Lachen wahrnahmen, ihm keine Beachtung schenkten.

Die Mafkura, Baujahr 1929, hatte zwei Masten und eine Verdrängung von 120 Bruttoregistertonnen. Als sie den

Hafen von Konstanza verließ, befanden sich etwa 350 Menschen an Bord, vielleicht sogar noch mehr – ihre genaue Zahl ist bis heute unbekannt. Es war Sommer. Ein schöner Sommer. Mild. Viele der Menschen waren an Deck geblieben. Für sie alle gab es nur eine einzige primitive Toilette. Wasserhähne, um sich zu waschen, gab es nicht. Ein wenig Wasser stand in Eimern bereit. Es herrschte eine Atmosphäre wie bei einem Picknick im Hades: Die meisten Passagiere waren jung. In der Ferne sahen sie das schnellere Schwesterschiff Morina, bis sie es aus den Augen verloren. Mit der Bulbul, die nicht weit von ihnen kreuzte, bestand ständiger Blickkontakt. Nach zwei Tagen auf See, um ein Uhr nachts, erreichten die beiden Schiffe zwischen dem bulgarischen Burgas und dem türkischen Mida bulgarische Hoheitsgewässer.

Plötzlich durchzuckten Leuchtgranaten den Himmel, und dann waren Detonationen zu hören. Die Mafkura erbebte und bekam Schlagseite. Gewehr- und Geschützfeuer ertönte von allen Seiten. Das Schiff, dessen Maschine zerstört war, wurde von den Wellen hin und her geworfen. Eine Welle, die von einer der Granaten hochgepeitscht wurde, überspülte das Hauptstromkabel, und die Lichter an Bord verlöschten. Einige Menschen sprangen ins Wasser und versuchten sich auf die Bulbul hinüberzuretten, doch sie wurden im Kugelhagel getötet. Der Kapitän der Bulbul hatte die Kajütenausgänge versperren lassen und hielt das ganze Schiff unter seiner Kontrolle. Der Kapitän der Mafkura und seine vier Matrosen hingegen bemächtigten sich des einzigen Rettungsbootes und ließen das Schiff mitsamt seinen Passagieren im Stich. Jeden, der versuchte, sich an das Boot zu klammern, stießen sie mit kalter Grausamkeit zurück ins Wasser, und ruderten davon, ohne sich noch einmal umzublicken. Eine weitere Detonation erschütterte das Schiff, Feuer brach aus und verbreitete sich in rasender Geschwindigkeit, verbrannte auf seinem Weg viele der Passagiere, verschlang alles Brennbare. Nach nur fünfzehn Minuten begann die Mafkura zu sinken. Jetzt brach auch der Mastbaum, stürzte und erschlug einige junge Leute, die in panischer Angst aneinandergeklammert an Deck standen.

Eine blutüberströmte Frau blickte verstört um sich, suchte nach einem Fluchtweg und sah zwei kleine Mädchen, die sie anflehten: »Hilf uns, brich die Tür auf!« Doch das Feuer erfaßte die Nachthemdchen der Mädchen, und sie konnte nur noch tatenlos zusehen wie die beiden starben.

Eine Frau in einem dünnen Mantel schwamm auf einen nackten, blutüberströmten Mann zu, der auf einer Planke trieb. Die Wellen schlugen über ihm zusammen. Sie versuchte, die Planke zu erreichen, doch der Mann war bereits untergegangen und neben ihm zwei weitere aufgetaucht. Die Schiffsplanke, die die Frau im Blick hatte, geriet in eine Salve von Leuchtspurmunition und fing Feuer. Auf dem U-Boot, das jetzt vor ihr aus den Wellen auftauchte, standen die Deutschen, die zuvor im Hafen gelacht hatten. Sie hörte, wie einer von ihnen auf deutsch grölte: »Die Juden schwimmen nach Palästina!«

Die Frau wurde von einer Woge fortgerissen und fand sich unmittelbar neben einer treibenden Holztür wieder, darauf einige Menschen, von denen ein paar noch am Leben waren. Sie klammerte sich an das Holz, und erneut ertönten Gewehrsalven. Sie schloß die Augen, überzeugt, daß ihr Ende gekommen war, als eine Welle heranrollte und sie von dem Türblatt trennte, das auf einen Schlag versank. Sie dachte, sie sei gerettet. Doch da sah sie einen riesigen Hund, der mit weit aufgerissenem Rachen auf sie zugeschwommen kam. Das Tier keuchte. Lachen war zu hören. Der Hund legte eine Pfote um ihren Hals. Da türmte sich eine Welle auf und schleuderte mit solcher Gewalt ein Stück Holz auf sie herab, daß es dem Hund den Schädel spaltete. Durch die Wucht der Woge wurde eine Leiche an die

Oberfläche gespült. Die Frau schrie, ohne zu wissen, warum: »Ein Hund! Ein Hund!«

Ein Mann trieb auf einem geborstenen Stuhl vorüber. Mit dem Brett, das er als Ruder benutzte, hieb er auf den Schädel des toten Hundes ein. Schließlich erreichte die Frau die Bulbul, zusammen mit einem heftig blutenden Mann, der zu ihr gestoßen war. Doch er ertrank. Die Frau versuchte, auf das Schiff zu gelangen. Der Kapitän verfluchte sie, verfluchte Gott, seine eigene Mutter und die Juden, die ihn mit dieser Unternehmung beauftragt hatten, und hielt die Frau mit einem Ruder auf Abstand. Ein Tau begann zu brennen und sank ins Wasser. Ringsum pfiffen die Kugeln, und die Frau flüsterte: »Ich will nicht sterben!«

Das Wasser war voll von Blut und Leichen, stinkendem Treibgut. Ein Mann, der ihr bekannt vorkam, zog einen Schuh aus und weinte. Er fand einen Balken und versuchte, ein Floß draus zu machen, hatte jedoch keinen Strick. Er sah zwei Schiffe, die von ferne Signale sandten, und schrie um Hilfe. Niemand kam. Das Wasser schien inzwischen eiskalt. Ein toter Mann in einem Rettungsring trieb an ihnen vorüber, in seinen Händen ein Kleinkind. Eine Welle umspülte das Kind, und es strampelte.

Die Frau erreichte die Bulbul, die nur langsame Fahrt machte. Ein paar junge Männer, denen es gelungen war, die Schlösser aufzubrechen und aus dem Bauch des Schiffes an Deck zu kommen, zückten Dolche und zwangen den Kapitän, die Schiffbrüchigen zu retten, doch es waren schon nicht mehr viele übrig, die sie hätten retten können.

Vera, eine ehemalige ungarische Schwimmeisterin, die im neunten Monat schwanger war, zog ihren kurzsichtigen Mann im Wasser hinter sich her. Die Frau, die ihnen mit den Augen folgte, hatte es inzwischen bis an Bord geschafft. Sie faßte sich immer noch an den Hals, als zerfleische ihn der Hund mit seinen Zähnen. Als Vera mit ihrem bewußtlosen Mann die Bordwand der Bulbul erreicht hatte, warfen sie ihr ein Tau zu, und es gelang ihr, sich daran hochzuziehen. Ihr war übel. Einige Stunden später gingen sie von Bord, dem drohenden Tod durch Ertrinken entronnen, und erreichten die Hafenstadt Djanda. Dort brachte Vera ihr Kind zur Welt.

Yossi, der später dieselbe Route nahm, auf der die Mafkura untergegangen war, versenkt von einem deutschen U-Boot und offenbar noch einem weiteren Torpedoboot, wußte, daß von den dreihundertfünfzig Menschen an Bord des Schiffes nur fünf gerettet worden waren. Drei Männer und zwei Frauen.

Später sollte Shejke Dan erzählen, daß Yitzchak Ben-Efraim – sein Partner bei den Aktionen hinter den feindlichen Linien – in Konstanza gewesen war, an jenem Abend, an dem die drei Schiffe auslaufen sollten. Die Flüchtlinge übten gewaltigen Druck auf die Retter aus. Alle wollten den Kontinent hinter sich lassen. Die Eltern von Yitzchak Ben-Efraim wußten nicht, daß er sich in der Stadt befand und im Untergrund tätig war. Treffen konnte er sie nicht, aber ihnen die notwendigen Papiere beschaffen und dafür sorgen, daß sie schneller an Bord des Schiffes kamen – das konnte und das tat er auch. Als sie die Mafkura bestiegen, glücklich und voller Hoffnung, hatte sich Ben-Efraim im Hafenamt postiert und beobachtete sie durch sein Fernglas, stolz und voller Liebe, ohne zu wissen, daß er seinen Eltern die Papiere für ihren letzten Weg beschafft hatte.

21. Kapitel

Nach der Schlacht um die Exodus verließ Yossi Harel, als Hafenarbeiter verkleidet, im Juli 1947 den Hafen von Haifa. Er blieb nicht bei den Immigranten, begleitete sie nicht – wie er es zuvor mit den Menschen von der Knesset Israel getan hatte – auf ihrem Weg, da er gebeten worden war, unverzüglich zwei weitere Schiffe zu überführen, die in Italien warteten. Yossi fuhr nach Tel Aviv und ging vom Busbahnhof zu Fuß ins Kassit, um mit Chezekel zu trinken, dem Besitzer des Cafés, der immer wußte, was und wie es galt nicht zu fragen. Später traf er unterwegs in der Ben-Zion-Allee neben dem HaBima-Theater auf eine große Menschenmenge, die sich zu einer lautstarken und aufgebrachten Demonstration versammelt hatte. Die »Anemonen«, wie die britischen Fallschirmjäger mit ihren roten Baretts genannt wurden, verfolgten das Geschehen mißtrauisch aus den Türmen ihrer gepanzerten Fahrzeuge heraus, die Waffen entsichert. Im Zentrum des Menschenauflaufs stand Salman Shazar, ein kleiner, aufgeregter Jude, der später der dritte Staatspräsident Israels werden sollte, und hielt mit der für ihn typischen Verve eine Rede.

Shazar sprach über die Exodus. Anfangs begriff Yossi nicht, von welchem Schiff die Rede war. Shazar hielt keine Ansprache, er katapultierte Felsbrocken in Form von Phrasen in die Menge: Die Exodus verkörpere die Makkabäer, die Ghettos, Yehoshua Ben Nun. Jene Exodus, von der Yossi gerade kam, die armselige, zerschlagene und nach Gas stinkende Exodus, bekam plötzlich eine biblische Dimension. Seine eigenen Taten klangen aus dem Munde Shazars wie Musterbeispiele von Heldenmut, wie ein Filmepos, und Yossi war sich schon nicht mehr sicher, überhaupt dabeigewesen zu sein. Mit einem Mal wurde ihm klar, daß den Dingen, die sich abgespielt hatten, seinen Taten der letzten Monate – der Überfahrt, dem Kampf, der Grausamkeit, dem Schmerz – möglicherweise eine zusätzliche Bedeutung jenseits des eigentlichen Vorgangs zukam. Erst jetzt verstand er, wo er gewesen war und daß alles, was Shazar beschrieb, sich tatsächlich ereignet hatte. Er hatte all dies wie selbstverständlich gelebt, doch die wirkliche Bedeutung und die Erfolge, die unauflöslich damit verbunden waren, gingen Yossi erst auf, als Shazar sie in Worte faßte.

Nachdenklich und erschöpft stand er da und lauschte erregt diesem Mann, dem Tränen aus den Augen rannen, der seiner Trauer Ausdruck verlieh, als würden all die 4500 Flüchtlinge, die er niemals gesehen hatte und von denen er nicht wußte, wie sie aussahen, wie sie von den Briten geschlagen und erniedrigt worden waren, vereint aus seiner Kehle schreien, als hätten sie ihn zu ihrem Repräsentanten erkoren. Und während sich die Überlebenden der Exodus – ohne, daß er davon wußte – bereits auf dem Weg nach Hamburg und von dort weiter ins Lager Pöppendorf befanden, stand Yossi Harel da und lauschte der Darstellung der Ereignisse als erhabenem Epos. Nahm zum ersten Mal wahr, daß die Aktion, die ihm bis zu diesem Moment als eine weitere unter Dutzenden gewagter Unternehmungen erschienen war, an denen er teilgenommen hatte, vor seinen Augen zum Mythos der Erneuerung des jüdischen Volkes wurde.

Der erste Gedanke, der ihm kam, war: Gib acht, hochverehrter Genosse Shazar, diese bemitleidenswerten Menschen, die sich nicht im geringsten als Soldaten empfanden, haben auf dem Schiff den hebräischen Unabhängigkeitskrieg gekämpft. Kinder und Eretz-Israelis und ihnen zur Seite jüdische Freiwillige aus Amerika. Ein Junge von sechzehn Jahren, der aus einem Konzentrationslager entflohen war, ist getötet worden. Ein amerikanischer Freiwilliger hat sein Leben gelassen. Eine Frau, die den Todesmarsch von Auschwitz überlebt hat, ist verwundet worden. Das skurrile Bild des kleinwüchsigen, entflammten Redners rief Yossi den jungen Baptistenprediger John Grauel in Erinnerung, der den Aktivisten des Fluchtunternehmens geholfen hatte, als es galt, illegale Grenzübertritte zu organisieren. Grauel, dessen Naivität Yossi für ihn eingenommen hatte und der für amerikanische Zeitungen, die niemand lesen wollte, über die »Exodus-Affäre« berichtet hatte, war ein aufrechter Mann, ein puritanischer Fundamentalist alten Schlags, der eines Tages aus tiefem Mitgefühl beschloß, die jüdischen Flüchtlinge mit gefälschten Pässen auf ihrem Weg über die Grenzen zu begleiten, um sie zur Exodus zu bringen.

Grauel hatte sich – und an diese Erzählung erinnerte Yossi sich jetzt – einmal in einem Waldstück in Norditalien in Gesellschaft neun gläubiger Juden befunden – die übrigen hatte er bereits in den Zug gesetzt. Es war der Vorabend des Schabbat und sie wollten beten. Grauel marschierte zu einer kleinen Kirche am Waldrand und bat den katholischen Priester um Erlaubnis, dort beten zu dürfen. Der Priester willigte ein. Grauel, der junge Baptistenprediger, und die Juden betraten die Kirche. Einer von ihnen sagte, aber wir sind nur zu neunt und bilden keinen *Minjan*. Da hob sein Kamerad den Kopf, sah die Jesusstatue über dem Altar und sagte, er ist doch einer von uns. Worauf sie zu beten anfingen. So komplettierte Jesus als Zehnter den Minjan.

Yossi stand vor dem HaBima-Theater und neben ihm

Grauel, der Musa Dagh und das junge Mädchen, das auf der Brücke Lieder von Rachel und Alterman gesungen hatte, und alles verschwamm, vermischte sich, bis er für einen Augenblick nicht mehr wußte, ob das frühzeitig gealterte Mädchen zum Musa Dagh geworden war oder der Musa Dagh zur FELDHURE A.13652.

Eine wichtige kleine Episode

Ein Jahr nach der Exodus-Episode, der Unabhängigkeitskrieg verlief schleppend, Tausende wurden getötet und die arabischen Staaten waren bereits in Eretz Israel eingefallen, betraute Ben-Gurion Yossi, der gerade mit mehr als fünfzehntausend Flüchtlingen an Bord der beiden Pans eingetroffen war, mit einer heiklen humanitären Aufgabe. Zusammen mit Moshe Dayan sollte er den Leichnam von Miki Stone – David Marcus – auf dem Weg zur Beisetzung in West Point begleiten. Marcus, ein hochdekorierter Offizier, der im Zweiten Weltkrieg für die Amerikaner gekämpft hatte, war gebeten worden, bei der Umorganisation der neu geschaffenen israelischen Armee mitzuwirken, und war irrtümlich getötet worden. Ben-Gurion suchte zwei waschechte Eretz-Israelis aus: Einen, der nicht zu bändigen war, einen Panther mit zorniger Miene, melancholisch und gerissen, und einen, mutig und waghalsig, dabei jedoch sensibel und voller Mitgefühl. Er wählte zwei gegensätzliche Pole, die für ihn in ihrer Unvereinbarkeit das Gefüge einer zukünftigen israelischen Armee verkörperten.

Yossi begegnete Dayan zum ersten Mal bei einem Kurs für ausgewählte Befehlshaber der Feldkompanien in Kfar Witkin. Unter Leitung Yitzchak Sadehs war die Elite der Kommandeure und Ausbilder im Land zu dem Lehrgang erschienen, darunter Yossi Harel, Yigal Alon, Moshe Dayan und Shimon Koch (Avidan). Zusammen rund vierzig Mann. Auch Yigal Alon traf Yossi dort zum ersten Mal. Alon erschien ihm wie ein Fellache oder ein Beduine aus der Wüste: Verwurzelt, erdgebunden, mit einem bestechenden Ausdrucksvermögen. Moshe, der aus dem Moschav Nahalal kam, entpuppte sich als wahrer Experte, wenn es galt, Melonen zu organisieren und mit dem Bajonett zu spalten. Moshe und Yigal waren die besten Fährtensucher des Kurses. Diese beiden Fellachen schienen dem Boden entwachsen zu sein, anders als Yossi und seine Kameraden, die auf Felsen und in den Bergen groß geworden waren. In Yossis Augen war Yigal der ernsthaftere und verantwortungsbewußtere von den beiden, doch bei Moshe konnte er schon damals jene besondere Kraft hinter dem Lächeln erkennen. In sich verband er, so dachte Yossi, unkonventionelles Denken, Wagemut und List mit der wilden Vornehmheit eines Leoparden aus dem Tal. Moshe, der für gewöhnlich schweigsam und in sich gekehrt war, verfügte über einen gesunden Humor, den Yossi sehr mochte. Es lag etwas Unbestimmtes in Moshe, etwas Offenes in Yigal.

Ruth, Dayans spätere Frau, kannte Yossi bereits seit seiner Jugend in der Pfadfinderlegion in Jerusalem. Als eines Tages, im Jahr 1938, alle in Chanita waren und Yossi einen Lehrgang für Zugführer abhielt, sah er, wie Ruth Schwartz mit einem Pritschenwagen eintraf. Sie zog ins Zelt von Nachman Batzar, einem bildhübschen Burschen und Moshes engsten Jugendfreund aus Nahalal. Einige Tage vergingen, bis plötzlich Dayan mit seinem Lieferwagen auftauchte. Wortlos, in stillem, verhaltenem Zorn, betrat er gemessenen Schrittes das Zelt und nahm Ruth mit wortloser Geste, während Nachman im Zelt zurückblieb. Er stieß Ruth in den Wagen, und sie brausten davon. Nur sein Gesicht, das Yossi im Profil sah, verriet, was in ihm vorging.

Um die Aufgabe, die Ben-Gurion ihnen übertragen hatte, standesgemäß und ehrenhaft ausführen zu können, bedurfte es einer richtigen Armee. Moshe Dayan und Yossi Harel erhielten als Repräsentanten der noch nicht existierenden Streitkräfte Rangabzeichen, die Marcus' Rang entsprachen. Folglich wurden sie zu Obersten ernannt, doch Uniformen gab es noch keine. In einem Bekleidungsgeschäft in der Allenby Street wählten sie daher etwas aus, das ihnen für Offiziere angemessen erschien: khakifarbene Anzüge, Hosen und Hemden sowie schwarze Baretts. Sie schnappten sich einen Entwurf für Rangabzeichen, den irgendein Künstler im Hause Ben-Gurions gezeichnet hatte, und da das Flugzeug nach Paris bereits startbereit auf dem Flugfeld in Chatzor wartete, bat Moshe, Ruth auf die Reise mitnehmen zu dürfen, damit sie unterwegs die Abzeichen nähen konnte.

Sie flogen mit einer Transportmaschine, in der es keine Sitze gab, und so nahmen sie auf dem Sarg Platz, der jedesmal kräftig ins Rutschen geriet, sobald das Flugzeug in ein Luftloch sackte. Die Leiche rollte hin und her, schlug gegen die Wände des Sargs und für einen Moment schien es, als lausche Moshe dem Toten, als spreche er mit ihm. Als sie Boston erreichten, waren sieben der *Fellafeln* fertig gestickt, und die achte war auf dem Weg. Bei der Landung in New York hatte Ruth ihre Arbeit beendet.

In West Point angekommen, breiteten sie die blau-weiße Fahne über den Sarg, doch die Amerikaner erhoben Einspruch und hüllten ihn in die amerikanische Flagge. Hinter dem Sarg gingen Dayan und Harel – die beiden ersten israelischen Offiziere in Uniform auf dem Boden der Vereinigten Staaten. Vor der Beisetzung gab es ein üppiges Essen, und Yossi gefiel die Art und Weise, in der dem geliebten und von ihnen verehrten Mann die letzte Ehre erwiesen wurde. Von dort aus bewegte sich der Trauerzug zum Friedhof. Die Ehrenwache salutierte, präsentierte das Gewehr und feuerte eine Salve ab. Die gemessene, stilvolle Zeremonie hinterließ bei Yossi einen bleibenden Eindruck.

Später fuhren sie nach New York. Teddy Kollek, der für die Waffenkäufe der *Haganah* verantwortlich war, bat sie, noch eine Woche länger zu bleiben, um jüdische Ausbilder und Offiziere zu mustern, die sich als Freiwillige für die israelische Armee melden wollten. Der bemerkenswerteste unter ihnen war Major Abraham Baum. Baum hatte im Zweiten Weltkrieg als Panzerkommandant gedient. In Frankreich erhielt er den Auftrag, ein Lager mit amerikanischen Kriegsgefangenen zu befreien, das sich etwa zweihundert Kilometer hinter den deutschen Linien befand. Mit einer gepanzerten Kompanie stieß er blitzschnell vor, überwand alle Stellungen und erreichte das Gefangenenlager. Der Überraschungseffekt war vollkommen. Das Lager wurde eingenommen, Baum befreite die Gefangenen und trat den Rückzug an. Am nächsten Tag wurde er verwundet. General George Patton verlieh ihm eine der höchsten Auszeichnungen, die die amerikanische Armee zu vergeben hat. Zu Yossi und Moshe sagte der Major: »Wenn man mit gepanzerten Truppentransportern oder Panzern das Ziel erreicht hat, muß man überraschend und mit voller Kampfkraft angreifen, in alle Richtungen feuern und – die Hauptsache – mit maximaler Geschwindigkeit vorstoßen. Kein Feind wird dem standhalten können.«

Am nächsten Tag kam ein Telegramm von Ben-Gurion, der Dayan anwies, nach Palästina zurückzukehren, um den Befehl über die Einheit 89 in Tel Litvinsky, heute Tel Ha-Shomer, zu übernehmen. Die Worte des Majors waren Dayan noch gut im Gedächtnis, als er mit Härte, Wagemut und Chuzpe die arabischen Ortschaften Lud und Ramla im Sturm nahm.

22. Kapitel

Nach der Exodus machte Yossi sich auf Anordnung Shaul Avigurs also an seine nächste Aufgabe: die Überführung der beiden größten Schiffe in der Geschichte der illegalen Einwanderung. Als Yossi die Reise der beiden Pans plante, vergaß er keine Sekunde lang die Struma, die Mafkura und die Salvador.

Zeev Schind hatte die beiden ehemaligen Bananendampfer in den Vereinigten Staaten erworben. Verglichen mit der Exodus, die eine Verdrängung von 1800 Tonnen hatte, standen bei der Pan York und der Pan Crescent jeweils 6000 Bruttoregistertonnen zu Buche.

Die Schiffe waren in gutem Zustand und in der Lage, eine respektable Höchstgeschwindigkeit zu laufen. Jedes sollte 6000 Immigranten transportieren. Als erste traf die Pan York beladen aus Amerika ein, die Ladung wurde gelöscht und das Schiff ging im alten Hafenbecken von Marseille vor Anker. Lange bevor Yossi wußte, daß er eines Tages Kommandant des Schiffes sein würde, und noch ehe er mit der Exodus auslief, hatte er schon Gelegenheit gehabt, einen Blick auf die Pan York zu werfen. Er war gerade mit Shmarjahu Zameret unterwegs, um den ersten Nizza-Salat seines Lebens zu essen, als sie im Hafen das Schiff sahen. Sie waren beeindruckt von seinen Ausmaßen.

Da die Briten die Männer des *Mossad leAlija Beth* auf

Schritt und Tritt verfolgten, unternahmen die beiden Pans zur Tarnung zwei Passagen, auf denen sie Stückgut nach Nordafrika transportierten. Auf einer der Überfahrten machte sich Gad Hilb, der spätere Kapitän der Pan York, mit beiden Schiffen genauestens vertraut.

Es war von einer massenhaften Ausreise von Juden aus Rumänien die Rede. Die Hälfte der dortigen jüdischen Gemeinde war vernichtet worden, und die Überlebenden befanden sich bei Kriegsende in einer äußerst bedrohlichen Lage. Das Morden hatte zwar aufgehört, doch in Rumänien lebten die Juden in beständiger Furcht. Tausende junger Ungarn, die nach Auschwitz den Todesmärschen entkommen und von den Männern des Fluchtunternehmens und der TGG versteckt worden waren, hielten sich zu jenem Zeitpunkt im Land auf. Es gab mehr als genug gute Gründe, warum eine so große Anzahl von Menschen bei nur einer Überfahrt mitgenommen werden mußte: Es sollten 15 236 an Bord gehen. Die Grenzen in Europa konnten schon bald geschlossen sein, auch für den *Mossad leAlija Beth*. Die politische Situation in Rumänien war äußerst ungewiß. Yossi und seine Kameraden wußten um den Mut der Überlebenden, denn auch sie waren auf feindlichem Territorium im verborgenen tätig.

Shaul Avigur begegnete Yossi, der nur wenig älter war als jene jähzornigen, von ihm gefürchteten Revolverhelden der *Palmach*, wie einem Altersgenossen. Nach den Ereignissen auf der Exodus diente Yossi zunächst einige Monate lang als Adjutant des Oberkommandierenden der *Haganah*. Da jedoch jede Bitte Avigurs einem Befehl gleichkam, wurde Yossi im November 1947 auch von dieser Aufgabe freigestellt. Versehen mit einem palästinensischen Paß verließ er zusammen mit einer kleinen Gruppe, die aus Männern der *Alija Beth* und Angehörigen der Marineeinheiten bestand, das Land.

Mit einer Maschine der südafrikanischen Fluggesellschaft vom Typ Dakota gelangten sie mit einem regulären Linienflug nach Prag, damals fast eine Tagesreise. In Prag bezogen Yossi und seine Kameraden Quartier im Hotel Metropol, wo sie Zeugen eines für sie außergewöhnlichen Ereignisses wurden: einer Gipfelkonferenz des *Mossad*. Shaul Avigur traf aus Paris ein. Shejke Dan aus Bukarest. Pino Ginsburg, der Schatzmeister, kam aus Genf, und auch Yaakov Salomon, »Oberbefehlshaber der Balkanküste«, war zugegen.

Der gesamte Führungsstab saß über der Planung der bislang größten illegalen Einwanderungsaktion, die eine angemessene Antwort auf Bevins Rolle in der Exodus-Affäre darstellen sollte. Informationen über die komplizierte Logistik der Züge, die die Flüchtlinge zu den Sammelpunkten bringen würden, wurden ausgetauscht, und Shaul Avigur erklärte, wem das gesamte Unternehmen unterstehen werde: Bei zwei Schiffen mit Tausenden von Menschen an Bord dürfe es nur einen Kommandanten geben – Yossi.

Am Ende der Sitzung wurde Shaul Avigurs Gesichtsausdruck merklich weicher. Zum ersten Mal sah man ihn lächeln, als er sagte: »Seit dem Auszug aus Ägypten hat es keinen solchen Exodus von Juden mehr gegeben. Ben-Gurion behauptet, wenn man die althebräische Bedeutung der Zahl Tausend berücksichtige, seien es beim Auszug aus Ägypten nicht zehntausend Menschen, sondern nur sechshundert gewesen. Die Rückführung der Juden aus dem Babylonischen Exil ging dagegen nur langsam vonstatten und nahm sehr viel Zeit in Anspruch. Die Fahrt der beiden Pans, die doppelt so viele Menschen an Bord haben werden, wie Netanya Einwohner hat, stellt mithin den größten Exodus von Juden in der Geschichte dar.« Sogleich jedoch gewann Avigur seine Fassung zurück und war wieder ganz der alte, verlegen und schamrot ob der eigenen Sentimentalität.

23. Kapitel

Gleich nach der Zusammenkunft machten sie sich an die Arbeit. Aber Yossi trieb noch etwas anderes um. Mehrfach berichtete ihm sein Freund Shejke Dan vom Schicksal der Struma und der Mafkura. Er wollte, daß Yossi wußte, was ihm bevorstand.

Yossi, ein Junge aus Jerusalem, der sich auflehnte, der ein Mann sein wollte, der ohne zu zögern bis an die Grenzen des eigenen Leistungsvermögens ging und sich zwang, ein Kämpfer zu sein, vor allem jedoch ein Mensch, der nicht einen Moment lang vergaß, daß seine Entscheidungen tollkühn und verantwortungsvoll zugleich sein mußten; er wußte sehr wohl, warum Shaul Avigur ihn ausgewählt hatte. Zweifellos gab es andere im *Mossad leAlija Beth*, die nicht weniger geeignet waren. Doch etwas an dieser Kombination aus Wagemut und Vorsicht, innerer Ruhe und fehlender Arroganz, die Yossi auf der Knesset Israel bewiesen hatte, faszinierte Avigur. Tollkühnheit war etwas, das Yossi bis jetzt wie selbstverständlich verinnerlicht hatte. Was aber wie ein Mühlstein auf ihm lastete und ihn vor übermütigen Aktionen bremste, waren die Augen der Kinder, die ihn anzublicken schienen, selbst wenn sie ihn nicht ansahen. Bei allem, was er tat, dachte er an die Kinder, die er über Wege voller Minen und Schlaglöcher würde führen müssen.

Trotz solcher Ängste und in dem Bewußtsein, ein gefährliches Spiel mit dem Leben Tausender Menschen zu spielen, das jedoch ebensogut ihre Rettung bedeuten konnte, durfte Yossi nur auf sich selbst vertrauen. Zusammen mit den Verantwortlichen ging er die Listen der Flüchtlinge aus ganz Rumänien und Ungarn durch. Amos Manor wurde die Aufgabe übertragen, die Menschen nach Konstanza zu bringen.

Yossi blieb unruhig, hatte er doch die ganze Zeit das Schicksal der Struma vor Augen. In einem langen, offenen Gespräch mit Shaul Avigur bat er um klare und eindeutige Anweisungen für das Kommando und die damit verbundenen Anforderungen. Wie lange sollte es gelten? Was würde geschehen, wenn sie Zypern erreichten? Immerhin hielt sich dort ein anderer Stab hochrangiger Befehlshaber auf. Ebenso verlangte Yossi klare Vorgaben in bezug auf möglichen Widerstand gegen die Briten, falls es zu einer Konfrontation mit ihren Zerstörern und Kreuzern kommen sollte. Die Unstimmigkeiten beim Zusammentreffen mit den Briten auf der Knesset Israel und der Exodus, als sämtliche Aktionen auf Improvisation gründeten und widersprüchliche Befehle vom *Mossad leAlija Beth* und dem Oberkommando der *Palmach* eingingen, hatten einen bitteren Nachgeschmack bei ihm hinterlassen. Yossi wollte eindeutige Weisungen. Keine verklausulierten Auslegungen. Wie gewöhnlich erwiderte Shaul Avigur: »Ich habe es gehört.« Aber Yossi gab nicht nach und insistierte: »›Ich habe es gehört‹ reicht mir diesmal nicht.«

Er erklärte seinem Vorgesetzten, daß im Fall eines Angriffs die Zerstörer der Briten aufgrund des für die beiden Pans günstigen Höhenunterschieds Schwierigkeiten hätten, Enterrampen auszubringen. Deshalb plane er, Stacheldrahtrollen ins Schlepptau zu nehmen, in denen sich die Schiffsschrauben der Zerstörer verfangen würden, sobald sie sich den Flüchtlingsschiffen von achtern näherten. Gleichzeitig, erklärte Yossi weiter, werde man die Ladekräne, von denen jeder eine halbe Tonne wog, ausfahren und quer zur Fahrtrichtung arretieren, um die Briten auf Abstand zu halten und daran zu hindern, an Deck zu springen. Dennoch bliebe ein Problem: Die leistungsstarken, modernen Kriegsschiffe der Briten seien in der Lage, die Pans mit großer Wucht zu rammen, so daß sie auch ohne Enterrampen und den Versuch, längsseits festzumachen, großen Schaden verursachen konnten. »Sieh es mal so«, sagte Yossi zu Shaul Avigur, »ich habe den Befehl bekommen, Widerstand zu leisten. Ich bin Soldat und habe Befehle auszuführen. Aber ich will es von dir und von keinem anderen hören. Wir sind dabei, einen furchtbaren Irrtum zu begehen.«

Avigur überlegte einige Minuten und fragte dann: »Für den Fall, daß ... Wie viele schätzt du, werden verletzt werden?« Yossi erwiderte: »›Werden getötet werden‹ muß es heißen ... Meiner Meinung nach wird es mindestens zwanzig bis dreißig Tote geben.«

Stille.

»Wenn du mir befiehlst, Widerstand zu leisten, werde ich es tun. Aber entscheide mit dem Gewissen, nicht mit dem Kopf. Hier ist nicht Chanita. Hier kämpfen keine geschulten Soldaten, hier geht es um Überlebende der Shoah, die nicht einmal ihrem eigenen Schatten über den Weg trauen. Hier hast du es mit einem zu tun, der einer Frau in Givataym, die mit der Knesset Israel gekommen ist, den Sohn nehmen will und zu mir sagt, Eretz Israel gut, Frau gut, Leben gut. Versteh doch, von wem wir hier reden. Wer sonst könnte das verstehen ... Unser Krieg besteht darin, diese Menschen ins Land zu bringen, nicht sie zu Kämpfern in einer verlorenen Schlacht zu machen. Wir haben kein Recht, sie für den entstehenden Staat zu opfern, wenn gerade dieser ihr Zuhause werden soll. Diese Menschen haben kein Vertrauen mehr und sind nach Jahren der Wanderschaft und des ständigen Verrats am Ende ihrer Kräfte.

Wir haben kein Recht dazu.« Yossi schwieg einen Moment lang, um dann hinzuzufügen: »Im Fall der Exodus begann die Blockade der Briten bereits in Europa. Meiner Meinung nach könnten 15 000 Flüchtlinge die Belagerung durchbrechen, wenn es ihnen nur gelänge, das Mittelmeer zu überwinden. Die Überquerung des Meeres an sich wird letztendlich die Einreise nach Palästina garantieren, und das ist unsere Siegesformel. Das genau ist unser Krieg. Jeder Jude, der nicht getötet wird, ist unser Triumph.«

Yossi mit seinen achtundzwanzig Jahren kam es reichlich unverschämt vor, so mit Shaul Avigur zu sprechen, der schon zu Lebzeiten eine Legende war. Aber er wußte, daß er recht hatte, und sprach aus tiefster innerer Überzeugung. Allein das Auslaufen und Erreichen des offenen Meers wäre bereits ein Erfolg. Ob sie am Ende Haifa oder Zypern erreichten, war nicht von Bedeutung. Auch von Zypern führte kein Weg zurück nach Europa. Von dort aus gab es nur eine mögliche Richtung – Eretz Israel.

Avigur sah ihn erwartungsvoll an. Seine angespannten Gesichtsmuskeln zuckten wie beim Kiefer einer nervösen Bulldoge. Der Mann war aus Stein gehauen, aber selbst Steine bekommen mit der Zeit Risse. Er sah traurig aus, als er sagte: »Ich höre!« Da wußte Yossi, der Durchbruch war geschafft.

»Meiner Ansicht nach ist Widerstand nicht das Wesentliche, da er nicht unseren Zielen dient. Mehr noch – die Briten wollen sogar, daß wir Widerstand leisten! Sie wollen uns eine Lehre erteilen. Warum zeigen wir ihnen nicht, daß wir die Blockade durchbrechen, zeigen ihnen, daß die Vernichtung des jüdischen Volkes – trotz ihrer nicht unwesentlichen Mithilfe daran – nicht endgültig und vollständig war? Warum beweisen wir ihnen nicht, daß noch Juden am Leben geblieben sind? Wir sollten nicht den letzten gerechten Juden spielen, der ins Meer geworfen wird, ›ich hatte recht‹ schreit und ertrinkt. Wo bleibt das Recht, wenn man in einem Meer ertrinkt, in dem man nicht hätte ertrinken müssen? Ich bin mir der Tatsache bewußt, daß es zweimal kritisch werden kann: Die Briten werden versuchen, mit uns dasselbe im Bosporus zu machen, was sie mit der Struma und die Deutschen mit der Mafkura gemacht haben. Und wenn ihnen das gelingt, haben wir die Schlacht verloren. Vielleicht werden sie es auch in den Dardanellen versuchen, uns anzugreifen. Aber wenn wir es schaffen, diese beiden Meerengen zu passieren, woran ich fest glaube, ist der Kampf aus meiner Sicht entschieden.«

Shaul Avigur dachte nach. Lange. Schließlich knurrte er: »So machst du es.« Er führte nicht näher aus, was er mit »so« meinte, aber Yossi kannte ihn gut genug, um zu wissen, daß seine vorsichtig formulierte Entscheidung bindend war. Hätte Avigur etwas anderes gewollt, hätte er einfach jemand anderem das Kommando übertragen.

24. Kapitel

Shejke Dan flog nach Bukarest, um rumänische Visa zu organisieren. Jeden Morgen rief er die jüdische Außenministerin Anna Pauker an. (Yossi hatte ihren Vater auf der Knesset Israel kennengelernt.) Doch diese wies ihn unter dem Druck der Briten in einer nervenzerrenden Hinhaltetaktik ein ums andere Mal ab. Die Lage wurde immer prekärer. Der Winter brach herein, und Tausende von Menschen warteten an den Sammelpunkten. Die Schiffe lagen, von den Briten belauert, zum Auslaufen bereit. Noch länger zu warten, ergab keinen Sinn, und sie beschlossen, aus eigener Kraft nach Rumänien aufzubrechen.

Unterdessen war die Pan Crescent mit Stückgut auf dem Weg nach Nordafrika und sollte von dort direkt ihren Bestimmungshafen im Schwarzen Meer anlaufen. Doch unterwegs traten Probleme mit der Maschine auf, so daß sich auch dieses Mal die Fahrt durch Reparaturen verzögerte. Ada Sereni beschaffte der Pan Crescent eine Liegeerlaubnis im Hafen von Venedig. Das Schiff befand sich in der Werft, als drei Briten, begleitet von italienischen Polizisten, die angeblich für ihren Schutz sorgen sollten, an Bord kamen und sich als Touristen auswiesen. Ihnen wurde mitgeteilt, das Schiff sei unterwegs, um Vieh aus Australien nach Europa zu bringen. An Deck türmte sich jedoch ein ganzer Berg Kloschüsseln, die gerade installiert werden sollten. Die

Engländer brachten ihr Erstaunen darüber zum Ausdruck, daß die Tiere derart viele Latrinen benötigten.

Wenig später wurde das Schiff für die nötigen Reparaturarbeiten ins Dock manövriert. Am Tag, als die Pan Crescent auslaufen sollte, ertönte gegen neun Uhr morgens eine gewaltige Explosion. Jetzt war klar, was sich hinter dem Besuch der angeblichen Touristen verbarg: sie waren zur Vorbereitung eines Angriffs der britischen Froschmänner an Bord gewesen, die eine Sprengladung am Rumpf des Schiffes angebracht hatten. Die Pan Crescent schlug leck, und Wasser brach ein.

Als die Briten, die mit ihrem Schiff May Pie in unmittelbarer Nähe ankerten, erfuhren, daß die Besatzung der Pan Crescent für den Anschlag Vergeltung üben wollte, beschwerten sie sich bei den Italienern. Aus Angst vor einem Kleinkrieg in dem friedlichen Hafen baten sie die Eretz-Israelis, Ruhe zu bewahren. Als Gegenleistung würden sie, so ihr Vorschlag, die Briten festhalten, wenn die Pan Crescent den Hafen verließ. Und tatsächlich – als das Schiff die nun ihrerseits im Dock liegende May Pie passierte, stellte die Besatzung der Pan Crescent fest, daß die britischen Matrosen stillstanden und salutierten. Ein Trick hatte ihnen dabei geholfen: Yossis Adjutant Barczik hatte international geltendes Recht ausgenutzt, demzufolge bei der Begegnung zwischen einem militärischen und einem zivilen Schiff das letztgenannte Halbmast zu flaggen hatte, während das Kriegsschiff seine Flagge ganz einholen und sogleich wieder hissen mußte. Und da Soldaten beim Einholen der Fahne stillstehen und salutieren müssen, versäumten sie, das auslaufende Schiff richtig in Augenschein zu nehmen.

Yossi und seine Kameraden warteten unterdessen in Prag noch immer auf ihre Visa. Eigentlich hätten sie unverzüglich nach Konstanza aufbrechen müssen. Sie besaßen zwar gültige Ausweispapiere, doch die Ausstellung der Visa für

Rumänien verzögerte sich immer wieder. Die Männer mußten improvisieren. Eine kleine Mercedeslimousine brachte Yossi und seine Begleiter zur österreichischen Grenze. An jedem Grenzposten saß ein getarnter Mitarbeiter ihrer Organisation. Die Grenzstationen befanden sich auf beiden Seiten des Übergangs. Auf der tschechischen Seite bezogen sie ein Hotel und wurden um 22 Uhr von einem Wagen zum Kontrollposten gebracht. Der tschechische Offizier rief seinen österreichischen Kollegen auf der anderen Seite der Grenze an und sagte: »Ich habe hier fünf illegale österreichische Grenzübergänger. Komm und hol sie dir ab.« Der Österreicher kam, sammelte sie ein, und von dort fuhren sie mit einem Wagen nach Wien. Am nächsten Tag wurde das ganze Manöver an der österreichisch-ungarischen Grenze wiederholt. Da sie an jedem Grenzübergang zwischen den beiden Posten einige Kilometer mit zerschlissenen Schuhen zu Fuß zurücklegen mußten, meinte einer aus der Gruppe, er kenne einen hervorragenden Schuhmacher, der ihnen beste Stiefel nach Maß schustern werde. Und in der Tat waren keine vierundzwanzig Stunden später für jeden ein Paar Stiefel aus feinstem Leder gefertigt. Doch nach einem Marsch von acht Kilometern in den neuen Stiefeln pellte sich ihnen die Haut von den Füßen. Am Ende gingen sie barfuß.

Die Stiefel über der Schulter zusammengebunden, passierten sie schließlich auch die Grenze nach Rumänien und bestiegen den Zug nach Bukarest. Dort wartete Shejke Dan auf sie. Unverzüglich machte man sich an die Planung des Unternehmens. Erneut mußte das Problem der Treibstoffversorgung gelöst werden. Da die Briten mittels ihres Geheimdienstes die Ölgesellschaft Shell beherrschten, bereitete der Ankauf von Dieselöl wie schon bei allen anderen Flüchtlingsschiffen immense Schwierigkeiten. Auch der Treibstoff für die Exodus mußte von weither und auf unkonventionellen Wegen beschafft werden. Die beiden riesigen Pans die je achtzig Tonnen Treibstoff pro Tag (!) benötigten, stellten jedoch ein ungleich größeres Problem dar. Shejke Dan durchstreifte die gesamte Region auf der Suche nach möglichen Ölquellen, doch die Briten machten all seine Bemühungen zunichte. Hilfe kam von völlig unerwarteter Stelle.

Gut möglich, daß die illegale Einwanderung unter dem Strich darin bestand, Glück und Wunder mittels List und Tücke optimal herbeizuführen. Nach dem Motto: »Alles ist vorherbestimmt und alles erlaubt.« Jedenfalls war nicht Gott dafür verantwortlich, dem die Überlebenden, wie sie später auf den Schiffen immer wieder berichteten, in jenen Jahren zuschrien: Wo warst du, als das alles geschah? Wo warst du, als eineinhalb Millionen deiner Kinder verbrannt wurden?

Das Treibstoffproblem ließ sich schließlich durch eine glückliche Fügung lösen. Ein mit Treibstoff beladener Zug, der an der jugoslawischen Grenze festgehalten wurde, konnte gekauft, und die beiden Pans konnten betankt werden.

Doch kaum war dieses gravierende Problem gelöst, entstand schon ein neues, das noch schwerer wog: Das britische Mandat über Palästina stand kurz vor seinem Ende. Die UNSCOP-Delegation lieferte ihren Bericht ab. Sie empfahl, Palästina in zwei Staaten zu teilen – einen jüdischen und einen arabischen. Auf den ersten Blick war dies nicht der geeignet Zeitpunkt, um mit 15 236 Flüchtlingen an der Küste Palästinas für Aufsehen zu sorgen und damit den politischen Kampf zu erschweren.

Shaul und seine Mannschaft, die die Aktion über Monate bis ins kleinste Detail geplant hatten, kämpften mit aller Macht darum, die Pans doch noch zu überführen. Die Bedeutung der anderenfalls bitteren Nachricht für jene 15 236 Männer, Frauen und Kinder, die ungeduldig und völlig erschöpft an den Bahnstationen und Sammelpunkten ausharrten, konnten nur sie nachvollziehen und der unschlüssigen Führungsspitze im Land glaubhaft nahebringen.

Obwohl die Briten glaubten, daß lediglich von sechstausend Menschen die Rede sei, übten sie Druck auf die Amerikaner aus. Diese hatten bereits angekündigt, sie würden eine mögliche Entscheidung der Vereinten Nationen zur Errichtung eines jüdischen Staates, Seite an Seite mit einem arabischen Staat, respektieren. Die Briten verlangten nun von den Amerikanern, ihre Zustimmung von einem Auslaufverbot für die beiden Pans abhängig zu machen. Obwohl das British Empire zusehends schrumpfte und das Mandat über Palästina unmittelbar vor seinem Ende stand, ergriffen die Briten Partei für die arabische Seite. Sie fürchteten offenbar, daß sechstausend jüdische Einwanderer, unter ihnen gewiß junge Leute, ein militärisches Problem für die arabische Seite darstellen könnten. Die Araber ihrerseits hofften, durch eine prompte, massive Invasion, die für den 15. Mai geplant war und von den Briten unterstützt wurde, auch wenn sie allem Anschein nach nicht an der eigentlichen Planung beteiligt waren, den Sieg davonzutragen.

Shaul Avigur flog nach Palästina, um den mit einer Entscheidung ringenden Ben-Gurion zu treffen. Ein solches Treffen war nicht leicht. Neben menschlichen, politischen und diplomatischen Erwägungen spielte der unbedingte Wille, Frieden im eigenen Haus zu wahren, eine wichtige Rolle. Ben-Gurion war klar, daß der Ausbruch des Krieges unmittelbar bevorstand und daher der Aufgabe, die Reihen des *Yischuw* geschlossen zu halten, existentielle Bedeutung zukam.

Shejke Dan erinnerte Avigur vor seinem Abflug an einen Ausspruch Ben-Gurions, der im Zusammenhang mit der Diskussion über eine mögliche Immigration der bulgarischen Juden gefallen war: »Schick ihnen zehntausend Paar Schuhe.« Worauf Shejke Dan erwidert hatte: »Bring die Füße zu den Schuhen, nicht die Schuhe zu den Füßen.«

Shaul Avigur erklärte Ben-Gurion, er werde jetzt noch mehr Füße zu den Schuhen bringen. Die Abreise könne unmöglich weiter verschoben werden. Bei seinen Überredungsversuchen verfiel Avigur unbewußt auf die Argumentation der Briten und behauptete, das Eintreffen Zehntausender Immigranten, unter ihnen nicht wenige junge Leute, werde die Araber abschrecken und so vielleicht einen Krieg verhindern helfen. Zu guter Letzt beschlossen sie, daß Shaul Avigur und Shejke Dan zu einem Treffen mit Moshe Sharett nach New York fliegen sollten, um diesen von der Dringlichkeit ihres Vorhabens zu überzeugen. Sharett führte dort die festgefahrenen Verhandlungen und war entschieden gegen ein Auslaufen der Schiffe. In New York hörte er sehr genau auf die Stimmen, die aus der amerikanischen Administration kamen, und war in großer Sorge um das Abstimmungsergebnis in der UN-Vollversammlung.

In Eretz Israel wie in New York kam es intern zu heftigen Diskussionen über das Thema, das mit beißendem Zynismus auf die Formel »Schiffe oder Staat« reduziert wurde. In den hitzig geführten Debatten geriet die schlichte Tatsache in Vergessenheit, daß das Eintreffen der Flüchtlinge nicht zu wirklich unlösbaren Problemen führen konnte, die Rettung der Überlebenden hingegen – ihnen, die nirgendwo sonst hinkonnten, ein Zuhause zu geben – die eigentliche Bestimmung des Zionismus war.

Shaul Avigur schlug der Führung des *Yischuw* vor, die Amerikaner darauf hinzuweisen, daß die Entscheidung, die Schiffe zu überführen, vor dem Teilungsbeschluß der Vereinten Nationen gefallen und damit noch immer gültig und rechtmäßig sei. Die Briten ihrerseits behaupteten den Amerikanern gegenüber, an Bord der Schiffe befänden sich Hunderte kommunistischer Agenten. Der amerikanische Außenminister George Marshall war außer sich. Er machte Präsident Truman schwere Vorwürfe, wobei es ihm nicht gelang, seine Antipathien für die Juden zu verbergen. Ein Teil der eretz-israelischen Führung reagierte panisch auf seine unmißverständliche Drohung, die Vereinigten Staaten würden gegen die Errichtung eines jüdischen Staates stimmen, sollten die Schiffe sich auf den Weg machen. So versuchten etliche von ihnen, ein Auslaufen der beiden Pans zu verhindern. Jetzt war es nicht mehr nur Ben-Gurion, der in seiner Meinung gespalten war, sondern auch Shaul Avigur selbst.

Als er und Shejke Dan auf dem Weg zu ihrem Treffen mit Moshe Sharett in Paris zwischenlandeten, erfuhren sie am Telefon von dem rumänischen Ultimatum: Wenn die Juden nicht umgehend ausreisten, würden sämtliche Genehmigungen hinfällig und die Schiffe unwiderruflich nicht mehr auslaufen.

Auf der Stelle sagte Avigur das Treffen mit Sharett ab und blieb in Paris. Shejke Dan flog nach Sofia und von dort weiter nach Burgas, von wo aus die Schiffe Europa verlassen sollten. Gleichzeitig erging der Befehl, auszulaufen. Aber der Wortlaut des Telegramms, das an die Schiffe abging, spiegelt deutlich Avigurs innere Konflikte wider. Dort heißt es: »Fahrt in Frieden, auf daß Sein Wort ›du rangst mit Gott und mit den Menschen und wirst bestehen‹ sich bewahrheiten möge.«

Mit dieser Formulierung resümierte Avigur die eigenen Bedenken, die eigene Unschlüssigkeit. Die Schiffe waren ausgelaufen und würden hoffentlich heil ans Ziel gelangen. Vielleicht war das Ganze nichts als ein politischer Fehler, denn wenn von Rettung die Rede war, mußte die Politik zurückstehen, ging es jedoch um Politik, konnte die Rettungsaktion vielleicht noch ein wenig warten.

Einige Tage vor dem Auslaufen der Schiffe – in Yossis völliger Unkenntnis der Situation – gelang es Shaul Avigur, einen halbherzigen Kompromiß zu erzielen: Würde es den Schiffen tatsächlich gelingen, die Meerengen zu passieren, sollten sie auf direktem Weg nach Zypern fahren und sich dort bedingungslos ergeben. In der zionistischen Führung gab es einige, die ihre ablehnende Haltung gegen eine Überführung der Schiffe mit der Behauptung begründeten, die rumänischen Juden hätten weniger gelitten als andere, da nur (nur!) die Hälfte von ihnen von den Nazis ermordet worden sei. Mit einiger Boshaftigkeit folgerte man, diese Menschen könnten daher noch ein wenig warten. Dieses Fazit war nicht nur von seiner faktischen Grundlage her äußerst fragwürdig, es zeugte vor allem von unbarmherziger Grausamkeit. »Leid läßt sich nicht mit dem Zollstock messen«, sagte Yossi. Die Gefahr ist keine exakte Wissenschaft. Fünfzig Prozent sind eine enorm hohe Quote. Und außerdem ist ein Mensch allein schon einhundert Prozent! Jene fünfzig Prozent wurden nach Bratislava deportiert, Tausende von ihnen mit beispielloser Grausamkeit ermordet. In der Stadt Jassi wurden Menschen an Fleischerhaken aufgehängt. In Tschernowitz verbrannten Unzählige bei lebendigem Leib. Zusätzlich zu den rumänischen Juden würden auch jene ungarischen Flüchtlinge, die als einige der wenigen die Deportation überlebt hatten, an Bord kommen.

In dem Auslaufbefehl hieß es, die Schiffe sollten keine hebräischen Namen tragen. Und weiter, daß die *Haganah* unter keinen Umständen erwähnt werden dürfe, den Anweisungen der »Schurken« (Briten) Folge zu leisten sei, die Schiffe jedoch auf keinen Fall ins Schwarze Meer zurückkehren sollten. Yossi und seine Kameraden sollten keinen Widerstand leisten, sich jedoch gleichzeitig möglichst lange behaupten. Ihr seid unterwegs, so der Wortlaut des Befehls, weil es mit Haifa bereits einen hebräischen Hafen gibt, der von den »Schurken« befreit ist. Sollten Probleme auftreten, sagt ihnen, daß ihr euch strikt an den Beschluß der Vereinten Nationen haltet. Wegen der Art der »Ladung« sei die Abreise nicht länger aufzuschieben gewesen. Vermeidet Provokationen. Außerdem sollte der Name der *Haganah* nicht mit hineingezogen werden.

Das Telegramm schloß mit den Worten, mit denen Avigur jede Diskussion zu beenden pflegte: »Auf, und viel Erfolg.«

25. Kapitel

Die Befehle blieben vage und voller Widersprüche, eine Erwähnung der *Haganah* wurde peinlichst vermieden. Am Ende liefen die beiden Schiffe genaugenommen ohne offizielle Freigabe aus, folgten lediglich einer Anweisung des *Mossad leAlija Beth*, die ihrerseits nicht eindeutig war. Klar war jedoch, daß von seiten David Ben-Gurions stillschweigendes Einverständnis herrschte.

Hätten Yossi und seine Kameraden auch nur einen Moment lang geglaubt, daß die Reise der beiden Pans den *Yischuw* oder die Errichtung eines jüdischen Staates gefährden könnte, wären sie nicht ausgelaufen.

Während die letzten Vorbereitungen getroffen wurden, warteten Yossi und seine Crew an jenem 29. November 1947 auf dem menschenleeren Deck der Pan York bei eisiger Kälte auf das Abstimmungsergebnis der UN-Vollversammlung. Sie saßen dicht gedrängt und lauschten der Übertragung im Radio, und gemeinsam mit dem ganzen Volk Israel zählten sie die abgegebenen Stimmen. Auf dem Deck lag Schnee. Als die Entscheidung gefallen war, stießen die Männer in dem Wissen an, daß unabhängig vom Abstimmungsergebnis die Briten ihnen weiter auflauern und sie weiterhin bekämpfen würden.

Es blieb also keine Zeit, sich von der frohen Kunde berauschen zu lassen, in Nachdenklichkeit zu versinken oder kostbare Stunden mit Diskussionen über die verschiedenen Taktiken zu verschwenden. Die Mannschaften der beiden Schiffe waren nun schon seit einem Monat fieberhaft bei der Arbeit. Der Führungsstab trat jeden Morgen um neun Uhr zusammen, da allein die Erstellung eines Frühstücksplans für fünfzehntausend Menschen eine komplexe Logistik erforderte.

Aus Berichten, die aus dem Landesinneren eintrafen, ging hervor, daß die Pan York die bislang größte Anzahl von Kindern aufnehmen würde: siebenhundert Kinder unter fünf Jahren, die ihre Eltern bei den Massakern in Ungarn und Bratislava verloren hatten.

Die Zusammenführung der Menschen im tief verschneiten Rumänien und Ungarn wurde zur kompliziertesten Aktion in der Geschichte der illegalen Einwanderung. Die Juden hatten kein Vertrauen mehr. Sie alle hatten ihre Familien gänzlich oder zum Teil verloren. Eine schöne junge, schwarzhaarige Frau mit Barett, die unter einem Leichenberg hervorgekrochen war, konnte die Augen nicht mehr schließen. Ihre Lidmuskulatur hatte sich verhärtet. Sie schlief mit offenen Augen, die im Schlaf fassungsloses Erstaunen auszudrücken schienen. Yossi begegnete ihr an Bord, er versuchte sie zu beruhigen, damit sie wieder lernte, die Augen zu schließen. Erst zwanzig Jahre später sollte es ihr gelingen. Da sie aber im Traum auch nur sah, wie ihre Eltern neben ihr abgeschlachtet wurden, schlief sie bis zu ihrem Tod wieder mit offenen Augen.

Auf der anderen Seite gab es eine Familie, die die große Reise in den Tod geschlossen überlebt hatte und nicht begreifen konnte, wie alle am Leben geblieben waren. Keiner der fünf – Vater, Mutter und drei Söhne – wußte, wieso. Auf den Gängen des Schiffes fragten sie die Menschen, warum ausgerechnet sie am Leben geblieben waren. Niemand hatte eine Antwort darauf.

Auf den beiden Schiffen verstand man, was sich der Logik verweigerte. Dort herrschte Eintracht unter Ausgestoßenen. Eine Frau sagte, Amnon habe ihr erklärt, daß das, was sich dort zugetragen habe, ein Alptraum gewesen und die Zukunft die wirkliche Wiederauferstehung sei. Und seither versuche sie herauszufinden, ob sie vielleicht nur einen bösen Traum gehabt und das Ganze nicht wirklich erlebt habe.

Es gab keinen Weg zurück, Marshall oder nicht Marshall. Barczik sagte: »Wir hatten immer behauptet, wir transportierten Vieh, Kühe oder Bananen auf den Flüchtlingsschiffen. Und diesmal waren wir nun dabei, in aller Öffentlichkeit Bananendampfer für den Transport von Menschen umzurüsten.« Daß die Schiffe ursprünglich für den Transport von Früchten bestimmt waren, sollte sich im nachhinein als sehr hilfreich erweisen. Die Belüftungsanlage war hauptsächlich für die Lagerung von Bananen ausgelegt, die viermal am Tag einen Luftaustausch benötigten, und sorgte für ständige Frischluftzirkulation im Bauch der Schiffe. Um die Anlage so verstärken zu können, daß sie auch den Ansprüchen von Menschen gerecht wurde, beriet sich Barczik mit dem Leiter eines großen Kinos in Bukarest. Dieser führte ihm die Belüftungsanlage vor, die er im Hauptsaal installiert hatte. Barczik setzte seine Erkenntnisse beim Bau der Anlagen auf den Schiffen um und kombinierte die beiden Systeme miteinander, was später allerdings zu Problemen mit der Stromversorgung an Bord führen sollte und die Bewegungsfreiheit auf den Gängen beeinträchtigte. Dennoch konnten so auf jedem der beiden Schiffe 7500 Menschen auch in den riesigen Lagerräumen unter Deck, wo sie auf ihren engen Pritschen lagen und es wie in einem Bienenstock surrte, noch ausreichend Luft bekommen.

Für den Zugang zu den unteren Lagerräumen wurden Treppen eingebaut. Von Stockwerk zu Stockwerk nahm die Anzahl der Stufen ab. Zum obersten Deck führten fünf bis sechs Stufen, zum mittleren vier bis fünf und zum untersten nur drei Stufen. Vorgesehen war, daß das unterste Deck lediglich von fünfhundert in der Mehrzahl gesunden, jungen Menschen genutzt werden sollte. Eine ausreichende Menge Trinkwasser mußte bereitgestellt werden. Der Bug der Schiffe wurde in riesige Wassertanks umgewandelt, und um eine Verschmutzung des Wassers durch Rost, der sich an den Rumpfwänden bildete, zu vermeiden, wurden diese mit Beton ausgekleidet. In allen Schlafsälen wurden die mehrstöckigen Pritschen durchnumeriert. Es herrschte zwar große Enge, doch die reibungslose Organisation verhinderte allgemeines Durcheinander. An Deck wurden 134 Latrinen gebaut; ein Verhältnis von eins zu sechzig.

Aufgrund seiner Erfahrungen auf den vorherigen Schiffen beschloß Yossi, auf jeder der beiden Pans 44 Krankenschwestern und 24 Ärzte unter den Flüchtlingen zu rekrutieren. Auf jedem Schiff würde es drei Krankenblocks samt Operationssaal und Entbindungsstation geben. Für die kulturellen Aktivitäten an Bord wurde eine Sammlung von Schallplatten mit klassischer Musik bereitgestellt. Die Größe der Behausung, oder der »Landbesitz« – wie jemand es nannte –, der jedem an Bord nach laufendem Meter zugeteilt wurde, lag bei fünfzig Zentimeter Breite.

An jeder der drei Trinkwasserausgabestellen gab es drei Wasserhähne. Die Essensausgabe an dreitausend Menschen sollte vierzig bis sechzig Minuten dauern. Man mußte berechnen, wieviel Zeit die Menschen benötigten, um an Deck zu gelangen, und dabei berücksichtigen, daß das Herabsteigen nur etwa halb so lange dauern würde. Trinkwasserausgabestellen, an denen die Menschen anstehen sollten, mußten eingerichtet werden, wobei die Ausgabe nur etwa 25 bis 35 Minuten dauern durfte. Jede Gruppe, die zum Latrinengang und zur Verpflegung mit Nahrung und Wasser an Deck kam, würde 45 Personen zählen. Für jede Abteilung wurde ein Verantwortlicher benannt. Über

Lautsprecher sollten die Ausgabezeiten bekanntgegeben werden, so daß jeder Gruppenleiter wußte, wann und wo er sich mit seiner Abteilung einzufinden hatte. Außerdem sollte die Möglichkeit bestehen, einmal am Tag vom vorderen in den hinteren Teil des Schiffes zu gehen, um dort Verwandte zu besuchen oder Frischluft zu schöpfen.

Beide Schiffe wurden in drei getrennte Sektionen mit separaten Küchen und Latrinen unterteilt. Yossi wußte, daß die Ansammlung so vieler Menschen auf so engem Raum zwangsläufig zu Spannungen und Reibereien führen würde. So betrachtete er den täglichen Ausgang an Deck als erforderliches Mittel zur Entspannung.

Während sie noch mit den Planungen beschäftigt waren, lief ein britischer Tanker in den Hafen von Konstanza ein, um Öl zu laden. Nach dem Sabotageakt im Hafen von Venedig hegten Yossi und seine Kameraden Zweifel an der Echtheit des Tankers und befürchteten, er könne als Tarnung für einen weiteren Sabotagetrupp dienen. Solange der Tanker im Hafen lag, patrouillierten sie mit Booten um die beiden Pans, um so unliebsame Überraschungen zu vermeiden.

Die rumänischen Behörden machten auf einmal Schwierigkeiten, und Shejke Dan suchte fieberhaft nach einer praktikablen Lösung, vor allem angesichts des Vorschlags der Rumänen, die Schiffe ohne die Flüchtlinge nach Burgas auslaufen zu lassen. Der Handel, den Shejke Dan schließlich zustande brachte, war einigermaßen kompliziert: Die Schiffe sollten im rumänischen Hafen vorbereitet werden, ohne jedoch die rumänischen Juden dort an Bord zu nehmen. Der *Mossad* seinerseits kam für die Kosten auf, die Flüchtlinge mit dem Zug von Rumänien nach Bulgarien zu transportieren. Außerdem sollten, wenn nötig, für die bislang fehlenden 15 236 Visa Bestechungsgelder gezahlt werden. Die Abmachung lieferte den Regierungen in Rumänien und Bulgarien schlagfertige Argumente gegen mögliche

Vorhaltungen seitens der Briten: Rumänien konnte behaupten, nur die Schiffe, nicht aber die Menschen hätten einen rumänischen Hafen verlassen, wohingegen die bulgarische Regierung für sich reklamieren konnte, daß die Flüchtlinge nicht aus dem eigenen Land stammten. So verließen also die beiden voll ausgerüsteten Schiffe ohne Menschen an Bord den rumänischen Hafen Konstanza auf dem Weg ins bulgarische Burgas.

Als sie Konstanza verließen, war die See stürmisch. Die Wellen türmten sich zu einer Höhe von sieben Metern auf und schlugen krachend über dem Bug zusammen. Auf der Pan York arbeitete eine spanische Besatzung: exzellente, disziplinierte Matrosen, die – wie eine der Überlebenden sagte – ein Herz hatten, sich kümmerten. Sie kamen mit frischen Erinnerungen aus dem spanischen Bürgerkrieg, in dem sie erbarmungslos und brutal von den Faschisten vertrieben wurden, und waren daher in der Lage, das Leid der Juden nachzuempfinden.

Auf der Pan Crescent bestand die Crew aus Italienern, die zum Teil bereits angekündigt hatten, daß sie nicht für die gesamte Überfahrt zur Verfügung stünden. Der italienische Maschinist jedoch quittierte den Dienst schon zu Beginn der Reise, so daß Ersatz angeheuert werden mußte, der mit dem Schiff nicht vertraut war, und die Pan Crescent begann rückwärts zu treiben. Barczik ließ Anker werfen und setzte das Schiff auf eine Sandbank. Die Schraube grub sich tief in den Schlick und war nicht mehr zu bewegen. Weitere Schäden traten auf, die jedoch behoben werden konnten. Sie manövrierten das Schiff vor und zurück, wie sie es mit der Exodus bei der Ausfahrt aus dem Hafen von Sète gemacht hatten, kamen schließlich frei und nahmen Kurs auf Burgas.

Jankele Salomon und einige andere erhielten das Kommando über die zwölf Züge, die bereits unterwegs waren. Zur Durchführung der Aktion wurden aus ganz Europa die

Mitarbeiter der *Ha'apala*, etwa dreißig an der Zahl, in Rumänien zusammengezogen. Die Züge fuhren in Richtung Bulgarien und nahmen unterwegs die Flüchtlinge auf, die an den verschiedenen Sammelpunkten warteten. Es mußte sichergestellt werden, daß die Züge, die mehr als fünfzehntausend Menschen transportierten, von den einzelnen Grenzen (der russischen, ungarischen, usw.) in einer festgelegten Reihenfolge und einem zeitlichen Abstand von vier Stunden im Hafen von Burgas eintrafen.

Dem bürokratischen Spießrutenlauf folgte die komplizierte Prozedur beim Verladen der Flüchtlinge auf die Züge: Jeder Zug bestand aus 35 Waggons und drei weiteren für den Stab. Die Flüchtlinge bestiegen den ersten Waggon, präsentierten ihr gültiges Einreisezertifikat, das in ihrer Heimatstadt oder einem der Durchgangslager ausgestellt worden war, kamen von dort zur Desinfektion in den zweiten Waggon und wurden dann auf die restlichen Waggons verteilt. An jeder Station mischten sich auch nicht registrierte Flüchtlinge unter die Menge. Diese wurden im dritten Waggon festgehalten und an der nächsten Station gezwungen, auszusteigen. Es gab keine andere Möglichkeit, wollte man nicht die ganze Aktion gefährden.

In Giurgiu an der rumänisch-bulgarischen Grenze überprüften bulgarische Zöllner die Dokumente und ließen die Züge schließlich passieren. Nun mußte die bereits teilweise zugefrorene Donau auf Fähren überquert werden. In der Stadt Russe am anderen Ufer wurden die Flüchtlinge von den Juden der örtlichen Gemeinde mit Zigaretten, Äpfeln und Wein begrüßt. Nach einem kurzen Aufenthalt kletterten die Menschen wieder in Züge – diesmal bulgarische – und fuhren weiter in Richtung Burgas.

Insgesamt 15 236 Menschen wurden in dieser ausgeklügelten Aktion in zwölf Zügen transportiert. Der Zeitplan war so abgestimmt, daß die Züge von der russischen und der ungarischen Grenze als erste abfuhren, ehe sich alle vier

Stunden ein weiterer Zug auf den Weg machte. Die Züge bestanden aus Güterwaggons – und das bei strengstem Frost. Die Menschen hielten sich eng umschlungen und zitterten vor Kälte. In den geschlossenen Waggons gab es Kohleöfen, um die sich die Menschen drängten. Einige holten sich Verbrennungen, während die an den Waggonwänden Kauernden jämmerlich froren. Dennoch waren alle bester Stimmung.

Die Züge brauchten vierzig Stunden. Unterwegs starben drei Kinder. Da keine Zeit für lange Aufenthalte blieb, wurden die Kinder während kurzer Pausen auf den Feldern beerdigt. Bei ihrer Ankunft in Burgas bekamen die Flüchtlinge Verpflegung und Wasser für einen Tag und wurden gebeten, ihre Notdurft in der nahen Umgebung zu verrichten, da sie vom Augenblick des Einschiffens bis zum Auslaufen gezwungen sein würden, auf ihren Pritschen zu bleiben, und nicht zu den Latrinen an Deck konnten. Die Hafenstadt war ein Schutthügel, und Scharen von Menschen irrten auf der Suche nach einem Ort, an dem sie austreten konnten, umher, unter den wachsamen Blicken der Freiwilligen, die Zusammenstöße mit der einheimischen Bevölkerung verhindern sollten. Dann marschierten sie in einer zuvor festgelegten Reihenfolge zu den Schiffen und gingen an Bord. Der letzte Zug verspätete sich aufgrund langwieriger bürokratischer Abwicklungen seitens der rumänischen Behörden, die auf einer peinlich genauen Kontrolle bestanden, um sich bei den Briten lieb Kind zu machen. Das Einschiffen der Flüchtlinge nahm zwei volle Tage in Anspruch – 48 Stunden, in denen die Menschen bei Tag und Nacht, bei furchtbarer Kälte und peitschendem Regen zu einer endlosen Schlange aufgereiht standen, um schließlich, auf dem Weg in die neue Heimat, an Bord zu gehen. Die Briten setzten unterdessen ihre unermüdlichen Bemühungen fort, Druck auf die Türken und Rumänen auszuüben, um Widerstand zu formieren. Doch dank der außergewöhnlich großzügigen Bestechungsgelder blieben diese Versuche erfolglos.

Die Passagiere durften nicht mehr als zwanzig Kilo Gepäck mit an Bord bringen. Einige trugen Nachttöpfe, Wasserkessel und Tassen, und etliche Frauen schleppten Waschtröge und Kleiderbündel mit sich. Die Mannschaft versuchte erst behutsam, dann mit Nachdruck, voller Mitgefühl und schließlich zorniger Ungeduld, die Menschen davon zu überzeugen, daß es keinen Platz gab, daß sie keine andere Wahl hatten, als einige Dinge zurückzulassen. Aber die Flüchtlinge, die endlose Wanderungen von nirgendwo nach nirgendwo hinter sich hatten, vertrauten niemandem mehr. Als kein Ausweg mehr blieb, wurden auf dem Laufsteg einige Mitglieder der Schiffsführung postiert, die den Passagieren das überschüssige Gepäck mit Messern von der Schulter schnitten, so daß es ins Wasser fiel. Später machte der einsetzende Regen es den einzelnen leichter, sich von allem zu trennen, um so schneller ins Trockene zu flüchten.

Yossi erinnerte sich an die Worte des britischen Kommandeurs vor dem Rückzug aus Griechenland: Zehn Monate waren nötig, um ein Schiff zu fertigen; einen Monat dauerte es, einen Panzer zu bauen; zwei Tage wurden für ein Maschinengewehr benötigt, ein halber für die Produktion eines Gewehrs und nur wenige Minuten für die einer Patrone. Aber achtzehn Jahre waren nötig, um einen Soldaten zu schaffen. Deshalb, so erklärte er ihnen, werdet ihr Kleidung, persönliche Gegenstände und überflüssige Ausrüstung hier zurücklassen. Wenn wir heil angekommen sind, bekommt ihr alles von den Leuten der *Jewish Agency* wieder.

Auf der Gangway war die Hölle los, es herrschte heilloses Durcheinander, Menschen versuchten, ihre wenige Habe an Bord zu schmuggeln, weinten und flehten. Aber Yossi ließ sich nicht erweichen. Insgeheim sagte er sich, daß es besser war, wenn diese Menschen hier den Verlust ihrer Sachen beweinten, als daß Hunderte andere wegen Platzmangels zurückgelassen werden mußten und ihr bitteres Schicksal beweinten.

Für den Fall, daß sie gezwungen wären, gegen die Briten zu kämpfen, wurden, wie Yossi seinerzeit Shaul Avigur erklärt hatte, auf jedem Schiff vier Kräne montiert und jeweils mit einem Tau verbunden, um sie auf einmal gegen die längskommenden Schiffe schwenken zu können. Die britische Flotte im Mittelmeer umfaßte damals 45 Schiffe, die die sogenannte »Palestine Patrol« bildeten. Yossi nahm jedoch an, daß nicht alle Schiffe gleichzeitig operieren würden. Zusätzlich verfügten die Briten über sieben bewaffnete Patrouillenboote und ein Geschwader der Royal Air Force, dessen Maschinen in Palästina, Ägypten, auf Zypern und Malta stationiert waren.

Das Einschiffen der Flüchtlinge war beinahe abgeschlossen, als die Mitteilung, ein wenige Tage alter Säugling sei in den Armen seiner Mutter kurz vor Erreichen der Gangway gestorben, noch einmal für Verzögerung sorgte. Die Frau weinte bitterlich. Die Ordner, deren Geduld am Ende war, trieben sie an, an Bord zu kommen, doch die Mutter war nicht zu bewegen, sich vom Leichnam ihres toten Kindes zu trennen. Schweren Herzens beschloß Yossi, noch nicht auszulaufen. Er telefonierte mit dem örtlichen Rabbiner, beschaffte einen kleinen Holzsarg, ließ den Säugling bestatten und begleitete unmittelbar danach die weinende Mutter aufs Schiff.

Doch damit waren noch immer nicht alle Schwierigkeiten ausgeräumt. Shejke Dan kam mit einer Sondermaschine aus Sofia und konnte im letzten Moment die Ausweisung von fünfhundert Jugendlichen, Mitgliedern der jüdischen Jugendorganisationen in Bulgarien, verhindern, indem er sich den Behörden gegenüber verpflichtete, die Jungen auf den beiden Pans unterzubringen. Yossi wußte, daß man Shejke Dan nicht widersprach, und so wurden im buchstäblich letzten Augenblick weitere fünfhundert Passagiere aufgenommen, was den Raum für jeden an Bord weiter verringerte. Einige mußten trotz der klirrenden Kälte an Deck schlafen. Yossis einzige Bedingung war, daß die Überstellung der Jugendlichen nicht mehr als zwölf Stunden dauern durfte, denn die im Bauch der Schiffe auf engstem Raum zusammengepferchten Menschen litten Qualen und verloren allmählich die Geduld.

Die verlorene Zeit war von entscheidender Bedeutung, denn in der gesamten Geschichte der illegalen Einwanderung war noch kein derart umfangreiches Unternehmen geplant worden, das vollkommen von einem winzigen, jedoch ausschlaggebenden Detail abhing: Dem exakt festgelegten Zeitpunkt für die Durchquerung des Bosporus. Diese schicksalhafte Stunde X zu ermöglichen, hatte Unsummen verschlungen und bedeutete so etwas wie die Ausnutzung und operative Umsetzung einer seltenen, einmaligen Konstellation, die wohl kein zweites Mal gegeben sein würde.

Angesichts der massiven Abweichung vom Zeitplan und der Tatsache, daß der Zeitpunkt für die Durchquerung des Bosporus nicht mehr zu ändern war, blieb Yossi nichts anderes übrig, als bei Nacht auszulaufen. Laut Plan mußten beide Schiffe den Bosporus bis zum Mittag des Schabbat erreicht haben.

Diese Nacht lastete wie ein Fels auf Yossi. Mit 15 236 Menschen machte er sich auf, ein Meer zu überqueren, das vielen des jüdischen Volks bereits zur letzten Ruhestätte geworden war. Mehr als alle anderen war er sich der Gefahr, der ihm übertragenen Aufgabe und der Schwere der Verantwortung bewußt.

26. Kapitel

Die Pan York und die Pan Crescent liefen am Freitag, dem 26. Dezember 1947, um vier Uhr nachmittags kurz hintereinander aus. Als die Schiffe den Hafen verließen, kamen alle Passagiere – eine unüberschaubare Menschenmenge, deren Zahl der Einwohnerschaft von zwei Städten in Palästina entsprach – an Deck und sangen die *HaTikwa*. Yossi, der in seiner Jugend in Jerusalem die Jungen aus dem Viertel heimlich die *HaTikwa* hatte singen hören, war ergriffen: Nie zuvor war dieses sonderbare Lied, das zur Hymne werden sollte, so gesungen worden. Hinterher hieß es, die Vögel seien nicht weitergeflogen; der Wind habe innegehalten; das Meer sei erstarrt, und sogar die Wolken hätten stillgestanden. Vieles wurde erzählt. Ob es tatsächlich so war, ist nicht wichtig.

Nach den hinter ihnen liegenden Strapazen, den Zügen, den Fähren über die Donau und dem endlosen Warten, sangen sich die Menschen nun alles von der Seele, was sie gegen das sich langsam entfernende Europa empfanden, gegen das Leid und die Erniedrigung, die sie überallhin begleitet hatten. Sie richteten den Blick auf eine bessere, wenn auch beängstigend ungewisse Zukunft. Yossi stand innerlich aufgewühlt unter ihnen. Junge Männer von kaum zwanzig Jahren, dazu erzogen, die Tränen zurückzuhalten, führten nun einen Teil des jüdischen Volks in seine Heimat.

In keiner Generation hatten jemals so viele Juden zusammen gesungen. Oder sollten sich die Juden aller Generationen jetzt und hier unter die Menge gemischt haben, um dieses Lied zu singen?

Die kürzeste Route von Burgas in Richtung Türkei führte nach Süden, war jedoch von Minen übersät, die noch nicht geräumt waren. Die einzige für die Schiffe befahrbare Route war daher die nördliche, die dicht unter Land in rumänische Hoheitsgewässer führte, wo die Minenfelder von den Russen bereits teilweise geräumt worden waren. Den genauen Kurs kannten nur die russischen Lotsen.

Nach dem Auslaufen setzte heftiger Regen ein. An Deck wurden Segeltuchplanen an die Flüchtlinge verteilt, in die sie sich einwickeln konnten. Schon in diesem Moment mußte Yossi entscheiden: Er überprüfte den Zeitplan, wohl wissend, daß jederzeit Minen durch den starken Ostwind in die Fahrrinne getrieben werden konnten und ein nächtliches Befahren der Route ein gefährliches Vabanquespiel bedeutete. Ebenso wußte er, daß der russische Lotse, in dessen Besitz sich die Seekarten befanden, nicht bei Nacht fahren wollte. Doch sie hatten keine andere Wahl. Yossi konnte den Lotsen verstehen. Immerhin hatte der Mann diese Reise nicht als überzeugter Zionist angetreten. Von dem Augenblick an, da er erfuhr, daß sie bei Nacht fahren würden, hörte dieser fromme Kommunist nicht mehr auf, sich zu bekreuzigen, und bat darum, von seiner Aufgabe befreit zu werden. Yossi beschloß, ihn im Hafen von Varna zusammen mit Shejke Dan und dem ihn begleitenden bulgarischen Offizier von Bord zu schicken. Dem Lotsen fiel es nicht leicht, das Schiff seinem Schicksal zu überlassen, und er willigte ein, Yossi eine Kopie des Plans der Minenfelder zu geben. Yossi beriet sich mit Gad Hilb, ob es ihnen gelingen konnte, diese Todesroute mit den vorliegenden Karten und ohne fremde Hilfe zu bewältigen. Bei genauer Durchsicht des Kartenmaterials fiel die Antwort positiv aus. In Varna nahmen sie Abschied von Shejke Dan, dem bulgarischen Offizier und dem russischen Lotsen. Dann liefen sie aus, die Pan York vorweg und die Pan Crescent in ihrem Kielwasser. Außer der Karte des Lotsen hatten sie nichts, was sie vor den Seeminen hätte schützen können. Und als sei die Gefahr der Minen nicht schon groß genug, hatten sie in der Nacht auch noch Probleme, die mit Bojen gekennzeichnete Fahrrinne überhaupt auszumachen. Es war der 27. Dezember 1947. Yossi, Gad Hilb und Nissan Leviathan standen auf der Kommandobrücke und durchlebten die längste Nacht ihres Lebens. Es war kalt und windig. Die Wellen brachen sich an Deck und überzogen die Fenster der Brücke mit weißem Schaum. Jede Sekunde dehnte sich endlos in winzige Bruchstücke. Wie gebannt starrten sie unentwegt auf den Kompaß und vermaßen die Karten.

Stehend und liegend (so wie Yossi es auf den Schotterpfaden um Tel Monde gemacht hatte, als er das Minenräumkommando befehligte) postierten sich dreißig junge Leute mit guten Augen am Bug und entlang der Außenbordwände der Pan York. Während die Wellen nach ihnen griffen und der Wind drohte, sie ins Meer zu schleudern, durchkämmten die Jungen mit ihren Blicken das Meer, suchten es nach treibenden Seeminen ab. Eine solche, mit einer halben Tonne Sprengstoff gefüllte Mine konnte 7500 Menschen in die Tiefe reißen und den übrigen 7500, die sich auf der Pan Crescent befanden, schweren Schaden zufügen. Um ein doppeltes Unglück auszuschließen, ordnete Yossi an, daß sich die Pan Crescent in einigem Abstand zum Schwesterschiff in dessen Kielwasser halten und nicht vom Kurs abkommen sollte.

Diesmal wurden Yossi all sein Mut und seine Umsicht abverlangt. Ein Mann von 28 Jahren, auf dessen Schultern die Bürde einer unermeßlichen Verantwortung lastete, handelte er in jener Nacht mit an Draufgängertum grenzender

Tollkühnheit, gezügelt von den eisernen Fesseln der Vernunft, um das Leben der Juden zu retten. Peitschender Regen setzte ein. Yossi mußte sicherstellen, daß sie weiterfahren konnten, ohne das Leben aller an Bord zu gefährden, und daß es den dreißig jungen Männern, die am Bug und den Außenwänden hingen, gelang, die schemenhaften Umrisse einer Mine trotz Dunkelheit und stürmischer See zu erkennen. Die Aussichtsposten wechselten alle paar Stunden, versuchten mit ihren Augen, Ferngläser zu ersetzen, während die Suchscheinwerfer die Wasserfläche voraus und die vor den Außenbordwänden abtasteten.

Yossi, den sein eigener Sohn einen »israelischen Indiana Jones« nennt, durchlebte in jener Nacht die schwersten Stunden seines Lebens. Hätte er auch nur einen Fehler gemacht, wäre ihm oder einem der jungen Leute ein kaum zu erkennender Fleck entgangen, wäre es zu einem Unglück gekommen. In jeder Sekunde mußte er genauestens über die Höhe des Wellengangs und die exakte Position des Schiffes im Bilde sein. Ein fehlgeleiteter Lichtstrahl des Suchscheinwerfers, und es wären mehr Opfer zu beklagen gewesen, als die beiden Städte Rechovot und Rishon LeZion damals zusammen Einwohner zählten.

In einer bestimmten Phase erschwerte das Rollen des Schiffes die Sicht zusätzlich, und die Maschinen mußten mit voller Kraft arbeiten. Scheinwerfer unterstützten sie bei dem Versuch, den bedrohlichen, dichten Vorhang der Nacht zu durchdringen: ein Alptraum, in dem sie aber alle durchdrungen waren von dem Gefühl, eine lebenswichtige Mission zu erfüllen. Unermüdlich suchten die Augen das Meer ab. Es herrschte gespannte Ruhe. Yossi Harel aus Jerusalem führte einen Zug von mehr als 15 000 Menschen durch ein Meer, das 2400 Juden in die Tiefe gerissen hatte. Immer wieder rief er sich in Erinnerung: Du bist auf einem Meer des Todes, schwarz, unnachgiebig und heimtückisch; du kommst zwar voran, weißt aber nicht, was dich auf dem nächsten Meer erwartet; du mußt es schaffen.

In einem Moment hielt ihn fürchterliche Beklemmung gepackt: Wie rettet man Tausende von Menschen mit nur fünfzig Schwimmwesten? Wie lassen sich diese Überlebenden des jüdischen Volkes bewahren?

Die Dämmerung brach an, und in der Ferne ragte der rumänische Leuchtturm auf, der das Ende der Todeszone markierte. Ein Seufzer der Erleichterung war zu hören. Endlich konnte Yossi lächeln, streckte sich und stieg unter Deck, um einen Tee zu trinken. Obwohl eine Ewigkeit vergangen zu sein schien, seit sie in die Fahrrinne, die durch das Minenfeld führte, eingefahren waren, lagen sie gut in der Zeit. Der Reihe nach kamen die Flüchtlinge Gruppe für Gruppe an Deck. Gab Hilb schlief beruhigt über dem Steuerrad ein.

Eine Zeitlang war Yossi versucht, Erleichterung zu verspüren. Doch er wußte wie alle anderen auch, daß die großen Hindernisse noch vor ihnen lagen; der Bosporus, die Dardanellen und die nach Rache dürstende britische Flotte.

Auf Höhe des rumänischen Leuchtfeuers schwenkten sie nach Osten, liefen mit einer Geschwindigkeit von zehn Knoten durch rumänische Hoheitsgewässer und gingen dann auf Kurs Süd. Am Mittag des Schabbat erreichten sie den Bosporus. Jetzt blieb nur noch abzuwarten, ob der Plan trotz aller Widrigkeiten wie vorgesehen funktionieren würde. Scheiterte er, war alles umsonst gewesen und Bevin der große Gewinner.

Die alles entscheidende Stunde X war zwei Wochen zuvor festgelegt worden. Moish Pearlmann war mit dem türkischen Befehlshaber der Bosporusregion zusammengetroffen. Dieser berichtete, daß die Briten Druck auf ihn ausübten, um die Schiffe, ungeachtet der international geltenden Seerechtsbestimmungen, die ein Aufbringen von

Schiffen in Meerengen ausdrücklich untersagten, unter irgendeinem Vorwand festzuhalten. Allerdings, so fügte der Türke hinzu, könne – was regelmäßig geschehe – immer vom Vorbehalt mangelhafter Hygiene an Bord Gebrauch gemacht werden. Jedes Schiff müsse sich kontrollieren lassen, und im Verlauf der Kontrollen sei es ein leichtes, Unzulänglichkeiten festzustellen, die Armee zu alarmieren und so der britischen Flotte Gelegenheit zu geben, in Aktion zu treten.

Sie wußten, daß sie den Bosporus vor dem Mittag des Schabbat erreichen mußten, solange der türkische Kommandeur noch Dienst hatte.

Als sie am Vormittag in die Meerenge einfuhren, kam eine Gruppe türkischer Offiziere und Polizisten an Bord, der Pan York. Ihre Mienen verhießen nichts Gutes. Der ranghöchste Offizier verkündete: »Wenn ich nicht unterschreibe, kommt ihr hier nicht durch.« Yossi signalisierte Verständnis, reichte ihm einen vergoldeten Füllhalter und sagte: »Sie sollten mit der passenden Feder unterschreiben. Sie gehört doch Ihnen.« Der Offizier betrachtete das kostbare Schreibgerät und fragte etwas zögerlich: »Und was ist mit meinen Kameraden?« Worauf Yossi erklärte: »Auch sie werden mit ihren eigenen Füllhaltern unterschreiben!« Dann fragte er: »Wissen der Herr, wieviel Uhr es jetzt ist?« Der Offizier warf einen Blick auf seine Uhr, und Yossi fragte: »Ist es einem hochrangigen Offizier wie Ihnen nicht peinlich, eine solche Uhr zu tragen?« Worauf er dem Türken und seinen Begleitern goldene Uhren aushändigte. Dann drückte er jedem noch einige Sovereigns in die Hand und stellt fest: »Das dürfte wohl für beide Schiffe genügen, oder?« »Gewiß«, bestätigte der Offizier.

Die Kontrolleure gingen von Bord, und die beiden Schiffe zogen ungehindert durch den Bosporus. Die Menschen hingen in Trauben über der Reling und genossen den Anblick der Landschaft, die langsam an ihnen vorüberzog. Sie erreichten Istanbul, machten am Kai mit seinen großen Kaffeehäusern fest und nahmen neue Lotsen an Bord. Die Briten blieben gelassen, denn sie wußten ja, daß die Gesundheitsoffiziere die Schiffe wie abgesprochen festhalten würden: Unter dem Vorwand einer Beanstandung würde der britische Konsul eingeschaltet werden und sich alles auf elegante Art und Weise von selbst erledigen, ohne daß das Militär eingreifen mußte.

Jedoch wußten sie nicht, daß gemäß einer von Moish Pearlmann arrangierten Abmachung der türkische Kommandant gezwungen war, überraschend die Stadt zu verlassen, und sein Büro einem Untergebenen anzuvertrauen. Als die Briten feststellen mußten, daß die Schiffe auch nach der Hygienekontrolle ihre Fahrt fortsetzten, rief der britische Oberbefehlshaber erbost den türkischen Kommandanten an und verlangte, die Schiffe unverzüglich festzusetzen. Da aber Samstag war, teilte ihm der Bürodiener mit, der Kommandant befinde sich im Wochenendurlaub und werde erst am Montagmorgen zurückkehren. Der Türke bat den Anrufer um seine Nummer, damit sich der General bei seiner Rückkehr sogleich melden könne. Beim sechsten Anruf hieß es schließlich: »Geben Sie mir nur einen Moment, um die Nummer zu notieren.«

Daher wußte Yossi bereits in Burgas, daß sie um jeden Preis das Marmarameer und die Dardanellen am Sonntag noch vor Mitternacht passiert haben mußten, da der türkische General am Montag vor Tagesanbruch wieder in seinem Büro zu sein hatte. Als sie Instanbul verließen, saß Moish Pearlmann am Ufer, um die Schiffe vorbeiziehen zu sehen. Neben ihm standen drei Angestellte der britischen Botschaft, die er kannte. Die Männer standen mit dem Rücken zum Wasser und riefen schadenfroh: »Diesmal haben wir es ihnen gezeigt!«

Auf der vergleichsweise kurzen Reise der beiden Pans fanden keine kulturellen Aktivitäten statt wie auf der Knesset Israel oder der Exodus. Die Kinder spielten trotz der Enge, hier und dort kam es zu Handgreiflichkeiten bei der Essensausgabe, doch in Anbetracht der herrschenden Umstände herrschte eine geradezu mustergültige Ordnung unter den Tausenden von Menschen. Yossi freute sich, daß sie die Vorbereitungen derart akribisch durchgeführt hatten. Die beiden Schiffe waren die größten in der gesamten Geschichte der illegalen Einwanderung, und den meisten Menschen an Bord blieben die erniedrigenden Erfahrungen erspart, denen die Flüchtlinge auf den anderen Schiffen ausgesetzt gewesen waren.

Eine junge Bulgarin knüpfte mittels eines der spanischen Matrosen, der französisch sprach, eine Liebesbeziehung zu einem jungen Mann aus Rumänien an. Der Rumäne sprach ebenfalls französisch, und er verstand ihr Ladino. Immer war jemand da, der Gefühle und Liebesschwüre übersetzte. Am Mittag wurde mit Schallplatten, die die Menschen überallhin mitgenommen hatten, ein Konzert mit klassischer Musik gegeben. Die beiden küßten sich, und alle, die sie umstanden, applaudierten.

Gleich nach dem Auslaufen entstanden Probleme in bezug auf die Speisevorschriften. Die Rabbiner an Bord verlangten, daß am Schabbat nicht gekocht würde. Yossi und Barczik wiesen die Forderung rigoros zurück. Als nächstes wurde verlangt, eine *Mikwe* einzurichten, da es möglicherweise Eheschließungen an Bord geben würde. Diesmal teilte Yossi ihnen mit, daß es laut Seerecht dem Kapitän erlaubt sei, im Beisein von Zeugen Ehen zu schließen, ohne daß ein Rabbiner zugegen sein mußte. Der Fingerzeig wurde sogleich verstanden. Als der Fall schließlich eintrat, nahm sogar einer der Rabbiner an der Trauung teil, sprach den Segen und sang die sieben Fürbitten. Bei anderer Gelegenheit wurde eine Mannschaftsbesprechung abgehalten und einem der Rabbiner die Aufgabe übertragen, ein Urteil auf Grundlage der *Halacha* zu veröffentlichen, demzufolge es gestattet sei, am Schabbat gekochte Speisen zu essen, wenn dadurch akute Lebensgefahr abgewendet wurde. Aus Gründen der Sicherheit wurde das Entzünden von Schabbatkerzen im Schiffsinnern untersagt und in Übereinstimmung mit den Rabbinern beschlossen, daß anstelle der traditionellen Zeremonie einige Frauen durch das Schiff gehen und den Schabbatsegen sprechen sollten.

Es gab auch besonders umtriebige Gestalten an Bord, die sich nur für sich und die eigenen Leute einsetzten. Man teilte ihnen mit, daß die Zuteilung von Wasser und Nahrungsmitteln ebenso wie die Aufrechterhaltung der öffentlichen Ordnung ausschließlich von dafür eigens qualifizierten Freiwilligen vorgenommen werde und nicht etwa willkürlich erfolge. Über allem jedoch stehe die Autorität des Schiffskommandanten. Man befinde sich auf See, und auf See sei der Kommandant die oberste Instanz.

Ein Schiffskomitee wurde gegründet, das Vertreter aller Parteien umfaßte. Neben dem auf hebräisch erscheinenden Organ der *Haganah* wurden Zeitungen auf rumänisch und jiddisch herausgegeben. Wenn ein Kind sich verlaufen hatte, nannte es seine Nummer, und die Freiwilligen nahmen sich seiner an. Als bekannt wurde, daß einige an Bord Waffen versteckt hielten, wurde eine Ausgangssperre verhängt und zuverlässige Leute ausgesandt, um jeden Winkel des Schiffs zu durchkämmen. Es wurde nichts gefunden. Offenbar hatte allein Yossis rasches und energisches Vorgehen bereits ausgereicht, daß die Waffen ins Meer geworfen wurden.

Gegen Mitternacht erreichten sie die Dardanellen. Die Lotsen gingen von Bord, und die Schiffe zogen hinaus in die Ägäis, den nördlichen Teil des Mittelmeeres. Yossi konnte aufatmen. Der Kampf war bereits entschieden. Die

Briten hatten die Schiffe daran hindern wollen, das Mittelmeer zu erreichen – und waren gescheitert.

Doch beim ersten Morgengrauen offenbarte sich die bittere Realität: Eine aus zehn Kriegsschiffen bestehende britische Flotte lauerte in aller Seelenruhe auf ihre Opfer.

27. Kapitel

Yossi hatte noch nie so viele Kriegsschiffe auf einmal gesehen. Als er mit der Knesset Israel kam, warteten drei auf ihn. Als er die Exodus überführte – sechs. Hier aber waren es zehn Schiffe, die wie eine Ehrengarde oder ein zu allem bereiter Feind warteten. Allen Beteiligten – den Briten wie auch Yossi – war klar, daß man sie nicht ins Schwarze Meer zurückbringen konnte.

Die Briten verloren keine Zeit. Schon von weitem war deutlich zu sehen, daß die britische Flotte in Schlachtformation kreuzte. Die Schiffe spielten mit den beiden Pans wie Haie mit ihrer Beute. Diese Demonstration der Stärke war eine klare Provokation. Yossi dachte nur noch daran, was er nicht tun durfte.

Die Besatzungen der beiden Schiffe wurden in Alarmbereitschaft versetzt. Alle nahmen ihren Platz ein. Von Deck strömten die Meldungen nach unten ins Innere der Schiffe, wo sich hitzige Debatten entzündeten. Im Gegensatz zu den kampfesfreudigen Jungen reagierten die älteren unter den ungarischen Flüchtlingen, die unsagbar gelitten hatten und »von den Toten zurückgekehrt« waren, weniger enthusiastisch.

Es war Yossis Grundsatz, daß die Flüchtlinge nicht zu Kanonenfutter werden durften. Das Meer war ein Schlachtfeld, auf das er nur sich selbst entsenden konnte, um zu töten und getötet zu werden. Aber er konnte sie nicht diesem Risiko aussetzen. Immer wieder sagte er sich: Zu keinem Zeitpunkt war ich bereit, die Exodus in eine lebensbedrohliche Schlacht zu führen, nicht einmal in den schwierigsten Momenten, als es andere gab, die dies wollten. Die Kinder aus Ramat-HaKowesh hat man nicht aufgefordert, gegen die Briten zu kämpfen und an der Front zu sterben. Um so weniger darf man es dann von diesen Kindern hier verlangen. Ich werde sie nicht zur Verherrlichung eines zweifelhaften Heldentums in den Tod schicken. Auf einem der britischen Kriegsschiffe (der Ajax, die Yossi noch von der Exodus in schlechter Erinnerung hatte) saß der Oberfehlshaber der Flotte im östlichen Mittelmeer. Nach der ersten Runde herrschte gespannte Stille. Die Briten nahmen an, daß die Pans mit Waffen ausgerüstet seien, und warteten auf einen unbedachten Schritt, der den Juden politischen Schaden zufügen und ihnen selbst Gelegenheit geben würde, dem »jüdischen Aas« ein für allemal eine unvergeßliche Lektion zu erteilen. Sie wußten, daß sie es hier mit einem riesigen Transport zu tun hatten, wie es nicht mehr viele geben würde. Es bot sich ihnen also eine hervorragende Gelegenheit, mit den halsstarrigen Juden abzurechnen.

Ein britischer Soldat, der auf einem der Schiffe stationiert war, beschrieb Jahre später die Frustration der Soldaten: »Wir waren Teil einer riesigen, aus modernsten Kriegsschiffen bestehenden Flotte, die zwei über und über mit Kindern und Greisen beladene Badewannen verfolgten. Selbst wenn wir beim Entern der Schiffe hätten prügeln und töten können, ja selbst wenn beim Kampf die eine oder andere Konservenbüchse aus amerikanischen Beständen für unsere Familien in England zu erbeuten war – viel Ehre gab es in diesem Krieg nicht zu erringen.«

Yossi brachte die Juden nur über das Mittelmeer nach Palästina, weil diese Menschen nirgendwo anders mehr hin konnten als nach Eretz Israel. Eigenhändig hatten die Briten einen Teil der Krematorien in den Lagern zerstört. Mit eigenen Augen hatten sie die Leichenberge gesehen und die Deutschen, die überstürzt die Leichen von Tausenden von Juden vergruben. Sie waren unter den Befreiern der Lager gewesen, hatten voller Wut und Abscheu die Baracken in Brand gesteckt und den Überlebenden aus hilflosem Mitleid und Erbarmen etwas zu essen gereicht. Und dennoch schien es, als sei es den Briten nicht gelungen, diese Bilder und Tatsachen zu verinnerlichen. Wie sonst konnten sie hier – auf offener See – gegenüber jenen, die überlebt hatten, ein so vollkommen anderes, kaum nachvollziehbares Verhalten an den Tag legen?

Nach der Affäre um die Exodus und dem Schaden, der dem Ansehen des Empire dadurch in der »kultivierten Welt« entstanden war, hatten die Briten Bedenken, ohne erkennbaren Vorwand anzugreifen. Yossi wußte darum, tat ihnen aber nicht den Gefallen. Aufgrund ihrer geheimdienstlichen Informationen war den Briten bekannt, daß die Juden dazu angehalten waren, keinen Widerstand zu leisten.

Yossi hielt weiter Kurs auf Haifa. Im Unterschied zu den Briten war ihm nicht bewußt, daß das Los bereits gefallen war. Aus Palästina erhielt er ein sonderbares Telegramm, in dem ihm mitgeteilt wurde, daß er, sollten sich die Briten an ihn wenden, sagen solle, er habe Befehl erhalten, ihren Anweisungen Folge zu leisten. Yossi wunderte sich. Nicht selten widersprachen sich die in immer kürzeren Abständen eingehenden Telegramme, so daß er versuchen mußte, die Ungereimtheiten so weit wie möglich miteinander in Einklang zu bringen. Noch hielt Yossi dem Druck, der von allen Seiten auf ihn ausgeübt wurde, stand und war nach wie vor der Meinung, daß der eigentliche Kampf bereits entschieden sei, daß der Sieg ihnen gehöre: Die Pans waren auf dem Weg nach Eretz Israel.

Das nächste Telegramm enthielt die Anweisung, den Briten mitzuteilen, daß »Gott unserem Stammvater Abraham dieses Land gab, weshalb wir ein historisches Recht darauf haben und das Land uns gehört«. Yossi war überzeugt, daß wer immer dieses Telegramm geschrieben hatte, nicht ganz bei Trost war. Erst später erfuhr er, daß es von Ben-Gurion persönlich stammte. Unterdessen setzten die beiden Schiffe ungeachtet der Präsenz britischer Kreuzer und Zerstörer und der drohenden Anordnung der Briten zum Trotz, Kurs auf Famagusta zu nehmen, ihre Fahrt in Richtung Haifa fort. Die Briten waren so nahe, daß sie ihre Befehle per Megaphone an die beiden Pans übermittelten und erst danach auf Funkverbindung gingen. Sie verlangten, daß ihre Forderungen umgehend erfüllt würden, und drohten mit einem Blutbad.

Der Kreuzer Mauritius, das Flaggschiff der britischen Flotte, näherte sich der Pan York bis auf fünfzig Meter. Yossi, Gab Hilb und Nissan Leviathan standen auf der Kommandobrücke und hörten die Rufe der Soldaten, die ungeduldig darauf warteten, die Flüchtlingsschiffe entern zu dürfen. Sie sahen die zu Hunderten an Deck angetretenen Marineinfanteristen, sahen die auf sie gerichteten Waffen. Dann bat der Kommandant der Mauritius um die Namen der beiden Schiffe.

Allein diese Bitte brachte sie in Verlegenheit. Aufgrund von Meinungsverschiedenheiten innerhalb der Führung des *Yischuw* hatten die Schiffe bislang noch keine hebräischen Namen. Doch nach dem geltenden Seerecht mußten sie sich namentlich ausweisen. Yossi telegraphierte nach Palästina und wollte wissen, was er ihnen antworten solle. Erst nach nervenaufreibendem Hin und Her wies man ihn an, die Schiffe in HaChaver – der Genosse und HaAchot – die Schwester umzubennnen. Doch die Befehle sorgten für weiteres Durcheinander, Telegramme an die HaChaver landeten bei der HaAchot und umgekehrt. Die neuen Namen wurden folglich nicht benutzt.

Yossi beschloß, an den ursprünglichen Namen Pan York und Pan Crescent festzuhalten. Wieder wurden Dutzende von Telegrammen ausgetauscht. Jeder in der Führungsspitze des *Yischuw* glaubte, seine Meinung kundtun zu müssen. In der Zwischenzeit wurde der britische Admiral mit weitaus detaillierteren Informationen versorgt wie der Zahl der Frauen und Kinder, die sich auf den Schiffen befanden, nicht jedoch den Namen der Schiffe. Erst gegen Mitternacht traf ein Kompromißvorschlag ein: Die Schiffe sollten Kibbuz Galujot – Sammlung des Exils – und Atzma'ut – Unabhängigkeit – heißen.

Yossi war enttäuscht, daß die *Haganah* mit keinem Wort erwähnt wurde, bekam jedoch wie schon bei der Knesset Israel und der Exodus mitgeteilt, die Entscheidung sei endgültig und unwiderruflich. Der Admiral ermahnte Yossi nun, von Provokationen abzusehen und Kurs auf Famagusta zu nehmen. Es schmerzte Yossi, daß die größte Aktion in der gesamten Geschichte der *Ha'apala*, deren Vorbereitung so viel Mühe gekostet hatte, nicht einmal einen passenden Namen tragen würde. Nachdem er Ben-Gurions abgedroschene Phrasen über das Abraham und den Juden versprochene Land wiedergegeben hatte, verkündete Yossi den Briten folgende Bedingungen, um an Bord der beiden unbewaffneten Schiffe kommen zu dürfen: Es würde keine Durchsuchungen geben, die Briten kämen ohne Waffen an Bord, und für die Besatzungen gälte gleiches Recht wie für die Flüchtlinge.

Die Engländer hörten sich die Bedingungen an, übermittelten sie an die zuständigen Stellen und warteten auf eine Antwort. Sie bedauerten, daß es nicht zum Kampf kommen würde und sie die Besatzungen nicht festnehmen konnten. Der Admiral hingegen war erleichtert, als sich ein Ende abzeichnete. Nach heftiger Debatte über Funk teilte der britische Kommandant Yossi schließlich mit, daß er die Bedingungen in vollem Umfang akzeptiere, und verlangte, die

Maschinen zu stoppen. Außerdem werde er eigene Besatzungen zur Pan York und Pan Crescent übersetzen lassen.

Yossi willigte ein, beharrte jedoch: »Ich werde nicht stoppen, ehe ich nicht eine eindeutige Auskunft über das Schicksal meiner Männer habe.« Er werde, sofern nicht bald Antwort käme, wieder Direktkurs auf Haifa nehmen. Im Falle eines Kampfes liege die Verantwortung für die tragischen Folgen allein bei dem Admiral. Er schloß mit den Worten: »Die Besatzungen bleiben bei den Flüchtlingen, der Befehl über die beiden Schiffe wird den Briten übertragen, die Funkgeräte verbleiben jedoch bei der Mannschaft. Alle persönliche Habe wird den Flüchtlingen gelassen. Und noch einmal: Es wird keine Unterscheidung zwischen der Besatzung und den Passagieren gemacht.«

Yossi wußte, daß auch im Falle einer Verhaftung seine eigene Situation ungleich günstiger war als die der spanischen Besatzung. Da die Männer in ihr Herkunftsland abgeschoben werden würden, kämpfte Yossi unbeirrbar um das Schicksal dieser Spanier. Der Admiral verstand ihn nicht. Was bezweckte dieser Mann? Was genau wollte er? Weshalb zeigte er sich so halsstarrig? Die Zeit verstrich. Da weder vom Oberkommando in Kairo noch aus London eindeutige Befehle kamen, fiel dem Briten die Entscheidung schwer. Doch Yossi übte weiter Druck aus: Wurden seine Bedingungen nicht akzeptiert, würde er erneut Kurs auf Haifa nehmen.

28. Kapitel

Die Briten wußten, daß zu dieser historischen Stunde das Eintreffen von 15 236 Juden in den Augen der Araber wie das Eintreten von 15 236 potentiellen Soldaten aufgefaßt würde, was unausweichlich zu Unruhen führen mußte. Andererseits war eine Seeschlacht zum jetzigen Zeitpunkt von vornherein verloren. Auch im Falle eines Sieges würden sie von der ganzen Welt Hohn und Spott ernten, einer Welt, die sich zwar nicht im mindesten für das Schicksal der Juden interessierte, deren Vorstellungen sich jedoch aus Hollywood-Western speisten, in denen die Wenigen immer die Guten und am Ende auch die Sieger waren.

Seitdem man die Flüchtlinge der Exodus nach Deutschland zurückgeschafft hatte, fanden sich immer mehr Menschen, die die Ereignisse im Mandatspalästina aufmerksam verfolgten. Endlich meldeten sich Persönlichkeiten aus aller Welt zu Wort, die Kritik am British Empire, seinen Beweggründen und seiner Politik im Nahen Osten übten.

Nach drei Stunden traf die Antwort des Admirals ein: Er akzeptiere sämtliche Bedingungen, die Regelung in bezug auf die Besatzungen inbegriffen. Damit nahm er die Verantwortung gegenüber seinen Vorgesetzten auf sich und gab Yossi sein Ehrenwort, daß an Bord der Schiffe niemand Hand an die Besatzung legen würde. Yossi antwortete, er nehme das Versprechen an. Der britische Admiral fragte verwundert zurück, ob er auch ohne schriftliche Vereinbarung einverstanden sei, und Yossi antwortete ihm: »Das Ehrenwort eines britischen Admirals wiegt schwerer als jedes Dokument.« Selbst wenn der Admiral eine Aktion geplant hatte, war es dafür jetzt zu spät.

Es wurde vereinbart, daß die Briten um 14 Uhr an Bord kommen sollten. Und es würden nicht die Juden, sondern die Briten sein, die die Menschen nach Famagusta brachten, damit den Arabern die Einreise von 15 236 Juden nach Palästina erspart blieb. Auf den Schiffen gab es auch Flüchtlinge, die kämpfen wollten. Yossi entgegnete den mehrfach gegen ihn erhobenen Vorwürfen, kapituliert zu haben, mit dem Hinweis, er führe nur Befehle aus. Tief in seinem Innern verbarg sich ein anderer, ungestümer Yossi, der sich auch nicht ergeben und statt dessen den Schuften das, was sie der Exodus angetan hatten, heimzahlen wollte. Doch die Vernunft mahnte ihn, sich anders zu verhalten. Er wußte, daß er sich nicht von seinen Gefühlen leiten lassen durfte und daß sich der Sieg nicht zwangsläufig durch die Zahl der Toten auf der Seite des Gegners ermitteln ließ, schon gar nicht in einer von vornherein verlorenen Schlacht.

Die beiden Schiffe lagen mit dem Bug gegen den Wind, als unbewaffnete britische Offiziere und Marineinfanteristen, die Yossis Forderung entsprechend auch keine Stahlhelme trugen, an Bord kamen. Der ohnmächtige Haß, der ihnen aus Hunderten von Augenpaaren entgegenschlug, trieb die Männer in die Enge. Sie besetzten die Brücke und übernahmen das Kommando. Sie wußten nicht, daß der junge Mann, der neben ihnen stand und Amnon genannt wurde, den Oberbefehl über die Schiffe der »jüdischen Piraten« führte.

Es war ein sonderbares, für keine der beiden Seiten besonders rühmliches Schauspiel. Yossi handelte jetzt ohne jegliche Rückendeckung. Aus den verschiedenen Führungsstäben der jüdischen Organisationen trafen widersprüchliche Telegramme ein; es gab Menschen, die sich beschwerten. Yossi sah eine Gruppe ungarischer Frauen, deren Augen flehten, endlich irgendwo anzukommen. Die Frauen hatten sich auf der langen Zugfahrt getroffen und zusammengetan. Jede von ihnen hatte einen Bruder, Ehemann oder Kinder verloren. Zwischen ihnen herrschte ein gegenseitiges, auf Schmerz und Trauer begründetes Einvernehmen. Yossi erschienen sie wie der Chor der Klageweiber in einer griechischen Tragödie, der vom Kommen der Moira, der Schicksalsgöttin, kündet. Sie wollten ein Zuhause.

Mit ihren Blicken stärkten und ermutigten sie einen jungen Mann, der einerseits wußte, daß er zu kämpfen hatte, um ein Held zu sein, andererseits jedoch mit derselben Gewißheit wußte, daß er nachgeben mußte, um nicht diese Frauen zu Soldaten im Kampf um Eretz Israel zu machen.

In den Vehandlungen mit den Briten mußte Yossi klären, was mit den Schiffen geschehen sollte, nachdem die Flüchtlinge an Land gegangen waren, und wie genau das Ausschiffen der Menschen vonstatten gehen würde. Den Spaniern war es inzwischen gelungen, sich unter die Flüchtlinge zu mischen. Über alle anderen Einzelheiten war bereits Übereinkunft erzielt worden. Dies war die letzte Nacht an Bord.

Die Briten standen auf der Kommandobrücke, und Yossi ging die Spanier suchen. Die Männer saßen im Heck des Schiffes, wo die Briten sie nicht sehen konnten, und feierten Abschied. Sie tranken Wein, und Yossi erzählte, wie er sich in seiner Jugend den republikanischen Garden hatte anschließen wollen. Die Spanier wußten, daß die Verhandlungen mit den Briten ihretwegen so lange gedauert hatten. Sie wußten, daß sie nur einen Schritt vom sicheren Tod entfernt gewesen waren. Sie waren etwas betrunken und sehr müde, sangen die Lieder der Fünften Brigade und trugen Gedichte von García Lorca und Pablo Neruda vor, die Yossi von früher noch gut in Erinnerung hatte. Es herrschte eine herzliche und wehmütige Atmosphäre. Yossi versprach, sich darum zu kümmern, daß sie auch künftig Beschäftigung fänden.

Die kleine Feier war in vollem Gange, als ein junger Mann von etwa zwanzig Jahren auftauchte und einige Schritte entfernt stehenblieb. Als er das Lied der Brigade hörte, begann er zu weinen. Steve, der Spanier, bemerkte ihn und forderte ihn auf, sich zu ihnen zu gesellen. Der junge Mann war verlegen, ließ sich dann aber nieder.

Steve blickte ihn forschend an und sagte: »Irgend etwas an Spanien scheint dir viel zu bedeuten.« »Ich heiße Josef, und mein Bruder wurde dort getötet.« Steve fragte nach dem Namen des Bruders. »Jehuda«, erwiderte Josef.

Nun war es Steve, der verlegen wirkte. Er sagte: »Ich kannte ihn. Er war wie eine Blume, alle liebten ihn. Er konnte Gedichte in fünf verschiedenen Sprachen aufsagen, und in den Nächten lauschten wir seinen Rezitationen. Er hatte eine weiche Stimme und schöne Augen, blau, wie deine. Er war klein und schlank und hatte blondes Haar.« Steve schwieg für einen Moment und fuhr dann fort: »Er wurde nach der Flucht aus dem Hafen direkt neben mir getötet.«

Einen Augenblick lang sah man Josef lächeln. »Sonderbar, da war noch jemand, der mich nach meinem Bruder gefragt hat. Eigentlich ist das der Grund, warum ich noch am Leben bin.«

Sie saßen da, tranken. Die Zeit drängte nicht. Josef nahm einen Schluck und erzählte, wie er und sein Bruder im Jahr 1932 nach Palästina gekommen waren. Beide waren aktive Kommunisten. Die Briten wiesen sie 1937 aus. »Mein Bruder«, berichtete Josef, »fuhr nach Paris und von dort nach Spanien, um zu kämpfen. Ich fuhr nach Polen in meine Geburtsstadt, weil wir dort noch weitere Brüder hatten. Die Stadt lag nahe der deutschen Grenze. Als der Krieg ausbrach, floh mein ältester Bruder in der Hoffnung, dort seinen Teil beitragen zu können, nach Rußland. Aber soweit ich weiß, wurde er verhaftet und starb in einem sowjetischen Internierungslager. Die Deutschen blieben bis 1945 in unserer Stadt, deportierten uns aber nicht in die Lager. Wir hörten, was vor sich ging, versuchten zu fliehen, aber die polnischen Nachbarn »behüteten uns«: Denn immerhin waren wir eine gute Notration, war ein Jude soviel wert wie ein Laib Brot oder ein paar Kartoffeln.

Bevor die Deutschen 1945 die Stadt verließen, schickten sie alle Juden nach Auschwitz. Ich hatte eine Freundin. Ihr Name war Lea. Noch im Zug wurden wir getrennt. Meine Eltern gingen direkt in den Tod, und ich wurde zur Arbeit als Anstreicher eingeteilt. Darin war ich gut. Und ich sagte Gedichte auf, ja, genau wie mein Bruder, wir alle in der Familie sind Rezitatoren, unser Großvater war der beste Prediger in der ganzen Stadt. Ich liebte meine Freundin. Offenbar ist sie tot. Ich habe sie überall in Europa gesucht und nicht gefunden.

Eines Tages, und hier komme ich zu meinem Bruder und der Verbindung zu Spanien, spricht mich ein nichtjüdischer Kapo an, ein Deutscher, und fragt, ob ich einen Bruder habe. Ich denke: Es ist aus, er kommt, um mich zu holen. Ich sage, ja, ich hatte einen Bruder. Er fragt, ob der Name meines Bruders Jehuda sei, was ich bejahe. Da erzählt mir der Kapo, daß er Kommunist ist und meinen Bruder gekannt hat. Gemeinsam hatten sie in der Internationalen Brigade gekämpft, mein Bruder sei ein liebenswerter, lustiger Kerl und ein begnadeter Rezitator gewesen. Er schlug mir vor, mich dem Untergrund anzuschließen, den sie im Lager gegründet hatten. Dann meinte er noch, sie benötigten Terpentin aus dem Magazin, aus dem ich die Farben holte.

Ich beschaffte ihnen das Terpentin, und irgend jemand bastelte mit weiteren Substanzen einen Sprengsatz daraus, mit dem wir den berüchtigten Sabotageakt im Komplex der

Gaskammern ausführten. Wir wurden nicht erwischt. Das heißt, ich und der Deutsche wurden nicht gefaßt. Andere schon. Wo er heute ist, weiß ich nicht.

Nach der Befreiung zog ich ziellos umher. Ich erreichte die britische Besatzungszone, wo ich einige der Eretz-Israelis traf, die für die Organisation arbeiteten, die Flüchtlingen hilft, nach Palästina auszureisen. Aus meiner Zeit in Palästina spreche ich Hebräisch, und so konnte ich ihnen helfen.

Als die Briten mich erwischten, steckten sie mich ins Gefängnis zusammen mit den Nazis, die ich aus dem Lager in Deutschland kannte, in das sie mich auf dem Todesmarsch nach der Evakuierung von Auschwitz gebracht hatten. Während die Engländer danebenstanden und lachten, bespuckten und bepinkelten sie mich.

Die ganze Zeit über suchte ich weiter vergeblich nach Lea, bis ich erfuhr, daß sie tot ist. Jetzt bin ich hier. In der Zwischenzeit lernte ich ein nettes Mädchen kennen, und wir haben geheiratet. Meine Frau ist schwanger, und wir wollen so nah wie möglich bei Jerusalem wohnen.«

Steve war ergriffen. Die spanischen Matrosen sangen weiter, während Yossi schon lange vorher auf die Brücke zurückgekehrt war. So schloß sich vielleicht ein weiterer Kreis. Jerusalem.

Denn wie schon bei den Vorfällen um das Kastell bin ich selbst auch hier wieder Teil der Geschichte: Nachdem die 15 236 Flüchtlinge der Pans in Zypern an Land gegangen waren, erhielten Josef und seine Frau Einreisepapiere und gelangten nach Haifa. Als sie einem Kibbuz im Negev zugeteilt wurden, bat er, dicht bei Jerusalem leben zu dürfen, und wurde mit seiner Frau nach Kfar Etzion geschickt.

Als die Angriffe auf das Siedlungsgebiet um Kfar Etzion begannen, wurden Frauen und Kinder von dort evakuiert, unter ihnen auch Josefs schwangere Frau. In der Zwischenzeit kam seine ehemalige Geliebte, Lea, die doch noch am Leben war, ins Land. Sie hörte, daß Josef lebte und wo sie ihn finden konnte. Auch sie war verheiratet, ließ ihren Mann jedoch im Einwandererlager bei Netanya zurück und fuhr unter dem Vorwand, sich freiwillig zum Dienst in der *Haganah* melden zu wollen, nach Kfar Etzion.

Zwei Tage nach ihrer Ankunft – sie war die einzige Frau dort – fand der große Angriff auf die Ortschaft statt, bei dem Lea und Josef mit der Mehrzahl der Bewohner von Kfar Etzion niedergemetzelt wurden. Josefs Frau zog später nach Jerusalem und brachte dort eine Tochter zur Welt. Sie heiratete ein zweites Mal und wohnte in Ramat Gan. Ihr Mann führte eine Apotheke. Ihre Tochter nannte sie Josefa.

Eines Tages rief mich eine Frau an und sagte, sie habe gehört, ich schreibe ein Buch über die *Ha'apala*, die illegale Einwanderung, und auch über die beiden Pans. Sie wolle mir eine Geschichte erzählen. Ich besuchte sie in ihrer Wohnung in der Hubermann Street in Tel Aviv. Es war heiß an jenem Tag. Sie reichte mir etwas Kaltes zu trinken, setzte sich neben mich und fragte, ob sie beim Erzählen weinen dürfe. Ich sagte: »Ja, natürlich.«

Sie begann, mir die ganze Geschichte von Anfang an zu erzählen, eine Geschichte, die ich nicht kannte. In schmerzhafter Abfolge erinnerte sie sich an jede Einzelheit: Spanien; die Pan York; ein namenloser Immigrant; das Gemetzel kurz vor dem Kampf um das Kastell; Yossi; die Bilder der Vergangenheit; das Vergessen; die grausame Süße der Erinnerung. Ich saß bei ihr, teilte ihre Trauer. Die Tränen erzählten die Geschichte.

In Zypern gingen die Pan York und die Pan Crescent an der Mole vor Anker. Yossi sah die Briten im Hafen. Sie schienen einen Kampf förmlich herbeizusehnen.

Um die Spanier zu retten, wurden über Funk fieberhaft Verhandlungen geführt, wie das Ausschiffen vonstatten gehen sollte, ohne daß die Menschen gezwungen wären, sich registrieren zu lassen. Die Briten begannen, die getroffenen Abmachungen zu widerrufen. Offenbar war der Admiral wegen seines Versprechens von höherer Stelle gerügt worden. Aber Yossi gab in keinem Punkt nach. Am Ende gab dann doch das Ehrenwort den Ausschlag, denn die Ausschiffung verlief wie abgesprochen.

Ein britischer Offizier, der die Szenerie verfolgte, bemerkte trocken, abgesehen von dem Gestank, der aus den Schiffen der Juden käme, verlaufe alles friedlich. Endlich konnte Yossi tief durchatmen.

Der britische Admiral stand zusammen mit einem Brigadier des 6. Fallschirmjägerregiments und weiteren Offizieren von Soldaten umgeben auf der Brücke und wollte wissen, wer der Kommandant der Schiffe sei. Yossi, mit seinen 28 Jahren fast noch ein Junge, gab sich zu erkennen. Der Engländer wollte ihm nicht glauben. Während sie sich noch unterhielten, trat eine junge Frau hinzu, schüttelte Yossis Rechte und drückte ihm dabei einen Zettel in die Hand, mit dem Verbindungscode zur Funkstation der *Palmach* im Flüchtlingslager. Als Yossi Kontakt mit der *Palmach* aufnahm, erfuhr er, daß die Briten Gada Shochat, einen der für die Vorbereitung der Pans Verantwortlichen, bei seiner Ankunft im Lager verhaftet hatten. Durch Zufall waren sie darauf gestoßen, daß Gada seinerzeit als Pilot in der Royal Air Force gedient hatte, weshalb er nun zum Deserteur erklärt und festgenommen worden war.

Yossi ordnete an, das Ausschiffen sofort abzubrechen. Die Menschen wurden an Bord zurückgehalten. Heilloses Durcheinander war die Folge. Engländer liefen aufgeschreckt hin und her. Yossi erklärte dem Admiral, mit der Verhaftung habe er gegen die zwischen ihnen getroffene Abmachung verstoßen: Der Mann gehöre zu seiner Besatzung. Schließlich wurde Gada Shochat freigelassen, und die Flüchtlinge gingen weiter von Bord.

Der Befehlsstruktur zufolge, an die Yossi sich zu halten hatte, endete seine Verantwortlichkeit mit dem Ausschiffen. Auf Zypern befanden sich neben den Leuten der *Palmach* weitere Kommandanten von Schiffen, die zuvor aufgebracht worden waren. Es war ihre Aufgabe, sich um alles weitere zu kümmern. Yossi schlüpfte durch einen Tunnel, der aus einem der Zelte unter dem Zaun hindurch gegraben worden war, aus dem Lager. Irgendwo am Ufer sollte ein Fischerboot, das aus Palästina mit Ausrüstung und Papieren für alle unterwegs war, ihn und ein weiteres halbes Dutzend Kommandeure erwarten.

Der Tunnel war sehr eng, und nur mit Mühe gelang es ihnen, hindurchzukriechen. Als Yossi das andere Ende erreichte, empfing ihn ein Mann von der *Haganah* und brachte ihn zusammen mit den anderen zu zwei Fahrzeugen des griechischen Untergrunds. Sie wurden zu einem Versteck gefahren, wo sie auf das Fischerboot warten sollten. In der Nacht warteten sie drei oder vier Stunden, doch das Boot kam nicht. Während sie noch zwischen den Felsen versteckt lagen, ertönten im Morgengrauen plötzlich Schüsse. Alle fürchteten, sie seien entdeckt worden, doch schließlich stellte sich heraus, daß die Schüsse von arglosen zypriotischen Jägern abgefeuert worden waren.

Nach etwa einer Stunde kamen zwei Männer, die ihnen mitteilten, das Fischerboot namens Nesher verspäte sich und werde erst am Tag darauf eintreffen. Tatsächlich wurden sie am nächsten Tag mit Schlauchbooten aufs offene Meer hinausgefahren, gingen an Bord und schlängelten sich zwischen den britischen Kriegsschiffen hindurch, von denen es in der Region nur so wimmelte. Anfangs nahmen sie Kurs auf Beirut, drehten später Richtung Süden ab und folgten der Küste bis Caesarea. Dort gingen alle bis auf Yossi von Bord.

Er legte seine Flüchtlingskleider, Lederjacke, Fellmütze und Stiefel ab, zog Straßenkleidung an und gelangte nach Tel Aviv.

Als er den Bus Nummer 5 bestieg, um nach Hause zu fahren, tastete er seine Taschen nach Geld ab, fand aber keins. Verlegen wandte er sich an den Fahrer und meinte, er habe das Geld zu Hause vergessen. Der Fahrer weigerte sich, ihn mitzunehmen.

Der junge Achtundzwanzigjährige, ein Kämpfer für die Wiedergeburt des jüdischen Volkes in seinem Land, sagte kein Wort. Er stieg aus dem Bus aus und ging ohne Groll im Herzen zu Fuß nach Hause.

29. Kapitel

Am Morgen, am Strand von Tel Aviv, dachte Yossi: Wir haben etwas vollbracht. Hunderttausende Flüchtlinge haben Europa auf ihrem Weg nach Eretz Israel durchquert. Sie strömten zu den Küsten, um zu warten und irgendwann einmal anzukommen. Ein Teil von ihnen schaffte es. Auf der Dalin, dem ersten, bei Kriegsende im August 1945 vom *Mossad leAlija Beth* entsandten Schiff waren 35 Immigranten. Auf den beiden Pans, die de facto die Geschichte der illegalen Einwanderung abschlossen, gelangten 15 236 Menschen ins Land.

Innere Leere begleitete ihn auf seinem Weg nach Hause. Er fühlte sich wie jemand, der von einem Schlachtfeld zurückkehrte. Er hatte auf den beiden Pans soviele Menschen geführt, wie zwei Städte Einwohner haben, und jetzt erwartete ihn ein Schlachtfeld anderer Art. Im Land wütete der Krieg. Blutige Zusammenstöße. Am Strand von Tel Aviv, neben dem Brandungsboot von Emil, dem Rettungsschwimmer, das ihn zu dem Sabotageanschlag gegen das britische Patrouillenboot gebracht hatte, begriff Yossi, daß sich ein Kreis schloß und in diesem Moment sein restliches Leben begann.

Der Staat Israel entstand nicht am 15. Mai 1948, er wurde bereits zuvor geboren, am 18. Juli 1947, als die President Warfield, umbenannt in Exodus, in den Hafen von Haifa einlief, während aus ihren Bordlautsprechern die Klänge der *HaTikwa* drangen; er wurde geboren, als wenige daran glaubten, daß er entstehen würde, als das Britische Empire einen Vernichtungskrieg gegen jüdische Überlebende der Shoah führte; als die Soldaten seiner Majestät über die Menschen an Bord jenes Schiffes herfielen, das noch kurz zuvor vom Potomac River überführt worden war; der Staat Israel wurde an jenem Tag geboren, an dem britische Soldaten Hunderte von Gasgranaten auf die 4515 Menschen abfeuerten, die an Bord gefangen waren, Menschen, die zwei Jahre zuvor an einem anderen Ort dem Tod durch ein anderes Gas entgangen waren; als das Schiff, aufmerksam beobachtet von den Mitgliedern der UNSCOP-Delegation, langsam in den Hafen von Haifa geschleppt wurde und seine Passagiere ohne Erbarmen in ein Lager zwischen Hamburg und Lübeck deportiert wurden.

Nach der Exodus kam der Unabhängigkeitskrieg. Ein erstes Kapitel ging zu Ende, und ein neues wurde aufgeschlagen. Der Konflikt dauert bis zum heutigen Tag an, wurde zur Tragödie, in der ein Unrecht ein anderes nach sich zieht.

Nach beiden Pans ging Yossi weiter seinen Weg, war viele Jahre noch mit Aktionen betraut, von denen die meisten im verborgenen blieben. Und all diese Jahre lebte er mit der Exodus als Motto, als Existenzberechtigung, als Lizenz, an das zu glauben, was ihm als der rechte Weg erschien.

Doch die Exodus kam nicht allein nach Israel. Sie kam in Begleitung von Millionen von Toten und Lebenden, getragen von Träumen und einem hartnäckigen Ringen, begleitet vom Tod eines Neugeborenen, das mit einem Stück Ankerkette beschwert in den Fluten beigesetzt wurde, und als schwarzer Fleck in der Geschichte der Völker: dem Bild unzähliger Türen, die sich vor den von niemandem erwünschten Menschen verschlossen. Die Exodus wurde von Wohltätern der Menschheit wie Raoul Wallenberg begleitet, der in Ungarn zahllose Juden rettete, ehe er spurlos verschwand, von Juden wie Hillel Kook, die handelten und das wenige zu tun vermochten, was angesichts der Gleichgültigkeit und Grausamkeit der Alliierten möglich war. Die Exodus kam, begleitet vom hartnäckigen Schweigen der Kirchen, der Weltpresse und der meisten Intellektuellen in der Welt, auch der britischen, die sahen, wie ihre Regierung die Überlebenden der Shoah nach Deutschland zurückschaffte – und schwiegen. Das Schiff wurde begleitet von einer Frau, die bei der Geburt ihres Kindes starb, und von den drei Männern, die beim Kampf um die Exodus getötet wurden: Bill Bernstein, ein junger amerikanischer Freiwilliger, Mordechai Baumstein, dreiundzwanzig Jahre jung und Mitglied des *HaShomer HaTzair*, und der fünfzehnjährige Zwi Jakubowicz aus dem Kinderheim des Jugendbundes *Dror*.

Die Exodus wurde begleitet von Zehntausenden blauer Kerzen, von zweihundert Verwundeten und den 2437 jüdischen Flüchtlingen, die auf ihrem Weg nach Eretz Israel auf dem Meer ihr Grab fanden. Sie wurde begleitet von den siebenhundert unglücklichen Juden der *Kladovo*, deren Weg an der zugefrorenen Donau endete, ehe man sie nackt durch die Kälte trieb und zwang, sich selbst eine riesige Grube auszuheben, in die sie stürzten, erschossen. Die Exodus wurde von der Struma, der Mafkura und der Salvador begleitet, die sämtlich untergingen. Sie wurde von den über Hunderttausend jüdischen Flüchtlingen begleitet, die es entgegen allen Erwartungen nach Eretz Israel schafften.

Sie waren die Opfer, sie waren die von Narben übersäten neuen Israelis, sie sind der Staat der Juden.

Glossar

Alija Daleth: Bezeichnung für die illegale Einwanderung jüdischer Immigranten in der Endphase des britischen Mandats über Palästina; ursprünglich meint *Alija* (hebr.: Aufstieg) den Gang frommer Juden an den hohen Feiertagen nach Jerusalem zum Tempel. Nach der Zerstörung des Tempels und der Zerstreuung des jüdischen Volks wurde *Alija* zum allgemeinen Ausdruck für die Einwanderung von Juden aus der Diaspora nach Eretz Israel. Das Gegenteil von Alija ist die *Yerida* (hebr.: Abstieg), die Auswanderung.

Balfour-Deklaration: Am 2. November 1917 vom britischen Außenminister Lord Arthur James Balfour im Namen seiner Regierung an Lord Walter Rothschild gerichtete Erklärung, in der erstmals zugesichert wird, sich von seiten Großbritanniens für die »Schaffung einer nationalen Heimstätte in Palästina für das jüdische Volk« einzusetzen.

Bergson-Gruppe: Eine Gruppe von Mitgliedern der zionistischen revisionistischen Bewegung, die zwischen 1940 und 1948 in den Vereinigten Staaten aktiv war. Sie unterstützte die Bildung einer jüdischen Armee für den Kampf gegen das nationalsozialistische Deutschland, die Rettung der Juden in Europa und die Errichtung eines jüdischen Staates.

Die Gruppe wurde geführt von Vladimir Jabotinsky. Nach dessen Tod im August 1940 übernahm Hillel Kook die Führung der Gruppe, unter dem Pseudonym Peter H. Bergson – daher der Name der Gruppe.

Bund: Abk. für »Algemeyner Yidisher Arbeter Bund in Lite, Polyn un Rusland«. Der Bund wurde 1897 in Wilna als erste jüdisch-sozialistische Partei gegründet und kämpfte u. a. für die nationale und soziale Gleichberechtigung der jüdischen Bevölkerung in ihren Heimatländern und für die Anerkennung und Förderung des Jiddischen als Nationalsprache. Die Bundisten wurden zu erbitterten Gegnern der Zionisten und wandten sich gegen eine, von diesen angestrebte, territoriale Lösung der jüdischen Frage.

Chalutz: (*HeChalutz*) Gegen 1900 in Rußland entstandene u. a. in Osteuropa tätige zionistische Jugendbewegung, die ihre Mitglieder auf die Auswanderung von Palästina vorbereiten wollte. Starken Zulauf erlebte der *Chalutz*, als sich 1918 Joseph Trumpeldor an die Spitze der Bewegung stellte. Am Vorabend des Zweiten Weltkriegs zählte die Bewegung weltweit rund 100 000 Mitglieder. Während des Krieges erlebte der Chalutz eine fortschreitende Aufsplitterung in verschiedene Unterorganisationen, unter ihnen die zionistischen Jugendorganisationen *Dror, Gordonia, Misrachi* und *Akiva*. Bei Kriegsende übernahmen *Chalutz*-Mitglieder führende Funktionen in der *Bricha* – dem Fluchtunternehmen – und der *Ha'apala*, der illegalen Einschleusung von Flüchtlingen nach Palästina.

Chanita: Kibbuz in Obergaliläa nahe der libanesischen Grenze, der 1938 in einer bis dato beispiellosen Aktion auf dem Höhepunkt der arabischen Unruhen innerhalb einer Nacht in der sogenannten »Palisade-und-Turm«-Methode von rund 600 Angehörigen der *Haganah* gegründet wurde.

DP-Lager: (Displaced-Persons Camps) Von den Alliierten nach Ende des Zweiten Weltkriegs in Deutschland, Österreich und Italien eingerichtete Lager, in denen u. a. jüdische Überlebende der Shoah bis zu ihrer Ausreise nach Palästina oder in ein anderes Aufnahmeland untergebracht waren.

Eretz Israel: (hebr.: Land Israel) Traditionelle jüdische Bezeichnung für Palästina vor der Staatsgründung. Impliziert die kontinuierliche Verbundenheit mit dem Land Israel seit biblischer Zeit. Davon leitet sich das Adjektiv »*eretz-israelisch*« her.

Etzel: (hebr. Abk. für Irgun Zva'i Le'umi: Nationale Militärorganisation) Extrem nationalistische, militärische Untergrundorganisation, die 1931 gegründet wurde. Nach arabischen Aufständen im April 1937 spaltete sich die Organisation in *Haganah*-Anhänger und einen revisionistischen Flügel, der der Partei Vladimir Jabotinskys nahestand. Während der Mandatszeit u. a. für den Anschlag auf das King-David-Hotel am 22. Juli 1946 verantwortlich, ging die *Etzel* nach der Ausrufung des Staates Israel nur unter erheblichem Widerstand in der regulären Armee auf und schuf sich als Nachfolgeorganisation die *Cherut*-Partei, deren Führer der *Etzel*-Mann Menachem Begin wurde.

Ha'apala: (hebr.: illegale Einwanderung) Einschleusung von Flüchtlingen ohne Einreisezertifikate nach Palästina während der Mandatszeit.

Haganah: (hebr.: Schutz, Verteidigung) Die offizielle Untergrundarmee des jüdischen Bevölkerungsteils im Palästina der Mandatszeit. Sie bestand von 1920 bis 1948 und wurde zur Vorläuferin der regulären israelischen Armee.

Halacha: (hebr.: Gehen, Wandeln) Der Begriff bezeichnet das gesamte »rechtliche« System des Judentums. Die *Halacha* besteht aus mündlichen sowie schriftlichen Überlieferungen, die einem stetigen geschichtlichen Wandel unterworfen waren. Die *Halacha* regelt die alltägliche Lebensführung entsprechend den religiösen Traditionen.

HaShomer HaTzair: (hebr.: der junge Wächter) 1913 in Galizien gegründete links-sozialistisch-zionistische Jugendorganisation, die in Palästina am Aufbau zahlreicher Kibbuzim beteiligt war und mit der Zeit zu einer politischen Partei wurde. 1948 gehörte sie zu dem Zusammenschluß, aus dem die spätere Arbeitspartei entstand.

HaTikwa: (hebr.: Hoffnung) Titel der 1878 von Naftali Herz Imber verfaßten Hymne der zionistischen Bewegung, in der die Hoffnung auf eine Rückkehr nach Zion zum Ausdruck gebracht wird; seit 1948 offizielle israelische Nationalhymne.

Hora: Rumänischer Volkstanz, bei dem die Tänzer einen Kreis bilden und sich mit eingehakten Armen in die Mitte bewegen und wieder zurück; der Tanz wurde zum Sinnbild für die ausgelassene Fröhlichkeit der jungen zionistischen Pioniere und stand im Mittelpunkt öffentlicher Feiern des vorstaatlichen *Yischuws*.

Jewish Agency: 1922 gebildetes Exekutivorgan der Zionistischen Weltorganisation, das durch Kooperation und in Verhandlungen mit der britischen Mandatsregierung in Palästina die Gründung eines jüdischen Staates herbeiführen sollte. 1929 kooperierte die Exekutive der *Jewish Agency* in Palästina mit der Selbstverwaltung des *Yischuw* in den Bereichen Einwanderung, Siedlungaufbau und -finanzierung sowie »äußere Angelegenheiten«.

Joint: (Joint Distribution Commitee of American Funds for the Relief of Jewish War Suffers) 1914 von amerikanischen Juden auf Initiative des amerikanischen Botschafters im Osmanischen Reich Henry Morgenthau gegründete Hilfsorganisation zur Unterstützung der unter den Kriegswirren leidenden jüdischen Bevölkerung Palästinas. Ursprünglich nur als Hilfsfonds für die Zeit des Ersten Weltkriegs gedacht, fiel dem *Joint* während und vor allem nach Ende des Zweiten Weltkriegs eine maßgebliche Rolle bei der Versorgung der jüdischen Opfer der Shoah zu. Bis heute verkörpert der *Joint* das international tätige Organ der amerikanischen jüdischen Gemeinde.

Jüdische Brigade: Nach zähem Ringen zwischen der *Jewish Agency* und der britischen Regierung im September 1944 auf Initiative Winston Churchills gegründetes Armeecorps aus jüdischen, mehrheitlich aus Palästina stammenden Freiwilligen, das in den letzten Kriegsmonaten bei der alliierten Offensive in Italien noch zum Einsatz kam. Nach Kriegsende hatten Mitglieder der *Jüdischen Brigade* maßgeblichen Anteil an der *Bricha*, dem organisierten Zug jüdischer Überlebender durch ganz Europa zu den Häfen des Mittelmeeres. Die Brigade wurde im Sommer 1946 aufgelöst.

Kaddish: (aramäisch: heilig) Jüdisches Totengebet

Lechi: (hebr. Abk. für Lochamej Cherut Israel: Kämpfer für die Freiheit Israels) Extrem zionistisch-revisionistische Untergrundorganisation, die sich unter Führung Avraham Sterns 1940 von der *Etzel* abspaltete, weshalb sie von ihren Gegnern auch »Stern-Bande« genannt wurde. Nach dem Tod Sterns im Februar 1942 übernahm eine Gruppe von *Lechi*-Mitgliedern das Kommando, zu der auch der spätere Premier Yitzchak Shamir gehörte. Nach dem erfolglosen

Versuch, 1948 eine eigene Partei zu gründen, schloß sich ein Teil des *Lechi* der *Cherut*-Partei an.

Makkabäer: Jüdische Dynastie in der Zeit des Zweiten Tempels, benannt nach Juda dem Makkabäer (*Juda HaMakkabi*), Führer im Kampf der Juden gegen die griechischen Seleukiden, ihre Hellenisierungsbestrebungen und den von ihnen im Tempel praktizierten Baals-Kult. Im Jahr 164 v. Chr. gelang es den Aufständischen, Jerusalem einzunehmen, den Tempel zu reinigen und neu zu weihen, woran bis heute im jüdischen Chanukka-Fest gedacht wird. Über die Bedeutung des Beinamens *Makkabi* herrscht Uneinigkeit, er könnte entweder »Hammer« bedeutet haben oder aber ein Akronym des Ausrufes »ADONAI, mi kamocha bejn ha Elim? – Herr, wer ist Dir gleich unter den Göttern?« darstellen.

Massada: (hebr.: Metzada) Natürliche Bergfeste in der Judäischen Wüste über dem Toten Meer, ca. 42 v. Chr. von Herodes zur uneinnehmbaren Festung ausgebaut. Mit Beginn des Jüdischen Kriegs wurde die dort stationierte kleine römische Garnison von Sikariern, Mitgliedern einer extremistischen Jüdischen Sekte, überrannt und massakriert, die Festung im Laufe der nächsten Jahre zum letzten Rückzugsort der Aufständischen. Kurz bevor die römischen Belagerer im Jahr 73 n. Chr. den Felsen erstürmen konnten, begingen die 960 Eingeschlossenen kollektiven Selbstmord, um sich nicht ergeben und in Sklaverei gehen zu müssen.
Die heroische, von historischen und moralischen Deutungsproblemen nicht freie *Massada*-Legende wurde bereits zu einem frühen Zeitpunkt der zionistisch motivierten Einwanderung nach Palästina zu einem zentralen Mythos und Grundstein des entstehenden Selbstverständnisses. Lange Jahre Ort von Rekrutenvereidigungen der israelischen Armee, haben archäologische und wissenschaftliche

Erkenntnisse inzwischen dazu beigetragen, ein differenziertes Bild der historischen Ereignisse zu zeichnen und den Mythos *Massada* innerhalb der israelischen Gesellschaft mehr und mehr in Frage zu stellen.

Menorah: (hebr.: Leuchter) Bezeichnung für den siebenarmigen Leuchter im Heiligtum des Tempels; Symbol des Judentums und offizielles Emblem des Staates Israel.

Mikwe: Ein rituelles Tauchbad, das seit ältester Zeit obligatorische Institution jeder jüdischen Gemeinde ist. Der Besuch der Mikwe ist vor allem Frauen nach der Menstruation und Entbindung vorgeschrieben.

Minjan: (hebr.: Zahl) Meint die Mindestanzahl von zehn männlichen, religionsgesetzlich mündigen Personen, die als Gebetsquorum für den jüdischen Gottesdienst verbindlich festgeschrieben ist.

Mossad leAlija Beth: (hebr.: Abteilung für die Zweite Einwanderung) Teil der vorstaatlichen Verteidigungsorganisation *Haganah*, der Vorläuferin der israelischen Armee, betraut mit der *Ha'apala*, der illegalen Einschleusung von Immigranten. Nicht zu verwechseln mit dem später gegründeten *Mossad*, dem israelischen Auslandsgeheimdienst.

Palmach: (hebr. Abkürzung für Pelugot Machatz. Stoßtruppen) Linkssozialistisch motivierte Eliteeinheit der jüdischen Selbstschutztruppe in Palästina (*Haganah*) vor der Staatsgründung.

Revisionisten: Anhänger der 1925 von Vladimir Jabotinsky gegründeten Partei, die eine »Revision« der – nach ihrer Auffassung – bis dahin konzilianten Politik gegenüber der britischen Mandatsmacht in Palästina forderte. Politische Nachfolgerin der *Revisionisten* wurde über den Umweg der Untergrundbewegung *Etzel* die *Cherut*-Partei, die später im Parteienbündnis *Likud* aufging.

Sabre: (hebr. Name des Feigenkaktus und seiner Frucht, die außen stachelig und hart, innen jedoch süß und weich ist) Selbstgewählte Bezeichnung der in Israel geborenen Juden.

Schma Israel: (hebr.: Höre Israel) Beginn des *Schma Israel* oder auch nur kurz *Schma* genannten Bekenntnisses der Einzigkeit Gottes, das sich aus den Bibelabschnitten Deut. 6, 4–9, Deut. 11, 13–21 und Num. 15, 37–41 zusammensetzt und in jüdischen Gottesdiensten und persönlichen Gebeten rezitiert wird.

Tnuva: 1927 vom *Yischuw* gegründete, genossenschaftlich organisierte Verwertungskooperative für landwirtschaftliche Produkte.

Weißbuch: (MacDonald White Paper) Nach dem Kolonialminister Malcolm MacDonald benannter Regierungsbericht vom 17. Mai 1939, in dem festgestellt wird, daß die von der Peel-Kommission zwei Jahre zuvor vorgeschlagene Teilung Palästinas in ein jüdisches und ein arabisches Staatsgebilde nicht realisierbar sei. Demzufolge soll »die jüdische Einwanderung gestoppt werden, wenn die Juden ein Drittel der Bevölkerung ausmachen«. Da das der Fall sei, habe die britische Regierung ihre in der *Balfour-Deklaration* gemachten Zusagen erfüllt und ein jüdisches Zentrum in Palästina geschaffen. Daher werde die Zahl der jüdischen Einwanderer in den kommenden fünf Jahren auf insgesamt 75 000 festgeschrieben.
Das vom *Yischuw* mit Empörung aufgenommene und heftig bekämpfte *Weißbuch* sollte bis zum Februar 1947 Grundlage britischer Mandatspolitik in Palästina bleiben.

Yischuw: (hebr.: bewohntes Land) Bezeichnet die Gesamtheit der jüdischen Siedlungen und Einwohner in Palästina vom Anbeginn der zionistisch motivierten Einwanderung ab etwa 1882 bis zur Gründung des Staates Israel im Jahre 1948.

Die Originalausgabe erschien 1999 unter dem Titel
Exodus: Commander's odyssey (Odyssiya shel mefaked)
im Verlag Hakibbutz Hame'uchad – Daniela Di-nur, TelAviv.

Der Paul List Verlag ist ein Unternehmen der
Verlagshaus Goethestraße GmbH & Co. KG, München.

ISBN 3-471-79385-2

Gesetzt aus der Sabon bei
Franzis print & media GmbH, München
Druck und Bindung: Graphischer Großbetrieb Pößneck